古典文獻研究輯刊

三九編

潘美月・杜潔祥 主編

第42冊

梅村詩清人注之三
——吳梅村詩集箋注（下）

陳開林 整理

國家圖書館出版品預行編目資料

梅村詩清人注之三——吳梅村詩集箋注（下）／陳開林　整理
-- 初版 -- 新北市：花木蘭文化事業有限公司，2024〔民 113〕
目 14+222 面；19×26 公分
（古典文獻研究輯刊 三九編；第 42 冊）
ISBN 978-626-344-962-6（精裝）
1.CST：（清）吳偉業 2.CST：清代詩 3.CST：作品集
011.08　　　　　　　　　　　　　　　　　113009888

ISBN-978-626-344-962-6

古典文獻研究輯刊
三九編　第四二冊　　　　　　　ISBN：978-626-344-962-6

梅村詩清人注之三
——吳梅村詩集箋注（下）

作　　者　陳開林（整理）
主　　編　潘美月、杜潔祥
總 編 輯　杜潔祥
副總編輯　楊嘉樂
編輯主任　許郁翎
編　　輯　潘玟靜、蔡正宣　美術編輯　陳逸婷
出　　版　花木蘭文化事業有限公司
發 行 人　高小娟
聯絡地址　235 新北市中和區中安街七二號十三樓
　　　　　電話：02-2923-1455／傳真：02-2923-1400
網　　址　http://www.huamulan.tw 信箱 service@huamulans.com
印　　刷　普羅文化出版廣告事業
初　　版　2024 年 9 月
定　　價　三九編 65 冊（精裝）新台幣 175,000 元　　版權所有 · 請勿翻印

梅村詩清人注之三
——吳梅村詩集箋注（下）

陳開林　整理

目次

梅村詩集箋注　卷第十四

長洲吳翌鳳撰　滄浪吟榭校定本

七言律詩

七夕感事

天上人間總玉京，今年牛女倍分明。畫圖紅粉深宮恨，砧杵金閨瘴海情。南國綠珠辭故主，北邙黃鳥送傾城。憑君試問雕陵鵲，一種銀河風浪生。

玉京 《枕中書》：「玄都玉京七寶山，周廻九萬里，在大羅天之上。」 畫圖 吳任臣《十國春秋·後蜀慧妃徐氏傳》：「氏，青城人，幼有才色，後主嬖之，號花蕊夫人。國亡入宋，心未忘蜀，每懸後主像以祀，詭云宜子之神。」注：《張仙挾彈圖》，即後主也。童子為太子元喆，武士為趙廷德。 綠珠 注見卷七。 黃鳥 《左傳·文六年》：「秦以子車氏之三子奄息、仲行、鍼虎為殉，皆秦之良也。國人哀之，為之賦《黃鳥》。」 雕陵鵲 《莊子·山木》篇：「莊周遊乎雕陵之樊，覩一異鵲自南方來者，翼廣七尺，目大運寸，感周之顙而集於栗林。」庾肩吾《七夕詩》：「倩語雕陵鵲，填河未可飛。」 風浪生 少陵《秋河》詩：「牛女年年渡，何曾風浪生。」

和楊鐵崖天寶遺事詩

漢主秋宵宴上林，延年供奉漏沉沉。給來妙服裁文錦，賞就新詩賜餅金。鴞鵲風微清笛迥，葡萄月落畫弦深。明朝曼倩思言事，日午君王駕未臨。

餠金 案：本作鉼。《廣韻》：「鉼，金銳也。」《爾雅·釋器》：「鉼金謂之銳。」《集仙傳》：「王暉詩：『若能思得之，賜與金一鉼。』」《墨莊漫錄》云：「今閩甌、湖南皆傾金作餠。即鉼之遺意也。」

其二

複道笙歌幾處通，博山香裊綺疏中。檀槽豈出龜茲伎，玉笛非關于闐工。浩唱扇低槐市月，緩聲衫動石頭風。霓裳本是人間曲，天上吹來便不同。

龜茲 注見卷四。 **于闐** 《唐書·西域傳》：「于闐，漢時通焉。都蔥嶺之北二百餘里，有玉河，國人夜視月光盛處，必得美玉。」 **槐市** 注見卷四。 **霓裳** 鄭嵎《津陽門》詩注：「葉法善引明皇入月宮，聞樂歸，笛寫其半。會西涼府楊敬遠進婆羅門曲，聲調脗合，按之便韻，乃合二者製《霓裳羽衣曲》。」

送少司空傅夢禎還嵩山

高臥千峰鎖暮霞，雒城春盡自飛花。銅仙露冷春門草，玉女臺荒洞口沙。被褐盧鴻仍拜詔，賜金疏受早還家。西巡擬上登封頌，抱犢山莊候翠華。

傅夢禎 《河南府志》：「傅景星，登封人。崇禎丁丑進士，歷任都察院左都御史。」案：順治十一年景星由左都遷工部右侍郎，十二年五月以病假歸，尋卒。 **銅仙** 潘岳《關中記》：「秦為銅人十二，董卓壞以為錢，餘二枚。魏明帝取詣洛陽，到霸城，重不可致。」任昉《述異記》：「魏明帝詔宮官西取漢武帝捧露盤仙人，欲置前殿，既折〔註1〕盤，臨行泣下。」 **玉女臺** 《嵩高山記》：「山北有玉女三臺，漢武帝於此見三仙女，故名。」 **盧鴻** 《唐書·隱逸傳》：「盧鴻，字顥然。隱於嵩山。開元初，徵拜諫議大夫，固辭還山，賜隱居服，官營草堂，所居室自號寧極。」 **疏受** 《漢書·疏廣傳》：「廣為太傅，兄子受為少傅，父子並為師傅，朝廷以為榮。廣謂受曰：『吾聞知足不辱，知止不殆。』即日俱稱疾，上書乞骸骨。上皆許之，加賜黃金二百斤。」 **登封** 《史記·武帝紀》：「遂東幸緱氏，禮中嶽太室，從官在山下，聞若有呼萬歲者三，於是以三百戶封太室奉祀，名曰崇高邑。」 **抱犢** 王摩詰《送友人還山歌》：「上山頭兮抱犢。」

〔註1〕「折」當作「拆」。

夜宿蒙陰

客行杖策魯城邊，訪俗春風百里天。蒙嶺出泉茶辨性，龜田加火穀占年。野蠶養就都成繭，村酒沽來不費錢。我亦山東狂李白，倦遊好覓主家眠。

蒙陰 《漢書·地理志》:「泰山郡縣蒙陰。」《一統志》:「蒙陰縣在沂州府西北二百里蒙陰故城，春秋魯蒙邑。」 **蒙嶺** 《水經》:「蒙山在泰山蒙陰縣西。」酈道元《注》:「蒙水出蒙山之陰。」《一統志》:「蒙頂茶出蒙山顛，其花如茶狀，土人取而製之，其味清香異他茶。」 **龜田** 《春秋·定十年》:「齊人來歸鄆，讙龜陰田。」《一統志》:「蒙山高峰斷處，俗以在西者為龜蒙，中央者為雲蒙，在東者為東蒙，其實一山未嘗中斷。龜山北有沃壤，所謂龜陰之田也。」 **加火** 《晉書·食貨志》:「往者東南草創，人稀，故得火田之利。」 **山東李白** 少陵《簡薛華醉歌》:「汝與山東李白好。」

郯城曉發

匹馬孤城望眼愁，雞聲喔喔曉煙收。魯山將斷雲不斷，沂水欲流沙未流。野戍淒涼經喪亂，殘民零落困誅求。他鄉已過故鄉遠，屈指歸期二月頭。

郯城 《明一統志》:「郯城，古郯子國，漢郯縣，唐郯城，今屬沂州府。」 **魯山** 《一統志》:「魯山在蒙陰縣北一百六十里。」 **沂水** 《水經》:「沂水出泰山蓋縣艾山南，過郯縣西。」

聞台州警

高灘響急峭帆收，橘柚人煙對鬱洲。天際燕飛黃石嶺，雲中犬吠赤城樓。投戈將士逍遙臥，橫笛漁翁縹緲愁。聞說天台踰萬丈，可容長嘯碧峰頭。

台州 《明一統志》:「台州府，漢屬東甌，梁曰赤城，唐曰台州，今為府。」《大清一統志》:「順治十四年，海賊陷城，黃巖知縣劉登科不屈死。」 **鬱洲** 注見卷六。 **黃石** 《一統志》:「玉峴山在台州府臨海縣東一百七里，舊名黃石。」 **赤城** 注見卷一。 **萬丈** 《臨海記》:「天台上應臺星，超然秀出。山有八層，視之如帆，高一萬八千丈，周圍八百餘里。」

其二

野哭山深叫杜鵑，閬風臺畔羽書傳。軍捫絕磴松根火，士接飛流馬上泉。雁積稻粱池萬頃，猿知擊刺劍千年。桃花好種今誰種，從此人間少洞天。

閬風臺 《一統志》：「閬風臺在台州府臨海縣北五十里。」 **雁池** 沈括《夢溪筆談》：「溫州雁蕩山，天下奇秀，然自古圖牒未嘗有言者。祥符中，因造玉清宮，伐山取材，方有人見之，此時尚未有名。按西域書，阿羅漢諾矩羅居震旦東南大海際雁蕩山芙蓉峰龍湫。唐僧貫休為諾矩羅贊，有『雁蕩經行雲漠漠，龍承晏坐雨濛濛』之句。此山南有芙蓉峰，前瞰大海，然未知雁蕩、龍湫所在。後始見此山，山頂有大池，以為雁蕩，下有二潭，以為龍湫，皆後人以貫休詩名之也。」慎蒙《名勝志》：「雁蕩山在樂清、平陽二縣界，北雁蕩在樂清東，南雁蕩在平陽西，各去縣一百里。頂上有湖，方十餘里，水常不涸，雁之春歸者宿此。」 **猿知擊刺** 《吳越春秋》：「越有處女，將北見於王，道逢一翁，自稱曰袁公，問於處女：『聞子善為劍，願一見之。』於是袁公即杖箖箊竹，竹枝上頡橋，末墮地，女即捷末，袁公則飛上樹，變為白猿。」《史記·日者列傳》：「齊張仲、曲成侯以善擊刺，學用劍，立名天下。」 **洞天** 《茅君內傳》：「大天之內，有地之洞天三十六所，乃真仙所居。」《一統志》：「天台山舊稱金庭洞天。」

其三

天門中斷接危梁，玉館金庭跡渺茫。石鼓響來開峭壁，干將飛去出滄浪。仙家壘是何年築，刺史丹無不死方。亂後有人還採藥，越王餘算禹餘糧。

危梁 孫綽《天台山賦》：「跨穹窿之懸磴，臨萬丈之絕冥。」《注》：「山有石橋，廣不盈丈，下臨萬丈深淵。」詳見後注。 **石鼓** 《一統志》：「石鼓山在臨海縣東一百五里，山上有石似鼓，兵興則鳴。」 **干將飛去** 《吳越春秋》：「湛盧之劍去而水行如楚，楚昭王得之。」高啟《劍池》詩：「干將欲飛去，巖石裂蒼礦。」 **仙家壘** 《臨海記》：「黃巖山上有石驛，三面壁立，俗傳仙人王方平居此，號王公客堂。」 **刺史丹** 《唐書·皇甫鎛傳》：「嘗與金吾將軍李道古共薦方士柳泌為長年藥，泌本楊仁晝也，習方伎，自云能致藥為不死者，因言天台山靈仙所舍，多異草，願官天台，求採之。起徒步，拜天台刺史，驅吏民採藥山谷間，鞭笞苛急，歲餘無所得，懼詐窮，遁去。」 **越王餘算** 劉敬叔《異苑》：「越王餘算生南海水中，如竹算子，長尺許，

白者如骨，黑者如角。古云：越王曾於舟中作籌，有餘者棄之水而生。」　**禹餘糧**
張華《博物志》：「海上有草焉，名篩，其實食之如大麥，七月稔熟，名曰自然穀，或
曰禹餘糧。」任昉《述異記》：「今藥中有禹餘糧者，世傳昔禹治水時，棄其所餘糧於
江中，生為藥也。」

其四

三江木落海天西，華頂風高聽鼓鼙。瀑布洗兵青嶂險，石橋通馬白
雲齊。途窮鄭老身何竄，春去劉郎路總迷。最是孤城蕭瑟甚，斷虹殘雨
子規啼。

三江　《台州府志》：「天台關嶺，仙居、永安二溪至縣西合流，名曰三江，環郡
城之西南，而東流入海。」　**華頂**　《一統志》：「華頂峰在天台山第八層最高處，絕
頂東望滄海，俗名望海尖。」　**瀑布**　孔靈符《會稽記》：「天台山懸溜千仞，謂之瀑
布，飛流灑散，冬夏不竭。」孫綽《天台山賦》：「瀑布飛流以界道。」　**石橋**　慎蒙
《名勝記》注：「天台山去天不遠，路經猶溪，溪水清泠。前有石橋，以闊不盈尺，長
數十丈，下臨絕冥之澗，惟忘其身，然後能濟。晉道士帛道猷得過之，獲醴泉、紫芝、
靈藥。」《天台記》：「石橋長七丈，北闊二尺，南闊七尺，龍形龜背，苔莓甚滑。孫綽
賦『踐苔莓之滑石』是也。」　**鄭老**　《唐書·鄭虔傳》：「虔，滎陽人。安祿山反，
劫授水部郎中，因稱風緩，求攝市令，潛以密章達靈武。賊平，貶台州司戶參軍。」
少陵《所思》詩：「鄭老身仍竄，台州信始傳。」　**劉郎**　劉義慶《幽明錄》：「漢永
平中，劉晨、阮肇共入天台，迷不得反。糧盡，得山上數桃，噉之，遂不飢。下山，
見溪邊有二女子，姿容絕妙，遂留半年，懷土求歸。既出，至家，親舊零落，邑屋更
變，無復相識，訊問得七世孫。」

贈遼左故人

詔書切責罷三公，千里驅車向大東。曾募流移耕塞下，豈遷豪傑實
關中。桑麻亭障行人斷，松杏山河戰骨空。此去纍臣聞鬼哭，可無杯酒
酹西風。

故人　謂大學士陳之遴也。時全家戍邊。餘見卷十一。　**切責**　《後漢書·李固
傳》：「切責三公，明加考察。」　**募流移**　《漢書·晁錯傳》：「遠方之卒守塞，一歲
而更，不知胡人之能，不如選常居者，家室田作，且以備之。先為室屋，具田器，迺
募罪人及免徒復作令居之；不足，募以丁奴婢贖罪及輸奴婢欲以拜爵者；不足，迺募
民之欲往者；皆賜高爵，復其家。予冬夏衣，廩食，能自給而止。以陛下之時，徙民

實邊，使遠方亡屯戍之事，塞下之民父子相保，亡繫虜之患矣。上從其言，募民徙塞下。」　**遷豪傑**　《史記·劉敬傳》：「願陛下徙齊諸田，楚昭、屈、景，燕、趙、韓、魏後，及豪桀名家居關中，無事可以備胡，諸侯有變，亦足率以東伐，此彊本弱末之術也。上曰：『善。』乃徙關中十萬餘口。」　**亭障**　《史記·匈奴傳》：「漢使光祿徐自為出五原塞數百里，遠者千餘里，築城障列亭至盧朐。」《漢書·武帝紀》：「太初三年秋，匈奴入定襄、雲中，行壞光祿諸亭障。」師古曰：「漢制，每塞要處，別築為城，置人鎮守，謂之候城。此即障也。」　**松杏**　注見卷六。　**纍臣**　揚雄《反離騷》：「欽弔楚之湘纍。」朱子曰：「纍，力追反，囚也。《成相》曰：『比干見刳箕子纍。』或曰：『《禮》：喪容纍纍。又，《史記》：孔子纍纍如喪家之狗。』趙武靈王見其長子傫然也。」

其二

短轅一哭暮雲低，雪窖冰天路慘悽。青史幾年朝玉馬，白頭何日放金雞。燕支塞遠春難到，木葉山高鳥亂啼。百口總行君莫嘆，免教少婦憶遼西。

朝玉馬　陳子昂《感遇詩》：「昔日殷王子，玉馬已朝周。」　**放金雞**　注見卷三。　**燕支塞、木葉山**　並見卷七。　**少婦**　《林下詞選》：「陳之遴夫人徐燦，字湘蘋，吳縣人。善屬文，工書翰，詩餘得北宋風格。」

其三

潦倒南冠顧影慚，殘生得失懺瞿曇。君恩未許誇前席，世路誰能脫左驂。雁去雁來空塞北，花開花落自江南。可憐庾信多才思，關隴鄉心已不堪。

南冠　注見卷四。　**瞿曇**　《遼史·禮志》：「悉達太子者，西域淨梵王子，姓瞿曇氏，名釋迦牟尼。以其覺姓，稱之曰佛。」《釋迦方志》：「淨梵遠祖捨國脩行，受瞿曇姓，故佛號瞿曇。」《釋氏要覽》：「瞿曇，梵語正瞿摩答，又云瞿曇彌，此云地最勝。」　**前席**　見前注。　**左驂**　《史記·管晏列傳》：「越石父賢，在縲絏中。晏子出，遭之塗，解左驂贖之。」　**庾信鄉心**　《周書·庾信傳》：「信雖位望通顯，常有鄉關之思，乃作《哀江南賦》以致意云。」

其四

浮生蹤跡總茫然，兩拜中書再徙邊。盡有溫湯堪療疾，恰逢靈藥可

延年。垂來文鼠裝綿暖，射得寒魚入饌鮮。只少江南好春色，孤山梅樹罨溪船。

　　兩拜中書　《欽定二臣傳》：「陳之遴，順治九年授弘文院大學士，尋以事調任同部尚書。十二年，復授弘文院大學士。」《唐書·百官志》：「中書省，中書令二人，掌佐天子執大政而總判省事。」　**再徙邊**　《欽定二臣傳》：「順治十年之遴，以賄結內監吳良輔，擬斬，詔姑免死，革職流徙，家產籍沒。」　**溫湯**　《一統志》：「奉天府溫泉有四：一在遼陽州南五十里千山；一在遼陽州六十里柳河；一在永吉州東南五百五十里長白山上，熱如沸湯，暖氣上蒸如霧，西北流入大土拉庫河；一在永吉州南八百七十里訥音河岸。」　**靈藥**　《一統志》：「《唐書·地理志》：『安東都護府土貢人參。』《金史·地理志》：『東京路產人參。』今吉林、烏喇諸山林皆有之。」陳藏器《本草》：「人葠，一名神草，久服輕身延年。」王士禎《居易錄》：「今人參出遼東東北者最貴重，高麗次之。至上黨紫團參，竟無過而問焉者矣。」　**射魚**　太白詩：「連弩射海魚。」　**孤山梅**　潛說友《咸淳臨安志》：「孤山在西湖中稍西，一嶼聳立，別無聯附，為湖山勝處。」《二如亭群芳譜》：「林逋隱居孤山，徵辟不就，構巢居閣，遶梅花，吟詠自適。」　**罨溪**　注見卷十二。

其五

　　路出西河望八城，保宮老母淚縱橫。重圍屢困孤身在，垂死翻悲絕塞行。盡室可憐逢將吏，生兒真悔作公卿。蕭蕭夜半玄菟月，鶴唳歸來夢不成。

　　西河　《一統志》：「遼河在奉天府西一百里。」　**八城**　《一統志》：「奉天關隘有撫順城，在承德縣東八十里。東京城，在遼陽州東八里。牛莊城，在海城縣西四十里。熊岳城，在蓋平縣西南六十里。巖岫城，在蓋平縣東一百六十八里。打牲烏喇城，在吉林烏喇北七十里。阿爾楚哈城，在白都訥東北。三姓城，在阿爾楚城東二百餘里。」　**保宮**　《漢書·蘇武傳》：「加以老母繫保宮。」師古曰：「《百官公卿表》云：『少府屬官有居室，太初元年更名保宮。』」　**重圍**　程《箋》：「陳之遴父名祖苞，天啟六年任寧前僉憲，典山海關。寧遠被圍，烽火燭天，將吏爭遣其孥歸。祖苞與妻吳氏慷慨誓殉，出入手一短刀，每指關城語諸將曰：『吾受命典此關，與共存亡，百口俱在，不令諸君獨死也。』崇禎中巡撫大同。」　**公卿**　東坡詩：「但願生兒愚且蠢，無災無難到公。」　**玄菟**　注見卷六。

其六

齊女門前萬里臺，傷心砧杵北風哀。一官誤汝高門累，半子憐渠快婿才。失母況經關塞別，從夫只好夢魂來。摩挲老眼千行淚，望斷寒雲凍不開。

齊女門 注見卷七。 **高門** 《文集·亡女權厝誌》：「中丞初以婚請，子難之曰：『物禁太盛，陳氏世顯貴，庸我偶乎？』」 **半子** 《唐書·回鶻傳》：「德宗詔咸安公主下嫁，可汗上書恭甚，言昔為兄弟，今婿半子也。」 **快婿** 《北史·劉延明傳》：「延明年十四，就博士郭瑀。瑀有女始笄，妙選良偶，有心於延明，遂別設一席，謂弟子曰：『吾有一女，欲覓一快女婿，誰坐此席者？吾當婚焉。』延明遂奮衣坐，神志湛然，曰：『延明其人也。』瑀遂以女妻之。」案：之遴子容永，字直方，順治丁酉舉人，先生婿也。

春日小園即席次白林九明府韻

小築疏籬占綠灣，釣竿斜出草堂間。柳因見日頻舒眼，花為迎風早破顏。地是廉泉兼讓水，人如退谷遇香山。新詩片石留題在，采蕨烹葵數往還。

白林九 《蘇州府志》：「白登明，字林九，奉天蓋州人。貢生。官太倉州知州。」 **廉泉、讓水** 注見卷十。 **退谷、香山** 退谷，注見卷十二。《舊唐書·白居易傳》：「與香山僧如滿結香火社，自稱香山居士。」

題畫

芍藥

花到春深爛漫紅，香來士女蹋歌中。風知相謔吹芳蒂，露恨將離浥粉叢。漬酒總教顏色異，調羹誤許姓名同。內家彩筆新成頌，肯讓玄暉句自工。

將離 《韓詩外傳》：「芍藥，將離草也。」崔豹《古今注》：「古人相贈以芍藥，相招以文無。文無一名當歸，芍藥一名將離故也。」 **漬酒** 《二如亭群芳譜》：「芍藥渥以黃酒，淡紅者悉成深紅。」 **調羹** 司馬相如《子虛賦》：「芍藥之和具而後御之。」《注》：「芍藥音酌略，調和也。」梁簡文帝《七勵》：「離紅之臉，芍藥之羹。」 **成頌** 晉傅統妻有《芍藥花頌》。 **玄暉句** 謝朓《直中書省》詩：「紅藥當階翻。」

石榴

碧雲翦翦月鉤鉤，狼藉珊瑚露未收。絳樹憑闌看獨笑，綠衣傳火照梳頭。深房莫倚含苞固，多子還憐齵齒羞。種得菖蒲堪漬酒，劉郎花底拜紅侯。

珊瑚　潘岳《河陽庭前安石榴賦》：「若珊瑚之映淥水。」　**多子**　《北史·魏收傳》：「齊安德王延宗納李祖收女為妃，後帝幸李宅宴，妃母宋氏薦二石榴，帝問魏收曰：『此何意？』收曰：『石榴房中多子，妃母欲子孫眾多。』帝大喜，賜美錦二匹。」　**齵齒**　注見卷九。　**菖蒲**　《吳氏本草》：「菖蒲，一名堯韭，一名昌陽，一名昌歜。」《齊民月令》：「五月五日，以菖蒲屑和酒飲之。」　**紅侯**　《漢書·楚元王傳》：「子富，初封休侯，免，更封紅侯。」師古曰：「紅疑當為絳。」

洛陽花

綠窗昨夜長輕莎，玉作欄杆錦覆窠。丹纈好描秦氏粉，墨痕重點石家螺。翦同翠羽來金谷，織並紅羅出絳河。千種洛陽名卉在，不知須讓此花多。

洛陽花　《二如亭群芳譜》：「石竹草品，纖細而青翠。一云千葉者，名洛陽花。《花鏡》：『即瞿麥也。』」　**纈**　《潘氏紀聞》：「唐明皇柳德倢伃妹適趙氏，性巧慧，鏤為雜花，打為文纈。代宗賞之，命宮人依樣製造。」《西河記》：「西河婦女皆著碧纈。」杜牧詩注：「纈，文繒也。」　**秦氏粉**　崔豹《古今注》：「蕭史與秦穆公鍊飛雪丹第一轉，與弄玉塗之。今水銀膩粉是也。」　**石家螺**　見卷十二注。

茉莉

翦雪裁冰莫浪猜，玉人纖手摘將來。新泉浸後香恆滿，細縷穿成蘂半開。愛玩晚涼宜小立，護持隔歲為親栽。一枝點染東風裏，好與新粧報鏡臺。

茉莉　李格非《洛陽名園記》：「茉莉一名抹厲，王十朋作沒利，洪景盧作末麗，皆以己意名之。」《二如亭群芳譜》：「一名末利，一名雪識，一名抹麗，謂能掩眾芳也。」

芙蓉

細雨橫塘白鷺拳，竊紅阿那向風前。千絲衣薄荷同製，三醉顏酡柳共眠。水殿曉涼粧徙倚，玉河春淺共遷延。涉江好把芳名認，錯讀陳王賦一篇。

　　竊紅　楊慎《轉注古音略》：「竊，古淺字。《爾雅》：『棘鴈竊丹。』蓋言淺赤也。」
荷同製　《離騷經》：「製芰荷以為衣兮，集芙蓉以為裳。」　　**三醉**　《二如亭群芳譜》：
「芙蓉有名三醉者，一日間凡三換色。」　　**柳共眠**　《唐詩紀事》：「李商隱賦云：『豈
如河畔牛星，隔年只聞一過；不及苑中人柳，終朝剩得三眠。』注：漢苑中有人形柳，
一日中三起三倒。」　　**涉江**　《古詩》：「涉江採芙蓉。」　　**陳王賦**　曹子建《洛神賦》：
「迫而察之，灼若芙蓉出綠波。」

菊花

　　夜深銀燭最分明，翠葉金鈿認小名。故著黃絁貪入道，卻翹紫袖擅
傾城。生來豔質何消瘦，移近高人恰老成。幾度看花花耐久，可知花亦
是多情。

　　黃絁　注見卷四。　　**翹袖**　葛洪《西京雜記》：「戚夫人能為翹袖折腰之舞。」

繭虎

　　南山五日鏡奩開，綵索春蔥縛軼材。奇物巧從蠶館製，內家親見豹
房來。越巫辟惡鏤金勝，漢將擒生畫玉臺。最是繭絲添虎翼，難將續命
訴牛哀。

　　軼材　司馬相如《諫獵書》：「卒然遇軼材之獸。」　　**蠶館**　《漢書·元后傳》
注》：「上林苑有繭館，蓋親蠶之所也。」　　**豹房**　注見卷六。　　**金勝**　李義山《人
日即事》詩：「鏤金作勝傳荊俗。」　　**繭絲**　《國語》：「趙簡子使尹鐸為晉陽，請曰：
『為繭絲乎？抑為保障乎？』簡子曰：『保障哉！』」繭絲，謂重其稅。　　**虎翼**　《韓
非子》：「毋為虎傅翼，將飛入邑，擇人而食之。」　　**續命**　注見卷四。　　**牛哀**　《淮
南子》：「昔公牛哀轉病也，七日化為虎，其兄掩戶而入，覘之則虎，搏而殺之。」

茄牛

　　擊鼓喧闐笑未休，泥車瓦狗出同遊。生成豈比東鄰犢，觳觫何來孺
子牛。老圃盤飧誇特殺，太牢滋味入常羞。看他諸葛貪遊戲，苦鬭兒曹
巧運籌。

　　泥車瓦狗　注見卷七。　　**孺子牛**　《左傳·哀六年》：「鮑公曰：『女忘君之為孺
子牛而折其齒乎？』」杜預曰：「孺子，荼也。景公常銜繩為牛，使荼牽之，荼頓地，
故折其齒。」　　**太牢滋味**　王褒《聖主得賢臣頌》：「羹藜含糗者，不足與論太牢之
滋味。」　　**諸葛遊戲**　《蜀志·諸葛亮傳》：「亮性長於巧思，損益連弩，木牛流馬，

皆出其意。」裴松之《注》：「木牛者，方腹曲頭，一腳四足，頭入領中，舌著於腹，載多而行少，宜可大用，不可小使。特行者數十里，群行者二十里，人行六尺，牛行四步，載一歲糧，日行二十里，而人不大勞。」

鬻鶴

丁令歸來寄素書，羽毛零落待何如。雲霄豈有舖糟計，飲啄寧關逐臭餘。雪比撒鹽堆勁翮，蟻旋封垤附專車。秦皇跨鶴思仙去，死骨何因葬鮑魚。

　　丁令歸來　干寶《搜神記》：「遼東城門有華表柱，忽有一白鶴集柱頭，時有少年欲射之，鶴乃飛，徘徊空中而言云：『有鳥有鳥丁令威，去家千歲今來歸。城郭雖是人民非，胡不學仙冢纍纍。』」　素書　蔡邕《飲馬長城窟行》：「呼童烹鯉魚，中有尺素書。」　舖糟　《楚辭·漁父》：「眾人皆醉，何不餔其糟而歠其醨？」　逐臭　曹子建《與楊德祖書》：「蘭茝蓀蕙之芳，眾人所妍，而海畔有逐臭之夫。」《注》：「《呂氏春秋》：『人有大臭者，其親戚、兄弟、妻妾、知識無能與居者，自苦而居海上，人有悅其臭者，晝夜隨而不去。』」　撒鹽　《世說·賢媛篇》：「謝太傅寒雪日內集，曰：『白雪紛紛何所似？』兄子胡曰：『撒鹽空中差可擬。』兄女道韞曰：『未若柳絮因風起。』」　蟻垤　陸佃《埤雅》：「蟻場謂之坻，亦謂之垤。」　專車　注見卷三。　鮑魚　《史記·秦始皇紀》：「二十八年，遣徐巿發童男女數千人入海求仙人。三十七年，始皇崩於沙丘平臺，棺載轀涼車中。會暑，上輀車臭，乃詔從官令車載一石鮑魚，以亂其臭。」

蟬猴

仙蛻誰傳不死方，最高枝處憶同行。移將吸露迎風意，做就輕軀細骨糎。薄鬢影如逢越女，斷腸聲豈怨齊王。內家近作通侯相，賜出貂蟬傲粉郎。

　　薄鬢　崔豹《古今注》：「魏文帝宮人莫瓊樹，始製為蟬鬢，挈之，縹緲如蟬翼。」　越女　用《吳越春秋》處女袁公事，見前注。　怨齊王　崔豹《古今注》：「齊王之后怨王而死，變為蟬，登庭樹，嘒嘒而鳴。王悔之，號曰齊女。」

蘆筆

採箬編蒲課筆耕，織簾居士擅書名。掃來魯壁枯難用，焚就秦灰煮不成。飛白夜窗花入夢，草玄秋閣雁銜橫。中山本是盧郎宅，錯認移封號管城。

織簾居士　《南史·沈麟士傳》:「居貧,織簾讀書,口手不息,鄉里號為織簾先生。」　魯壁、秦灰　並見卷十。　煮不成　東坡《虔州呂倚承事》詩:「飢來據空案,一字不堪煮。」　飛白　張彥遠《法書要錄》:「靈帝熹平年,脩飾鴻都門,蔡伯喈見役人以堊帚成字,心有悅焉,歸而為飛白之書。」　草玄　《漢書·揚雄傳》:「董賢用事,附離之者,或起家至二千石。時雄方草《太玄》,有以自守,泊如也。」

橘燈

掩映蘭膏葉底尋,玉盤纖手出無心。花開槐市枝枝火,霜滿江潭樹樹金。繡佛傳燈珠錯落,洞仙爭弈漏深沉。饒他丁緩施工巧,不及生成在上林。

槐市　注見卷四。　洞仙爭弈　《幽怪錄》:「巴邛人家有橘園,霜後橘盡收斂,有大橘如三斗盎,巴人異之。剖開,中有二叟,鬚眉皤然,肌體紅潤,相封象戲,談笑自若。一叟曰:『橘中之樂,不減商山,但不得深根固蒂,為愚人摘下耳。』」　丁緩　見卷四注。

桃核船

漢家水戰習昆明,曼倩偷來下瀨橫。三士漫成齊相計,五湖好載越姝行。桑田核種千年久,河渚槎浮一葉輕。從此武陵漁問渡,胡麻飯裏棹歌聲。

昆明　注見卷十二。　曼倩偷　《漢武故事》:「東郡獻短人。上召東方朔至,短人曰:『西王母種桃,三千年一開花,三千年一結子。此兒不良,已三過偷之矣。』」　下瀨　《漢書·武帝紀》:「甲為下瀨將軍。」臣瓚曰:「瀨,湍也。吳越謂之瀨,中國謂之磧。伍子胥書有下瀨船。」師古曰:「瀨音賴。」　齊相計　《晏子春秋》:「公孫接、田開疆、古冶子事齊景公,以勇力聞。晏子曰:『此危國之器也,不若去之。』因請公使人少餽之二桃,曰:『三子何不計功而食挑?』公孫接曰:『不受桃,是無勇也。』援桃而起。田開疆亦援桃而起。古冶子曰:『若冶之功,亦可以食桃,而無與人同矣。』抽劍而起。公孫接、田開疆曰:『吾勇不子若,功不子逮,取桃不讓,是貪也;然而不死,無勇也。』皆反其桃,挈領而死。古冶子曰:『二子死之,冶獨生之,不仁;恥人以言,而誇其聲,不義。』亦反其桃,挈領而死。」　河渚槎　見卷十注。　胡麻　吳均《續齊諧記》:「劉晨、阮肇入天台山採藥,見桃實,食之身輕。見一溪,流出胡麻飯屑。溪邊二女子笑曰:『劉、阮二郎至矣。』」

蓮蓬人

　　獨立平生重此翁，反裘雙袖倚東風。殘身顛倒憑誰戲，亂服䙰䙰恥便工。共結苦心諸子散，早拈香粉美人空。莫嫌到老絲難斷，總在污泥不染中。

　　反裘　劉向《新序》：「魏文侯出遊，見一人反裘而負薪。」

戲詠不倒翁

　　掉首浮身半紙輕，一丸封就任縱橫。何來失足貪遊戲，不耐安眠欠老成。盡受推排偏屈彊，敢煩扶策自支撐。卻遭桃梗妍皮誚，此內空空浪得名。

　　一丸封　《後漢書·隗囂傳》：「王元說囂曰：『元請以一丸泥為大王東封函谷關。』」桃梗　《戰國策》：「蘇代謂孟嘗君曰：『臣來過於淄上，有土偶人與桃梗相與語，桃梗謂土偶曰：子西岸之土也，挺子以為人，水至則汝殘矣。土偶曰：吾西岸之土也，土則復西岸耳。今子東國之桃梗也，刻削子以為人，淄水至，流子而去，則漂漂者將何如耳？』」妍皮　古諺：「妍皮不裹癡骨。」　此內空空　《世說·輕詆》篇：「王丞相枕周伯仁膝，指其腹曰：『卿此中何所有？』答曰：『此中空洞無物，然容卿輩數百人。』」

海虞孫孝維三十贈言

　　法護僧彌並絕倫，聽經蕭寺紫綸巾。高齋點筆依紅樹，畫楫徵歌轉綠蘋。一榻茶香專供佛，五湖蝦菜待留賓。丈夫早歲輕名宦，鄧禹無為苦笑人。

　　孫孝維　孫藩，字孝維，常熟人。　法護、僧彌　《晉書》：「王珣字元琳。瑉字季琰。時人謂之語曰：『法護非不佳，僧彌難為兄。』法護，珣小字；僧彌，瑉小字也。」案：孝維與兄孝芳並為先生門人，故以法護、僧彌為比。　綸巾　虞世南《北堂書鈔》：「謝萬嘗著白綸也。」　名宦　康駢《劇談錄》：「九霞曰：『某山野之人，早修真道，無意於名宦珠玉。』」　鄧禹笑人　《南史·王融傳》：「三十內望為公輔。及為中書郎，嘗撫案歎曰：『為此寂寂，鄧禹笑人。』」

其二

　　招真臺下讀書莊，總角知名已老蒼。何氏三高推小隱，荀家群從重中郎。鬬茶客話千山雨，寄橘人歸百顆霜。自注：太末理官，孝若其兄也。地產橘最佳。麈尾執來思豎義，旻公同飯贊公房。

招真臺 注見卷七。 何氏三高 《南史·何允傳》：「允以會稽山多靈異，往遊焉，居若邪山雲門寺。初，允與二兄求、點並棲遁，至是允又隱，世謂何氏三高。」荀家群從 《後漢書·荀淑傳》：「淑有子八人，爽字慈明，尤知名。潁川為之語曰：『荀氏八龍，慈明無雙。』後公車徵為大將軍從事中郎。」 旻公 少陵《因許八寄江寧旻上人》詩：「不見是公三十年。」 贊公 少陵有《大雲寺贊公山房》詩。趙氏注：「贊公，房相之客。」

其三

始立何容減宦情，法曹有弟尚諸生。松窗映火茗芽熟，貝葉研朱梵夾成。金谷酒空消冶習，曲江花落悟浮名。自注：花落者為扶桑志感也。年來恥學王懷祖，初辟中兵捧檄行。

始立 《南史·王僧虔傳》：「誡子曰：『汝年入立境，方應從官。』」 法曹 《唐書·百官志》：「法曹司法參軍事，掌鞫獄麗法，督盜賊，知贓賄沒入。」案：孝維為孝若異母弟，孝若為太末理官，故以法曹為擬。 梵夾 注見卷十。 曲江花落 《文集·題白醉樓詩後》：「余贈孫孝維詩有『曲江花落悟浮名』之句。」蓋指扶桑也。《蘇州府志·孫承恩傳》：「從幸南海子，賜御閒名馬，適大風揚沙，中寒疾卒，年僅三十。」餘見卷七。 王懷祖 《晉書·王述傳》：「王述，字懷祖。年三十尚未知名，王導以門第辟為中兵屬，謂庾亮曰：『懷祖清貞簡貴，不減祖父，但曠淡微不及耳。』」 捧檄 《後漢書·王平傳·序》：「廬江毛義以孝行稱，府檄至，奉入，喜動顏色，張奉心賤之。及義母死，去官行服，公車徵，不至。張奉歎曰：『賢者固不可測，往日之喜，乃為親屈也！』」

其四

高柳長風六月天，青韉白襪尚湖邊。輕舟掠過破山寺，橫笛邀來大石仙。自注：孫氏之先，遇仙於烏目山之大石。王儉拜公猶昨歲，張充學易在今年。種松記取合圍後，樹下著書堪醉眠。

尚湖 注見卷十二。 破山寺 注見卷八。 大石仙 陶隱居《真誥》：「會稽陸淳于尌入烏目山中，遇仙人慧車子，授以《虹景丹經》，脩行得道。」《常熟縣志》：「大石山房即慧車子授經處，今孫氏祠堂在焉。其石孫西川名芝者重鑿。」案：虞山有烏目澗，故又名烏目山。 王儉拜公 《南史·王儉傳》：「齊臺建，遷尚書左僕射，領吏部，時年二十八。高帝踐阼，改封南昌縣公。」 張充學易 《南史·張充傳》：

「張充，字延符。少好逸遊，左臂鷹，右牽狗。遇父緒船至，便放紲脫韝，拜於水次。緒曰：『一身兩役，毋乃勞乎！』充跪曰：『充聞三十而立，今充年二十九矣，請至來歲。』及明年，便脩改，多所該通，尤明《老》、《易》。」

贈錢臣辰自注：同年給諫公弟。

杜家中弟擅閒身，處士風流折角巾。花萼一樓圖史徧，竹梧三徑管絃新。東都賓客多同輩，西息田園有主人。酒熟好從君取醉，脊令原上獨傷神。

錢臣辰　《鎮洋縣志》：「錢陛，字如卿，一字臣辰，晚號訥齋。家世鼎盛，陛持身清峻，謙謹如布衣。同懷七人，極友愛。兄給諫增沒，撫其子廷銳如己子。弟臺有外侮，出訾營救，不令弟知。父沒，遺券萬金，陛悉焚之。」案：臣辰以子晉錫貴，封通政使。　杜家中弟　《漢書·杜延年傳》：「子緩為太常，六弟五人為大官，惟中弟欽官不至，而最知名。」　折角巾　《漢書·郭太傳》：「嘗於陳、梁間行，遇雨，巾一角墊，時人乃故折巾一角，以為林宗巾。其見慕如此。」　田園　《集覽》：「錢黻堂曰：『先臣辰公係從祖大京兆諱晉錫之父，有寄園、京兆園。』」西息，未詳。

贈荊州守袁大韞玉自注：袁為吳郡佳公子，風流才調，詞曲擅名。遭亂北都，佐藩西楚。尋以失職空囊，僑寓白下。扁舟歸里，惆悵無家，為作此詩贈之。

曉日珠簾半上鉤，少年走馬過紅樓。五陵烽火窮途恨，三峽雲山遠地愁。盧女門前烏柏樹，昭君村畔木蘭舟。相逢莫唱思歸引，故國傷心恐淚流。

袁韞玉　《蘇州府志》：「袁于令，字令昭，號籜庵，吳縣人。」汪琬《袁氏六俊小傳》：「臥雪公襃生子年，萬曆丁丑進士，歷官陝西按察使。孫堪，萬曆庚子舉人，歷官肇慶府同知。坊，歷官絳州州同。曾孫於令，歷官荊州守。」　盧女　《明一統志》：「莫愁村在承天府漢江之西。盧家有女名莫愁，善歌舞，嘗召入楚宮。」許纘曾《紀程》：「漢江西有莫愁村，詢之土人，村在蔓草中，莫知其處。」　昭君村　《漢書注》：「應劭曰：『王嬙，字昭君。』文穎曰：『本南郡秭歸人也。』」樂史《楊太真外傳》：「昭君生於峽州，故有昭君村。」《太平寰宇記》：「歸州興山縣有王昭君宅。王嬙即此邑人，故曰昭君之縣。村連巫峽，香溪在邑，昭君所遊處。」祝穆《方輿勝覽》：「昭君村在歸州東北四十里。」　思歸引　石崇《思歸引敘》：「此曲有絃無歌，今為作歌辭，以述余懷。恨時無知音者，令造新聲而被於絲竹也。」

其二

霓裳三疊疊天涯，浪跡巴丘度歲華。賴有狂名堪作客，誰知拙宦已無家。西州士女章臺柳，南國江山玉樹花。正遇秋風蕭索甚，淒涼賀老撥琵琶。

　　霓裳疊　《唐書·王維傳》：「客有以按樂圖示者，無題識，維曰：『此霓裳三疊最初拍也。』」　**浪跡**　江淹《雜體詩》：「浪跡無豈妍。」《注》：「浪，放也，言放逐也。」　**巴丘**　《爾雅注》：「今華容巴丘湖。」《晉書·杜預傳》：「巴丘湖，沅、湘之會，表裏山川，實為險固，荊蠻之所恃也。」杜佑《通典》：「巴陵，漢下雋地，古巴丘也。」　**狂名拙宦**　尤侗《艮齋雜說》：「袁籜庵守荊州，一日謁某道，卒然問曰：『聞貴府有三聲，謂圍棋聲、鬥牌聲、唱曲聲也。』袁徐應曰：『下官聞公亦有三聲。』道詰之，曰：『算盤聲、天平聲、板子聲。』後竟以此罷官。」《集覽》：「順治十年，湖廣撫臣題參袁于令等官十二員侵盜錢糧。時布政使林德馨已內陞左副都，而工科給事中張王治亦並劾之。」　**章臺柳**　注見卷十二。《左傳·昭七年》：「楚子成章華之臺。」《注》：「臺在今華容城內。」范致明《岳陽風土記》：「華容，世稱有章臺，非也。古章華臺在今監利縣離湖上。」　**玉樹花**　注見卷四。　**賀老**　元微之《連昌宮詞》：「賀老琵琶定場屋。」

其三

詞客開元擅盛名，蕭條鶴髮可憐生。劉郎浦口潮初長，伍相祠邊月正明。擊筑悲歌燕市恨，彈絲法曲楚江情。自注：袁西樓樂府中有《楚江情》一齣。善才已死秋娘老，涇盡青衫調不成。

　　可憐生　《釋氏寶鑑·頌古聯珠集》：「忠國師因耽源問：『五百年後，有人問楷則，子作麼生？』師曰：『幸是可憐生，剛要箇護身符，子作麼？』」　**劉郎浦**　《平道志》：「浦在荊州。」吳若《杜注》：「蜀先主納吳女處也。」《明一統志》：「劉郎浦在荊州府石首縣北。」《名勝志》：「舊傳孫權迎蜀先主於此。或曰本名流浪，譌為劉郎。」　**伍相祠**　《荊州記》：「秭歸有伍子胥廟。」陸游《入蜀志》：「楚故城西有一山，蜿蟺回抱，上有伍子胥廟，下多巧石，如靈壁湖石之類。」　**擊筑**　《史記·刺客列傳》：「荊軻日與狗屠及高漸離飲於燕市，酒酣以往，高漸離擊筑，荊軻和而歌於市中。」　**楚江情**　袁于令《西樓記》：「標目種愁根，幾句楚江情。」宋犖《筠廊偶筆》：「袁籜庵以《西樓傳奇》得盛名，與人談及，輒有喜色。一日出飲歸，月下肩輿過一大姓門，其家方燕賓，演《霸王夜宴》，輿人云：『如此良夜，何不唱繡戶傳嬌語，乃演《千金

記》耶？』籜庵狂喜，幾墮輿。」　善才秋娘　白樂天《琵琶行》：「曲罷常教善才服，糚成每被秋娘妒。」

其四

　　湘山木落洞庭波，杜宇聲聲喚奈何。千騎油幢持虎節，扁舟鐵笛換漁簑。使君灘急風濤阻，神女臺荒雲雨多。楚相歸來惟四壁，故人優孟早高歌。

　　喚奈何　《世說·任誕》篇：「桓子野每聞清歌，輒喚奈何。」褚仁獲《堅瓠集》：「袁籜庵失職後，題寓所一聯云：『佛言不可說，不可說；子曰如之何，如之何。』」**使君灘**　《一統志》：「使君灘在東湖縣西一百十里大江中。漢劉璋遣法正迎昭烈帝入蜀，經此。」　神女臺　酈道元《水經注》：「天帝之女名曰瑤姬，未行而亡，封於巫山之陽。所謂『巫山之女，高唐之阻，朝為行雲，暮為行雨。朝朝暮暮，陽臺之下』，故為立廟，號朝雲焉。」祝穆《方輿勝覽》：「神女廟在巫山縣治西北三百五十步，有陽臺。」　優孟　《史記·滑稽傳》：「優孟者，故楚之樂人也。長八尺，多辯，嘗以談笑諷諫。楚相孫叔敖知其賢，善待之。病且死，屬其子曰：『我死，汝必貧困，若往見優孟，言我孫叔敖之子也。』居數年，其子困窮負薪。莊王置酒，優孟前為壽，因歌曰：『廉吏可為而不可為。』於是莊王謝優孟，乃召孫叔敖子，封之寢丘，四百戶。」

送楊懷湄擢臨安令

　　聽松鈴閣放衙陰，飛瀑穿階石室琴。許掾仙居丹井在，謝公遊策碧雲深。山農虎善樵微徑，溪女蠶忙採遠林。此地何王誇衣錦，錦城人起故鄉心。自注：令，成都人。臨安乃錢鏐衣錦城也。

　　楊懷湄　《集覽》：「《練川雜記》：『楊琳，字懷湄，成都人。張獻忠屠蜀，得之，以與李定國為養子，常為軍鋒。定國死，來降，以武階改文職，得太倉州判，轉臨安知縣。罷官，家州中。』」　臨安　《元和郡縣志》：「臨安縣，在杭州西北一百二十里。《吳志》云：『建安十六年，分餘杭立臨水縣。晉太康中，改臨安縣。有臨安山，故名。』」　許掾仙居　《杭州府志》：「九仙山在臨安縣西一十五里，許邁煉丹之地。」**謝公遊策**　周密《武林舊事》：「臨安有東山，即謝安高臥處。嘗坐石室，臨濬谷，悠然歎曰：『此與伯夷何遠！』」　山農　《周禮注》：「三農：山農、澤農、平地農也。」**虎善**　王摩詰《戲贈張五弟至》詩：「階前虎心善。」　衣錦　范坰、林禹《吳越備史》：「光化二年，改王所居安眾營曰衣錦營。天復元年二月，王親巡衣錦營，大會故

老賓客，山林樹木皆覆以錦，表衣錦之榮也。」《臨安縣志》：「錢武肅王名臨安為十錦：衣錦營、衣錦山、衣錦南鄉、衣錦北鄉、錦溪、錦橋、晝錦堂、晝錦坊、保錦坊、衣錦將軍樹。」案：成都亦有錦城之名，故云「起故鄉心」也。

登縹緲峰

絕頂江湖放眼明，飄然如欲御風行。最高尚有魚龍氣，半嶺全無鳥雀聲。芳草青蕪迷遠近，夕陽金碧變陰晴。夫差霸業銷沉盡，楓葉蘆花釣艇橫。

縹緲峰　注見卷三。

過席允來山居

碧梧門巷亂山邊，灑掃雖頻得自然。石筍一林雲活活，藥欄千品雨娟娟。養花性為先人好，種樹經從伯氏傳。社酒已濃茶已熟，客來長繫五湖船。

席允來　《文集‧席處士墓誌》：「余間往洞庭東山，則必訪席君允來氏。君諱元恭。」　養花　《席允來墓誌》：「允來父心泉，善種花，得養性術。允來養花，尤擅家風，嘗曰：『吾父性愛花，見花之榮也，則忻然喜；其瘁也，則悄然憂。自壯迨老，寢興食息，語默醒醉，皆以神入於花之中，得其陰晴開落而與之俱化。吾父亡，不敢以改，庶幾見之，如吾父之存也。』」

贈武林李笠翁　自注：笠翁名漁，能為唐人小說，兼以金源詞曲知名。

家近西陵住薜蘿，十郎才調歲蹉跎。江湖笑傲誇齊贅，雲雨荒唐憶楚娥。海外九州書志怪，坐中三疊舞回波。前身合是玄真子，一笠滄浪自放歌。

十郎　蔣防《霍小玉傳》：「素聞十郎才調風流，今又容儀雅秀，名下固無虛士。十郎，謂李益也。」　齊贅　《史記‧滑稽傳》：「淳于髡者，齊之贅婿也。」　雲雨荒唐　雲雨，見前注。《莊子‧天下》篇：「以謬悠之說，荒唐之言，無端崖之辭，時縱恣而不儻。」　海外九州　《史記‧孟荀列傳》：「騶衍乃深觀陰陽消息，而作迂怪之變，謂中國者，於天下乃八十一分居其一分耳。中國名曰赤縣神州，赤縣神州內自有九州，禹之序九州是也。中國外如赤縣神州者九，乃所謂九州也。於是有裨海環之，人民禽獸莫能相通，如一區中者，乃為一州。如此者九，乃有大瀛海環其外，天地之際焉。」　回波　李上交《近事會元》：「回波樂、商調曲，與囀春鶯、烏夜啼之類，

謂之軟舞。」　玄真子　《唐書·隱逸傳》:「張志和,字子同,婺州金華人。自稱煙波釣徒。著《玄真子》,亦以自號。」

贈崑令王莘雲尊人杏翁自注:永平人。

半載江南客未深,玉山秋靜夜沉沉。九邊田牧思班壹,三輔交遊識季心。快馬柳城常命酒,軟輿花縣暫聞琴。白頭閒說西京事,曾記循良久賜金。自注:莘雲有能名,未半載以錢糧報罷。

崑　《一統志》:「漢婁縣地。隋置崑山縣,旋廢。開皇十八年復置,在蘇州府東北七十里。」　王莘雲　《蘇州府志》:「崑山縣知縣王簡,字莘雲,直隸撫寧人,選貢生。順治十六年九月任,十七年八月劾去。」　玉山　陸容《菽園雜記》:「崑山在松江府華亭縣界,晉陸機兄弟生其下,皆有文學,時人比之崑山片玉,故名。今崑山縣治北之山名馬鞍,或有稱玉峰者,蓋擬之耳。」　九邊　《廣輿記》:「明初設遼東、宣府、大同、延綏四鎮,繼設寧夏、甘肅、薊州三鎮,又以山西偏頭三關、陝西固原亦稱二鎮,是為九邊。」　田牧　注見卷一。　班壹　《氏族考》:「班壹,秦末避地樓煩,以財雄邊,故北方多以班為字者。」　季心　注見卷十二。　柳城　《遼史·地理志》:「興中府,古孤竹國。漢柳城縣地。慕容皝改柳城縣為龍城縣。元魏取為遼西郡。隋置營州,煬帝置柳城郡。」顧炎武《日知錄》:「柳城在今永平府東北七百里。」軟輿花縣　潘岳《閑居賦序》:「微雨新晴,六合清朗,太夫人乃御板輿,升輕軒,遠覽王畿,近周家園。」《白帖》:「潘岳為河陽令,多植桃李,號曰花縣。」　賜金《漢書·循吏傳》:「黃霸為潁川太守,賜黃金百斤。」

客談雲間帥坐中事

五茸絲管妓堂秋,奪得蛾眉付主謳。豈是絕纓諸將會,偶因行酒故人留。青尊有恨攀他手,白削無情笑者頭。若遇季倫西市日,可宜還墮綠珠樓。

雲間帥　謂松江提督馬逢知也。見卷五。　絕纓　劉向《說苑》:「楚莊王賜群臣酒,酒酣燭滅,乃有人引美人之衣者,美人援絕其冠纓,告王,王命左右群臣百有餘人,皆絕去其冠纓而上火,卒盡歡而罷。」　攀他手　《史記·滑稽傳》:「男女雜坐,行酒稽留,握手無罰,目眙不禁。」案:此參用章臺柳事。　白削　《吳志·甘寧傳》:「寧引白削置膝上,呵謂都督曰:『卿見知於至尊,孰與甘寧?寧尚不惜死,卿何以獨惜死乎!』」　笑者頭　《史記·平原君傳》:「平原君家樓臨民家,民家有躄

者，槃散行汲。平原君美人居樓上，臨見大笑之。明日，躄者至平原君門，請曰：『臣願得笑臣者頭。』平原君笑應曰：『諾。』終不殺。居歲餘，賓客門下舍人稍稍引去，平原君怪之。門下一人前對曰：『以君之不殺笑躄者，以為君愛色而賤士，士即去耳。』於是平原君乃斬笑躄者美人頭。」　**季倫西市**　注見卷五。《集覽》：「馬逢知少出行伍，遭逢世難，故妻為人掠賣。馬貴另娶，而故妻聞之，叩閽上謁，馬內之，抱首慟哭。故妻亦生子矣，築別館以養其夫妻母子，軍中稱之曰夫人，曰公子，與其夫人均禮。馬西市日，其故妻與故妻之夫及子亦被誅。」　**墮樓**　注見卷七。

別維夏

惆悵書生萬事非，赭衣今抵舊烏衣。六朝門第鴉啼遍，九月關河木葉飛。庾嶺故人猶未別，自注：維夏叔增城公子彥。燕山游子早應歸。正逢漉酒登高會，執手西風歎落暉。

漉酒　《南史‧陶潛傳》：「郡將候潛，逢其酒熟，取頭上葛巾漉酒，畢，還復著之。」

庚子八月訪同年吳永調於錫山有感賦贈

廿載京華共酒罇，十人今有幾人存。自注：京師知己為真率會，今其人零落已盡。多愁我已嫌身世，高臥君還長子孫。士馬孤城喧渡口，雲山老屋冷溪門。相逢萬事從頭問，樺燭三條見淚痕。

吳永調　《蘇州府志》：「吳其馴，字永調，常州無錫人。崇禎辛未進士，由蘇州府教授官南京國子監助教。」《常州府志》：「終兵部員外郎。」　**長子孫**　《史記‧平準書》：「為吏者長子孫。」　**樺燭**　《玉篇》：「樺木皮可以為燭。」程大昌《演繁露》：「古燭未知用蠟，直以薪蒸，即是燒柴取明耳。或亦剝樺皮爇之。《白樂天集》：『試日許燒木燭三條，燭盡不許更續。』」

其二

杖藜何必遠行遊，抱膝看雲鶴警裘。天遣名山供戶牖，老逢佳節占風流。干戈定後身還健，花月閒時我欲愁。莫歎勝情無勝具，亂峰深處著高樓。自注：永調有足疾。

我欲愁　《晉書‧王湛傳》：「湛子安期至下邳，登山北望，歎曰：『人言愁，我始欲愁矣。』」　**勝情**　《世說‧棲逸》篇：「許掾好遊山水，而體便登涉。時人云：『許非徒有勝情，實有濟勝之具。』」

其三

黃花秋水五湖船，客鬢蕭騷別幾年。老去妻孥多下世，窮來官長有誰賢。酒杯驅使從無分，書卷消磨絕可憐。賸得當時舊松菊，數間茅屋對晴川。

其四

虛臺便闕信沉沉，話及清郎淚不禁。到處風波寧敢恨，僅存兄弟獨何心。南州師友江天笛，北固知交午夜砧。從此溪山避矰繳，暮雲黃葉閉門深。

僅存　《文集・王畹仲墓誌》：「余同年進士，其在無錫者，曰馬公素脩、唐公玉乳、錢公凝庵、王公畹仲、吳公永調。已而素脩殉節死，唐公以病，錢公以兵，皆死。畹仲任南韶憲副，聞寇難，自經死。存者惟永調耳。」　師友知交　程氏曰：「南州師友指李太虛，北固知交指周芮公。公與永調殆同門友也。」

送張玉甲憲長之官邛雅

秋水連天棹五湖，勞勞亭畔客心孤。飄蓬宦跡空迢遞，浩劫山川尚有無。石鏡開花惟自照，郫筒憶酒向誰沽。蕭條大散關頭路，匹馬西風入畫圖。

張玉里　《己未詞科錄》：「張能鱗，字玉甲，直隸大興人。順治丁亥進士。十八年分巡上南道，歷官至四川按察使。」　邛雅　《史記・大宛傳》：「出邛、僰。」張守節《正義》：「邛，今邛州。僰，今雅州。」　勞勞亭　注見卷七。　石鏡　注見卷六。　郫筒　王士禎《居易錄》：「郫縣輒筒酒，亂後失傳，惟縣衙之東郫泉二井尚存，一井圓，一井如半月形，水極清寒，有亭覆其上，曰郫筒亭。郫縣地暖，惟此亭盛夏入必挾纊。」餘見卷一一。　大散關　注見卷七。

其二

劍外新傳一道通，十年群盜漫稱雄。橫刀割取青神渡，烈火燒殘白帝宮。豈有山川歸李特，猶能車馬識文翁。誰將牛斗龍泉氣，移在天彭井絡中。自注：張從江南學使者遷是職。

劍外　注見卷五。　群盜　《欽定歷代通鑑輯覽》：「順治十六年，大兵進取川南，成都餘黨聞風逃遁，金川底定。於是張獻忠餘孽之擾蜀者亦盡矣。」　青神渡　《一統志》：「五渡山在青神縣東十里，水經山下，繞流屈曲，渡處凡五，因名。」　白

帝宮　司馬彪《郡國志》：「公孫述至魚復，有白龍出井中，因號魚復為白帝城。」常璩《華陽國志》：「先主戰敗，委舟舫，由步道還白帝，改白帝為永安宮。」《夔州府志》：「永安宮，今為府儒學基。」　李特　《晉書‧李特載記》：「李特，字元休，巴西宕渠人。其先廩君之苗裔也。元康中，隨流人將入於蜀，至劍閣，箕踞太息，顧盼險阻，曰：『劉禪有如此之地，而面縛於人，豈非庸才耶！』六郡流人推特為主，自稱益州牧。後為羅尚襲殺，傳首洛陽。」　文翁　注見卷一。江都汪中曰：「陳周侯《筆記》：『能鱗以御史繼石中任江南提學，竿牘更甚於申。新生四十人，皆阿堵也，士氣為之沮喪。』」龍泉氣　見卷八注。　天彭井絡　酈道元《水經注》：「秦昭王以李冰為蜀守，見氐道縣有天彭山，兩山相對，其形如闕，謂之天彭，亦曰天彭闕。《河圖括地象》：『岷山之精，上為井絡。』」左思《蜀都賦注》：「岷山之地，上為東井，維絡也。」李義山《井絡》詩：「井絡天彭一掌中。」

其三

　　岷峨悽愴百蠻秋，路折邛崍九阪愁。城裏白雲從地出，馬前黑水向人流。松番將在看高臥，雪嶺僧歸話遠遊。欲問辟支諸佛土，貝多羅樹即關頭。自注：雅州關外即烏斯藏。

　　岷峨　王應麟《玉海》：「劍南，古梁州。其分鶉首，其山岷峨。」少陵《劍門行》：「岷峨氣悽愴。」　邛崍　《續漢書‧郡國志》：「蜀都嚴道有邛僰九折阪。」常璩《華陽國志》：「邛崍山本名邛筰，本邛人、筰人界也。九折乃至山上，凝冰夏結，冬則劇寒。王陽行部至此而退者也。」《一統志》：「邛崍山在雅州府榮經縣西南。」黑水　《書‧禹貢》：「華陽、黑水惟梁州。」揚雄《益州箴》：「華陽西極，黑水南流。」松番　《明一統志》：「洪武十一年，置松潘衛。二十年，改松潘等處軍民指揮使。」陸次雲《峒谿纖志》：「松潘，古冉駹地也。積雪凝寒，朱夏不解。人居累石為室，高者至五十餘丈，名曰碉房。」　雪嶺　《一統志》：「雪山在松潘衛。」少陵《嚴公廳詠蜀道畫圖》詩：「松山雪嶺東。」　辟支佛　《指月錄》：「扣冰澡先古佛，建寧新豐翁氏子。母夢比丘風神炯然，荷錫求宿。人指謂曰：『此辟支佛也。』」《釋氏要覽》：「辟支，梵云辟勒支底迦，唐言獨行。《翻譯名義集》作『畢勒支底迦』。」　貝多羅注見卷一。　關頭　《大清一統志》：「打箭爐在大渡河外，直黎、雅之西，自古為荒服地。雍正七年，設雅州府同知，分駐其地，兼轄漢、番。自裏塘、巴塘以西，直抵西藏，延袤數千里，悉入版圖。而打箭爐實為諸番朝貢互市之要口云。西藏歷周、秦至隋，猶未通中國。唐貞觀八年，有吐蕃弄贊者，始遣使者來朝。元世祖時，置烏斯

藏郡縣，其地以吐蕃僧八思巴為大寶法王帝師領之。明置烏斯藏、朵甘二指揮司及宣慰司、招討司、萬戶府、千戶所。順治九年來朝。其地有四：曰衛，曰藏，曰喀木，曰阿里。衛在打箭爐西北三十里，即烏斯藏也。」

其四

錦官春色故依然，料理蠶叢半壁天。葛相祠堂尋有蹟，譙玄門戶訪誰傳。還家杜宇三更夢，寄遠菖蒲十樣牋。此去壯遊何所恨，思君長問楚江船。

譙玄　《後漢書・獨行傳》：「譙玄，字君黃，巴郡閬中人。能說《易》、《春秋》。成帝時，對策高第，拜議郎，遷中散大夫。公孫述僭號，徵之，不起。子瑛，善說《易》。」菖蒲十樣牋　元微之《薛濤寄花牋百幅題詩寄贈》：「別後相思隔煙水，菖蒲花發五雲高。」章望之《延漏錄》：「益州出十樣蠻牋。」

哭中書趙友沂兼柬其尊甫洞門都憲

長沙才子九江船，御史臺西月正圓。兩省親朋歡笑日，一官詩酒亂離年。朱樓有淚看楊柳，白髮無家聽杜鵑。太息賈生歸未得，湘花湘草夕陽邊。

洞門都憲　《江南通志》：「趙開心，字洞門，長沙人，寄籍江都。崇禎甲戌進士，三為御史大夫，敢言直諫，屢黜不顧，仕至工部尚書。」　御史臺　杜佑《通典》：「御史之名，至秦、漢為糾察之任。所居之署，漢謂之御史臺，亦謂之蘭臺寺。梁及後魏、北齊或謂之南臺。」

贈學易友人吳燕餘

風雨菰蘆宿火紅，胥靡顝頓過牆東。吞爻夢逐虞生放，端策占成屈子窮。縱絕三編身世外，橫添一畫是非中。道人莫訝姚平笑，六十應稱未濟翁。

吳燕餘　《復社姓氏》：「吳綿祚，字燕餘，太倉州人。」許旭《秋水集》：「燕餘杜門注《易》，捃拾自資，為墨吏所辱，抱恨而死，年六十四。」程《箋》：「墨吏指常熟令瞿四達，後為巡撫秦公世楨參治，下獄死。」　胥靡　注見卷十。　牆東　《後漢書・逸民傳》：「避世牆東王君公。」《注》：「君公明《易》。為郎，數言事不用，免歸。」　吞爻　《虞翻別傳》：「翻初立《易注》，奏上曰：『臣郡吏陳桃夢臣與道士相遇，放髮被鹿裘，布《易》六爻，撓其三以飲臣。臣乞盡吞之。道士言：易道在天，

三爻足矣。豈臣受命，應當知經。』」餘見卷十三注。　**端策**　《楚辭‧卜居》：「屈原既放，往見太卜詹尹。詹尹乃端策拂龜，曰：『君將何以教之？』」《史記‧屈原傳》：「屈平正道直行，竭忠盡智，以事其君，讒人間之，可謂窮矣。」　**絕三編**　《史記‧孔子世家》：「孔子晚而喜《易》，序《彖》、《繫》、《象》、《說卦》、《文言》。讀畢，韋編三絕。」　**姚平笑**　《京房別傳》：「京房治《易》，以孝廉為郎。元帝以為魏郡太守，去至新豐，因郵上封事曰：『臣前以六月中，言逐卦不效。法曰：道人始去，寒，涵水為災。至其七月，湧水出。臣弟子姚平謂臣曰：房可謂知道，未可謂信道也。房言災異，未嘗不中。今涵水已出，道人當逐死，尚復何言？臣曰：陛下至仁，於臣尤厚。雖言而死，臣猶言也。平又曰：房可謂小忠，未可謂大忠也。昔秦亂之時，趙高用事，有正先者，非刺高而死，高威自此而成。故秦之亂，正先趣之。今臣得出守郡，自詭效功，恐未效而死。惟陛下毋使臣塞湧水之異，當正先之死，為姚平所笑。』」　**未濟翁**　白斑《湛淵靜語》：「伊川解《未濟》男之窮也，繞屋抽思，且曰：『只是箇諸爻不得位。』終不能盡其義。適有一桶匠，庭下聞之，遽云：『恐即是三陽失位。』伊川為之歎賞。今《未濟》解『雖不當位，剛柔應也』，正用此語。下云：『斯義也，聞之成都隱者。』後晦庵見之，謂三陽失位一語，出《火珠林》。」

其二

注就梁丘早十年，石壕呼怨華門前。范升免後成何用，寧越鞭來絕可憐。人世催科逢此地，吾生憂患在先天。從今郫上田休種，簾肆無家取百錢。

梁丘　《漢書‧儒林傳》：「梁丘賀，字長翁，郵琊人也。從大中大夫京房受《易》。」　**石壕**　注見卷七。　**范升**　《後漢書‧范升傳》：「范升，字辯卿，代郡人。習《梁丘易》。光武徵拜議郎，遷博士。後為出妻所告，坐繫得出，還鄉里。永平中，為聊城令，坐事免。」　**寧越**　《晉書‧王承傳》：「遷北海太守。有犯夜者，為吏所拘。承問其故，答曰：『從師受書，不覺日暮。』承曰：『鞭撻寧越以立威名，非政化之本。』使吏送令還家。」　**郫上田**　《漢書‧揚雄傳》：「揚氏遡江上，處巴江州。而揚季官至廬江太守，漢元鼎間，避仇復趨江上，處岷山之陽曰郫，有田一廛，有宅一區，世世以農桑為業。自季至雄，五世而傳一子，故雄亡它揚於蜀。」　**簾肆**　《漢書‧王貢兩龔傳‧序》：「嚴君平卜筮於成都市，裁日閱數人，得百錢足自養，則閉肆下簾而受《老子》。」

壽繼起和尚

故山東望路微茫，講樹秋風老著霜。不羨紫衣誇妙相，惟憑白足徧諸方。隨雲舒卷身兼杖，與月空明詩一囊。臺頂最高三萬丈，道人心在赤城梁。

繼起　見卷八。　紫衣　見卷十一注。　妙相　梁簡文帝《大法王序》：「降茲妙相諸佛力。」　白足　注見卷七。

惠山二泉亭為無錫吳邑侯賦

九龍山半之泉亭，水遞名標陸羽經。寺外流觴何處訪，公餘飛舄偶不聽。丹凝高閣空潭紫，翠溼層嵐萬樹青。治行吳公今第一，此泉應足勝中泠。

二泉亭　見卷七注。　吳邑侯　謂吳興祚。見卷七。　水遞　注見卷十。　飛舄　《漢書·王喬傳》：「喬為葉令，有神術，每月朔望詣臺朝。帝怪其來數，密令太史伺之。有雙鳧從東南飛來，舉網張之，得雙舄，乃所賜尚書官屬履也。」　治行第一　《漢書·賈誼傳》：「文帝初立，聞河南守吳公治平，為天下第一。」　中泠　注見卷十一。

贈張以韜來鶴詩

草聖傳家久著聞，斗看孤鶴下層雲。路從蓬島三山遠，影落琴川七水分。自是昂藏矜鳳侶，休教嫉妒報雞群。春風一樹梅花發，耐守寒香孰似君。

張以韜　《海虞文苑》：「張文銕，字以韜，新安人，僑居常熟。」魏禧《來鶴詩序》：「新安張君以韜僑於常熟，屋城之南偏，有鶴翩然下庭際，久而不去，於是以來鶴名其堂，自為記。四方能文士咸作詩歌之。」　草聖　少陵《飲中八仙歌》：「張旭三杯草聖傳。」　琴川七水　注見卷十一。　雞群　《晉書·嵇紹傳》：「昂昂然如野鶴之在雞群。」

梅村詩集箋注　卷第十五

長洲吳翌鳳撰　滄浪吟榭校定本

七言律詩

過三峰檗公話舊

　　霜落千峰曳杖尋，筍輿衝雨過高林。埋書草沒松根史，洗鉢泉流石礙琴。萬事幾經黃葉夢，三生難負碧潭心。山童不省團圞話，催打溪鐘夜未深。

　　檗公　《蘇州府志》：「正志，字檗庵，湖廣嘉魚人。熊姓，名開元，號魚山。國變後為僧，隱匡廬、南嶽間。宏儲招致靈巖，復住三峰、華山諸寺。」《明史·熊開元傳》：「熊開元，天啟乙丑進士，由吳江令擢授吏科給事中，謫山西按察司檢較，遷行人司副。以言事廷杖，遣戍杭州。福王召起原官，丁母艱，不赴。唐王連擢至隨征東閣大學士，乞假歸，汀州破，棄家為僧。」　**松根史**　《廣宋遺民錄》：「鄭思肖，福之連江人，初名某，以太學上舍應博學宏詞科，寓吳之條坊巷。德祐北狩，憤恨若不欲生，遂改今名，字憶翁，號所南，作《臣子盟檄》兩篇，目之曰《久久書》。遂與所作《咸淳集》一卷，《大義集》一卷，《中興集》二卷，及雜詩文，總為《心史》，入之鐵函，投承天寺井中。崇禎戊寅十一月八日，狼山中房僧達始因旱浚井，啟而得之。計先生藏年，至是三百五十六春秋矣，不濡不減，完好如新。」　**團圞**　《龐居士語錄》：「有男不婚，有女不嫁。大家團圞頭，共說無生話。」

永平田君宗周吳故學博也袁重其識之尤展成司李其地相見詢袁年百有二矣索詩紀異並簡展成

　　北平車馬訪煙蘿，記向夷齊廟下過。百歲共看秦伏勝，一經長在漢

田何。知交已料滄江少，耆舊翻疑絕塞多。聽罷袁絲數東望，酒酣求作絳人歌。

永平 《元史·劉德溫傳》：「永平，古孤竹國也。」《一統志》：「永平，秦為遼西、右北平二郡地。元為永平路。洪武四年，改永平府。」 田宗周 《蘇州府志》：「田宗周，昌黎人，崇禎四年任吳縣訓導。」 袁重其 《蘇州府志》：「袁駿，字重其，長洲人。」 尤展成 朱彝尊《尤先生墓誌》：「先生諱侗，字同人，一字展成，別字悔庵，晚號西堂老人。廷貢除永平府推官，坐撻旗丁降調。康熙十七年召試博學鴻辭，授翰林院檢討。癸未，天子南巡，進官侍講。」 夷齊廟 《一統志》：「清節廟在永平府盧龍縣西二十里孤竹故城，祀伯夷、叔齊。舊廟久廢，明洪武九年重建。」 伏勝 注見卷一。 田何 《史記·儒林傳》：「自魯商瞿受《易》孔子，孔子卒，商瞿傳《易》，六世至齊人田何，字子莊，而漢興。」 袁絲 《史記·袁盎傳》：「袁盎者，楚人也，字絲。」 絳人 《左傳：襄三十年》：「晉悼夫人食輿人之城杞者。絳縣人或年長矣，無子，而往與於食。有與疑年，使之言曰：『臣小人也，不知紀年。臣生之歲，正月甲子朔，四百有四十五甲子矣。其季於今，三之一也。』士文伯曰：『然則二萬六千六百有六旬也。』以為絳縣師。」

顧西巘侍御同沈友聖虎丘即事

注就逍遙賦大風，彥先才調擅諸公。晴川兩岸憑欄外，雪嶺千尋攬轡中。我昔楚江同宋玉，君今吳市訪梁遇。芳洲杜若無能採，慚愧當年過渚宮。

注逍遙 《南史·何偃傳》：「注《莊子·逍遙》篇，傳於時。」 賦大風 用宋玉事。 彥先 《晉書·顧榮傳》：「顧榮，字彥先，吳郡吳人。」 晴川 注見卷七。 雪嶺 注見卷十四。謂巡按四川。 宋玉 謂宋九青。此指崇禎丙子與九青同典楚試事。 梁鴻 《後漢書·逸民傳》：「梁鴻字伯鸞，扶風人。家貧而尚節介。適吳，依皋伯通廡下，為人賃舂。」 渚宮 《左傳》：「文十年，王在渚宮，往小洲，曰渚安。」《水經》：「江水東迤江陵縣。」《注》云：「春秋之渚宮矣。漢景帝二年，改為江陵縣。」李文子《郭允蹈蜀鑑》：「江陵有津鄉，故城在今江陵縣東，渚宮即其地。」錢希言《楚小志》：「渚宮即楚頃襄王之離宮，而宋玉之故宅也。梁元帝即位，楚宮即此。」

其二

喻蜀書成楚大夫，征帆萬里到江湖。鄉心縹緲思黃鶴，祖德風流話

赤烏。問俗駐車從父老，尋山著屐共生徒。君家自有丹青筆，衰白追隨入畫圖。

　　喻蜀　《史記・司馬相如傳》：「會唐蒙使略通夜郎西僰中，發巴、蜀吏卒千人，郡又多為發轉漕萬餘人，用興法誅其渠帥，巴、蜀民大驚恐。上聞之，乃使相如責唐蒙等，因喻告巴、蜀民以非上意。」案：《文集・顧開明祠堂記》：「頌云：繡衣臨馬聲赫都，攬轡蠻叢及魚鳧。」蓋謂侍御奉命使蜀也。　　**祖德**　《顧開明祠堂記》：「頌：惟顧之先出自吳，係分族顯來赤烏。」　　**丹青筆**　《晉書・顧愷之傳》：「愷之博學，有才氣，尤善丹青，圖寫特妙。」案：侍御有《虎丘夜宴圖》。

其三

　　生公石上廣場開，短簿祠荒閉綠苔。山檝偶攜群吏散，布帆無恙故人來。爭傳五月登高會，應改三江作賦臺。自是野王思故里，可知先賞陸機才。

　　生公石　注詳卷十八。　　**短簿祠**　范成大《吳郡志》：「短簿祠在虎丘雲巖寺，寺即王珣居。桓溫征西府時，號短主簿，俗因以名其祠。」王賓《虎丘山志》：「東山廟即短簿祠，在入山南，逕東嶺上，從山之東抵郡城西北，居民歲時致祠不絕。」　　**布帆無恙**　《世說・排調》篇：「顧長康作殷荊州佐，請假還東，發至破冢，遭風大敗，作牋與殷云：『行人安穩，布颿無恙。』」　　**野王**　《陳書》：「顧野王，字希馮，吳郡吳人。」　　**陸機**　案：西巘本籍蘇州，友聖華亭人，故以野王、陸機為比。

其四

　　一馬雙僮出野塘，論文蕭寺坐匡牀。花移埭鼓青油舫，月映行廚白石廊。漫叟短歌傷老大，散人長揖恕清狂。細將朋友從頭數，落落申生自注：鳧盟。與沈郎。

　　一馬、雙僮　東坡《司馬溫公神道碑》：「公來自西，一馬雙僮。」　　**漫叟**　《唐書・元結傳》：「酒徒又曰：公漫久矣，可以漫為叟。於戲！彼聲叟不愍帶乎等箸，吾又安能薄乎著作？彼聲叟不差聲斷於鄉里，吾又安能愍漫浪於人間？取而醉人議，當以漫叟為稱。」　　**散人**　陸龜蒙《江湖散人傳》：「散人者，散誕之人也。心散、意散、形散、神散，既無羈限，為時之怪。民束於禮樂者，外之曰：此散人也。散人不知恥，乃從而稱之，遂為散歌、散傳，以誌其散。」　　**申生**　魏裔介《申鳧盟傳》：「申涵光，字孚孟，號鳧盟，一號聰山，直隸永年人。節愍公佳允之子。」孫承澤《畿輔通志》：

「涵光博學能文，尤長於詩，弱冠名噪三輔。甲申聞父殉難，慟不欲生，遂絕意仕進，日事詩文。晚年名益重，與殷岳、張蓋稱畿南三子。」

贈松江郡侯張升衢自注：從江寧遷任。

石城門外水東流，簫鼓千人最上頭。二陸鄉園江畔樹，三張詞賦郡西樓。油幢置酒蓴鱸夜，畫舫鉤簾秔稻秋。聞道青溪行部近，兒童欣喜使君遊。

張升衢 《松江府志》：「知府張雲路，直隸冀州舉人，康熙元年由江寧管糧同知陞任。」 石城 注見卷十一。 上頭 《古樂府·陌上桑》：「東方千餘騎，夫壻居上頭。」 二陸三張 注見卷九。 青溪 注見卷四。 兒童欣喜 《後漢書·郭伋傳》：「為并州牧，行部西河，數百兒童各騎竹馬迎拜。」

贈松郡副守涪陵陳三石自注：官董漕。

獨上高城回首難，揚雄老去滯微官。湖天搖落雲舒卷，巫峽蕭森路折盤。廿載兵戈違故里，千村輪輓向長安。京江原是三巴水，莫作郵筒萬里看。

涪陵 《漢書·地理志》：「巴郡縣，涪陵。」《一統志》：「涪陵郡，晉永和中置，隋廢為縣。唐乾元初置涪州。」 陳三石 《松江府志》：「管糧同知陳計長字三石，四川涪州舉人，康熙元年任。」

贈松江司李內江王擔四

十月江天曉放衙，葺城寒發錦城花。金隄更植先人柳，玉壘重看使者車。自注：父侍御治京日湖隄。庾嶺霜柑書憶弟，自注：弟東粵。曲阿春釀夢思家。自注：侍御避亂，僑居丹陽。詩成別寫鵝溪絹，廳壁風篁醉墨斜。自注：善寫竹。

內江 《一統志》：「內江本漢資中縣地，後周置中江縣，屬資州郡。隋避諱，改曰內江。」 王擔四 《松江府志》：「王於蕃，字嵋田，四川內江舉人。前蘇州府推官，康熙元年補任。」《文集·監察御史王慕吉墓誌》：「既君之子擔四，司李吾吳，未及任而君訃。」案：擔四，於蕃自號。 金隄柳 《王慕吉墓誌》：「君諱範，字君鑑，慕吉其自號也。辛未成進士，任丹陽令，復練湖以濟漕，脩湖隄之已壞者一千一百七十餘丈。隄成，植以榆柳。召見稱旨，得御史。今司李歲護江南之漕達於淮，道經丹陽，望練湖而思先德，則我四郡之人咸食其利。」 玉壘 注見卷十一。 憶弟 《王

慕吉墓誌》：「側室李氏，生於宣，粵之三水令。」 **曲阿春釀** 《魏書・劉藻傳》：「輒當釀曲阿之酒，以待百官。」《晉太康地記》：「曲阿本名雲陽，秦始皇以有王氣，鑿北山以敗其勢，截其直道，使其阿曲，故曰曲阿。吳還為雲陽，今復名曲阿。」 **思家** 《王慕吉墓誌》：「君奉母諱歸，而張獻忠破夔門，君知蜀必不守，決策避地，崎嶇滇、黔蠻徼中，提百口入吳。丹陽之人聞其至也，爭願割田宅贍君，君謝不受。東阡西陌，與父老遐存，見者初不知為舊令也。如是十六年而沒。」

贈彭郡丞益甫

樓船落日紫貂輕，坐嘯胡牀雁影橫。雨過笛生黃歇浦，花開夢繞發干城。自注：舊棠邑令。龍蛇絹素爭搖筆，自注：善書。松杏山河已息兵。自注：杏山人。慷慨與君談舊事，夜深欣共酒杯傾。

彭益甫 《松江府志》：「海防同知彭可謙字益甫，遼東杏山人，康熙元年任。」 **黃歇浦** 見卷七注。 **發干** 《漢書・地理志》：「東郡縣，發干。」《一統志》：「發干故城在山東東昌府堂邑縣西南。」《山東通志》：「彭可謙，順治五年知堂邑縣，擢本府屯田同知。」案：自注：棠邑應作堂邑。

十月下澣偕九日過雲間公讌闇石蒼水齋中同文饒諸子

百里溪山訪舊遊，南皮賓客盛風流。文章座上驚黃綰，名字人間愧白頭。董相園開三徑夜，陸生臺在九峰秋。酒酣莫話當年事，門外滄江起暮愁。

闇石 王士禎《感舊集》補傳：「董含，字闇石。松江人，順治乙未進士。」 **蒼水** 見卷七。《文集・董蒼水詩序》：「孝廉蒼水，偕其兄進士君闇石，俱以才名顯其鄉。」 **文饒** 《嘉定縣志》：「趙俞，字文饒。康熙戊辰進士，官定陶知縣。」 **董相園** 《漢書・董仲舒傳》：「下帷講讀，蓋三年不窺園。」 **陸生臺** 詳後注。 **當年事** 吳縣石韞玉曰：「宋琬《董蒼水詩序》：『江南逋賦之獄，紳士同日除名者萬餘人，蒼水與其禍。』」

其二

霜落南樓笑語清，無端街鼓逼嚴城。三江風月尊前醉，一郡荊榛笛裏聲。花滿應徐陪上讌，歌殘嵇阮隔平生。歸來枕底天涯夢，喔喔荒雞已五更。

應徐 魏文帝《與吳質書》：「徐、陳、應、劉，一時俱逝。」《注》：「謂徐幹、

陳琳、應瑒、劉楨也。」　**嵇阮**　《晉書·王戎傳》：「嘗經黃公酒壚下過，顧謂後車客曰：『吾首〔註1〕與嵇叔夜、阿嗣宗酣暢於此，竹林之遊，亦預其末。自嵇、阮云亡，吾便為時之所羈紲。今日視之雖近，邈若山河。』」

贈松江別駕日照安肇開

秋盡西風鬢影蒼，伏生經術蓋公堂。雞聲日出秦祠遠，鶴唳江空禹蹟荒。二水淄澠杯酒合，三山樓觀畫圖裝。歸來好啖安期棗，不夜城頭是故鄉。

別駕　《晉書·百官志》：「州置刺史、別駕、治中、從事等員。」　**日照**　《一統志》：「日照縣，漢海曲地。金日照，今屬沂州府。」　**蓋公堂**　東坡《蓋公堂記》：「曹參為齊相，避正堂以舍蓋公。吾為膠西守，知公為是邦守也，求其故墓子孫不可得，慨然懷之。治新寢於黃堂之北，重門洞開，盡城之南北，相望如引繩，名之曰蓋公堂。時從賓客僚吏遊息，於其閒而不敢居，以待如公者焉。」　**秦祠**　《史記·封禪書》：「八神，七曰日主，祠成山。成山斗入海，最居齊地東北隅，以迎日出云。」　**淄澠**　酈道元《水經注》：「淄水出萊蕪縣南山下，世謂之原泉。澠水出營城東，昔晉侯與齊侯宴，齊侯曰：『有酒如澠』，即此。」《淮南子》：「白公問微言曰：『若以水投水，如何？』孔子曰：『淄、澠之水合，易牙嘗而知之。』」　**安期棗**　《史記·封禪書》：「少君言於上曰：『臣嘗遊海上，見安期生食巨棗，大如瓜。』」　**不夜城**　注見卷十三。

滇池鐃吹

碧雞臺榭亂雲中，舊是梁王避暑宮。銅柱雨來千嶂洗，鐵橋風定百蠻通。朱鳶縣小輸賨布，白象營高掛柘弓。誰唱太平滇海曲，檳榔花發去年紅。

滇池鐃吹　《欽定歷代通鑑輯覽》：「順治十六年正月，大兵克雲南，桂王由榔奔騰越。二月，克永昌，復奔緬甸。十八年十月，平西大將軍吳三桂、定西將軍愛星阿等帥師征緬，兩路進兵，於十一月初八日會師木邦。李定國先奔景線、白文，逕據錫笛、蕭江為險。大兵自木邦晝夜行三百餘里，臨江造筏。將渡，文選復奔茶山。總兵官馬寧等率偏師追之，及於猛養，文選降。大兵直趨緬城，緬酋懼，初三日遣數十人至由榔所，連坐擁之去，遂並其眷屬二十五人送軍前，大兵凱還。明年四月，由榔死

〔註1〕「首」，當作「昔」。

於雲南。六月，李定國走死猛臘，其子嗣興與劉文秀等俱來降，滇南平。」《漢書‧地理志》：「益州郡縣，滇池。」《後漢書‧西南夷傳》：「滇王者，莊蹻之後也。元封二年，武帝平之，以其地為益州郡。有池周回二百餘里，水源深廣，而末更淺狹，有似倒流，故謂之滇池。」鐃吹，注見卷九。　**碧雞**　注見卷六。　**梁王宮**　《明史‧把匝喇瓦爾密傳》：「梁王把匝喇瓦爾密者，元世祖第五子雲南王忽奇赤之裔也，封梁王，仍鎮雲南。順帝北去，大都不守，中國無元尺寸地，而王守雲南自若，執臣節如故。」《雲南通志》：「梁王宮在雲南府城中，元把匝喇瓦爾密建。明為岷王府。今廢。」　**銅桂**　注見卷十三。　**鐵橋**　《舊唐書‧德宗紀》：「貞元十年，南詔異牟尋等攻吐蕃鐵橋以東城壘一十六，擒其王六人。」《明一統志》：「鐵橋城在雲南麗江軍民府巨津州，跨金沙江。韋皋破吐蕃，斷鐵橋，即此。」　**朱鳶**　《後漢書‧郡國志》：「交阯郡十二城，一曰朱鳶。」　**賨布**　《後漢書‧南蠻傳》：「秦始置黔中郡。漢興，改為武陵。歲令大人輸布一匹，小口二丈，是謂賨布。」《注》：「許慎曰：『南蠻賦也。』」　**柘弓**　注見卷七。　**檳榔**　羅願《爾雅翼》：「陶隱居云：『檳榔出交、廣間，小者名蒳子，向陽曰檳榔，向陰曰大腹，尖長而有紫文者名檳，圓而矮者名榔。』」嵇含《南方草木狀》：「檳榔樹高十餘丈，皮似青銅，節如桂竹，下本不大，上枝不小，端頂有葉，葉似甘蔗，葉下繫數房，房綴數十實，實大如桃李，天生棘重累其下，所以衛其實也。」

其二

　　苴蘭城闕鬱岧嶢，貝葉金書使者朝。海內徵輸歸六詔，天邊勳伐定三苗。魚龍異樂軍中舞，風月蠻姬馬上簫。莫向昆明話疏鑿，道人知已劫灰銷。

　　苴蘭城　常璩《華陽國志》：「楚頃襄王時，遣莊蹻伐夜郎，軍至且蘭，椓船於岸而步戰，遂滅夜郎。」《雲南通志》：「苴蘭城，一名穀昌，在昆明城北十餘里，楚莊蹻築。」　**六詔**　曾慥《類說》：「《蜀本紀》云：『南蠻六部，本無統屬，太子各下詔，各領一封，謂之六詔。又其方言，以詔為王。唐開元末，節度使王昱受賂，乞合為一封。大酋蒙歸義為雲南王，始獨稱南詔，既盛，乃為邊患。』」楊慎《滇載記》：「六詔：一曰蒙舍詔，今蒙化府；二曰浪穹詔，今浪穹縣蒙次和之地；三曰鄧賧詔，今鄧川縣；四曰施浪詔，今浪穹縣蒙次和之地；五曰摩夢詔，今麗江府；六曰蒙巂詔，今建昌。」　**馬上簫**　《金史‧樂志》：「鼓吹樂，馬上樂也。前部、後部簫皆二十四。」　**劫灰**　注見卷一。

其三

霭翠奢香祠總荒，蘆笙吹徹瘴雲黃。縱擒有策新疆定，叛服何常舊史亡。鬼國三年勞薄伐，王師五月下殊方。瀾滄肯為他人渡，不許窺人有夜郎。

霭翠奢香 《明史·貴州土司傳》：「水西宣慰司霭翠死，妻奢香代襲。都督馬華欲盡滅諸羅，代以流官，故以事裸撻香，激為兵端。諸羅果怒，欲反，劉淑貞止之，走訴京師。洪武十七年，香率所部來朝，訴華激變狀，且願効力開四鄙，世世保境。帝悅，封香為順德夫人，而召華還，罪之。香遂開偏橋水東，以達烏蒙、烏撒及容山、草塘諸境，立龍場九驛。」《一統志》：「奢香驛在貴州大定府黔西州乍合關南。」 蘆笙 《唐書·禮樂志》：「高麗伎有葫蘆笙。」楊慎《丹鉛總錄》：「宋乾德中，牂牁入貢，召見，令作本國歌舞。一人吹瓢笙，名曰水曲，即今蘆笙也。」陸次雲《峒溪纖志》：「葫蘆笙大如盂，長二尺，止六管。此六律初起，六同未備之制也。以依歌曲，韻頗悠揚，古穆澹蕩，可於此求元音之始。」 縱擒有策 《〈蜀志·諸葛亮傳〉注》：「聞孟獲者，為夷漢所服，募生致之。既得縱，使更戰，七縱七擒，而亮猶遣獲。獲止不去，曰：『南人不復反矣。』」《唐書·張柬之傳》：「昔諸葛亮破南中，即用渠帥統之，不置漢官，不留戍兵。言置宜留兵，有三不易：置官必漢夷雜居，猜嫌將起；留兵轉糧，為患滋重；後忽反叛，勞費必甚。臣謂亮之策，誠盡羈縻蠻夷之要。今姚州官屬，既無固邊厭寇之心，又無亮七縱七擒之技。」 叛服何常 《襄陽記》：「亮征南中，馬謖對曰：『南中恃其險阻，不服久矣。雖今日破之，明日復反耳。』」 鬼國 《一統志》：「貴州，商、周為鬼方地。」 瀾滄 《後漢書·哀牢夷傳》：「哀牢王率種人內屬，顯宗以其地置哀牢、博南二縣，始通博南山，涉蘭倉水。行者苦之，作歌曰：『度博南，越蘭津。度蘭倉，為他人。』」 《一統志》：「瀾滄江源出西番鹿石山，東南流入麗江府，至鎮沅府東南流，出交阯界入海。」 夜郎 注見卷七。

其四

盤江西遶七星關，可渡河邊萬仞山。隴上舊傳收白帝，南中今喜定烏蠻。龍坑壯馬看馳驟，雞足高僧任往還。辛苦武侯停節處，殘碑零落草斑斑。

盤江 《一統志》：「盤江在貴州大定府威寧州西一百五十里，出亂山中，流經州南，謂之可渡河。又東南為七星關河，折而南入雲南霑益州界。」許續曾《滇遊紀程》：「盤江水出烏蠻，經七星關，奔騰至黃土坡五里疾下，東南至廣西泗城州而入海。」

七星關　《一統志》：「七星關在大定府畢節縣西九十里七星山上。關當雲、貴、川三省之交，為咽喉之要。」　收白帝　《欽定歷代通鑑輯覽》：「順治十六年八月，大兵定四川。」餘見卷十四注。　烏蠻　注見卷七。　龍坑　《一統志》：「養龍坑在貴州長官司兩山之中，泓淳淵深，蛟龍實藏其下。當春始和，夷人立坑畔，擇牝馬之貞者繫之。已而雲霧晦冥，類有物蜿蜒馬腹上。迨開霽，視馬旁之沙有龍跡者，產必為龍騎。」　壯馬　昌黎《魏將軍歌》：「暫若壯馬脫羈銜。」　雞足　《大唐西域記》：「屈屈叱播陀山，唐言雞足山。」《一統志》：「雞足山在雲南大理府東北百里，賓川、鄧州二州之界。一頂而三足，故名。」陳鼎《滇黔紀遊》：「雞足山在賓川州，汎洱海四十里，乘風而渡，兩日到山。三峰偃伏如雞距，頂有石門。佛大弟子摩訶迦葉秉釋迦衣缽入定於此，候慈氏佛下生，乃入涅槃。逢歲朔，四方淄素進香，自漢至今不絕。大剎七十二所，蘭若三百六十，小菴無算，傳衣、羅漢、迦葉、寂光、放光五大寺最著。每寺千眾或數百眾不等，皆刀耕火種為食。僧多卷毛、鉤鼻、深目、穿耳，頗知漢語。迦葉殿在雞足之半，無三十年不火。」　殘碑　《一統志》：「武侯碑，在大定府畢節縣北一百二十里毀州。」《通志》：「武侯碑，相傳武侯征蠻時所立，歲久磨滅不可讀。」

儒將

　　河朔功名指顧收，身兼使相領諸侯。按兵白道調神驃，挾妓青山駕快牛。論敵肯輸楊大眼，知書不減范長頭。它年信史推儒將，馬稍清談第一流。

　　河朔功名　《晉書·溫嶠傳》：「劉琨心繫王室，謂嶠曰：『今晉祚雖衰，天命未改，吾欲立功河朔。』」樂史《寰宇記》：「河東道朔州馬邑郡理鄯陽縣，秦為雁門郡，唐武德四年置朔州。」　使相　海寧陳鱣曰：「朱弁《曲清舊聞》：『凡以節度使兼中書令、侍中、同平章事，並謂之使相。』」　白道　《遼史·地理志》：「西京大同府統州二。弘州有桑乾河、白道泉。」《一統志》：「白道在歸化城北。」　挾妓　《晉書·謝安傳》：「雖放情巨壑，然每遊賞，必以妓女從。」太白詩：「謝公自有東山妓。」　快牛　《齊書·陳顯達傳》：「家既豪富，諸子並精車牛，麗服飾。當世快牛稱陳世子青、王二郎烏、呂文顯折角、江瞿曇白鼻，而皆集陳舍。」　楊大眼　《北史·楊大眼傳》：「楊大眼，武都氐難當之孫，驍捷善戰。淮、泗、荊、沔之間，兒童啼者恐之，曰：『楊大眼至。』無不即止。王秉之謂大眼曰：『在南聞君之名，以為眼如車輪。及見，乃不異於人。』大眼曰：『旗鼓相望，瞋目奮發，足使君目不能視，何必大如車輪！』」

當世推其驍勇，以為關、張，弗之過也。」 **范長頭** 《南史‧范岫傳》：「岫博涉多通。范雲謂人曰：『諸君進止威儀，當問范長頭，以恤多識前代舊事也。』」 **馬稍清談** 注見卷一。 **第一流** 注見卷七。

俠少

寶刀千直氣凌雲，俠少新參龍武軍。柳市博徒珠勒馬，柏堂箏妓石華裂。招權夜結金安上，挾策朝干王長君。堪笑年年祕書客，白頭空守太玄文。

龍武軍 注見卷十三。 **柳市博徒** 《漢書‧游俠傳》：「萬章，字子夏，長安人也。長安熾盛，街閭各有豪俠。章在城西柳市。」師古曰：「《漢宮闕疏》云：『細柳倉有柳市。』」《史記‧信陵君傳》：「公子聞趙有處士毛公，藏於博徒。」 **珠勒馬** 王摩詰《出塞》詩：「玉兒雕弓珠勒馬。」 **柏堂箏妓** 楊衒之《洛陽伽藍記》：「河間王琛最為豪首，常與高陽爭衡。造文柏堂，置玉井金罐，以五色絲續為繩。妓女三百人，盡皆國色。」《南史‧羊侃傳》：「侃姬妾列侍，窮極奢靡。有彈箏人陸太喜，著鹿角爪，長七寸。」 **石華** 伶元《飛燕外傳》：「飛燕與妹坐，誤唾其袖。合德曰：『姊唾染人紺碧，正似石上華。』乃號石華廣袖。」 **招權** 《漢書‧季布傳》：「辨士曹丘生數招權顧金錢。」師古曰：「言招求貴人威權，因以請託。」 **金安上** 《漢書‧金日磾傳》：「弟倫子安上，字子侯。封都成侯，至建章衛尉。」 **王長君** 《漢書‧鄒陽傳》：「梁孝王令人刺殺爰盎，上疑梁殺之，孝王恐誅，令陽求方略解罪於上者。陽素知齊人王先生多奇計，即往見，語其事。王先生曰：『子行，必往見王長君，士無過此者矣。』鄒陽至長安，因客見王長君。長君者，王美人兄也，後封為蓋侯。鄒陽乘間請曰：『竊聞長君弟得幸後宮，天下無有，而長君行跡多不循道理者。今爰盎事即窮竟，梁王恐誅，如此則太后怫鬱泣血，無所發怒，切齒側目於貴臣矣。長君誠能精為上言之，得毋竟梁事，長君必固自結於太后。太后德長君，入於骨髓，而長君之弟幸於兩宮，金城之固也。』長君曰：『諾。』乘間入而言之，事果得不治。」

山居即事示王惟夏郁計登諸子

灌木清漳五畝居，山菘簷果鉤竿魚。金龜典後頻賒酒，麈尾燒來為著書。對客好穿高齒屐，出門常駕短轅車。陸倕張率堪同載：三月江南正祓除。

金龜 太白《對酒憶賀監詩序》：「太子賓客賀監於長安紫極宮一見，呼余為謫仙人，因解金龜接酒為樂。」 **麈尾燒** 注見卷六。 **高齒屐** 見卷四注。 **短轅**

車　高啟《臨頓里》詩：「時尋戴顒宅，自駕短轅車。」　　陸倕張率　《南史·張率傳》：「率與同郡陸倕幼相友狎，嘗同載詣左衛將軍沈約，遇任昉在焉。約謂昉曰：『此二子後進才秀，皆南金也，卿可識之。』由此與昉友。」　　祓除　注見卷十一。

九峰詩

鳳皇山

碧樹丹山千仞岡，夫差親獵雉媒場。五茸風動琅玕實，三泖雲沈沆瀣漿。鳥聽和鳴巢翡翠，花舒錦翼照文章。西施醉唱秦樓曲，天半吹簫引鳳皇。

九峰　《江南通志》：「松江府崑山有九峰，在唐宋未知名。自元凌嵓作《九峰詞》，楊維楨、陶宗儀亟稱九峰，於是大著。」餘見卷七。　　鳳皇山　《松江府志》：「鳳皇山在郡城之北。」《圖經》云：「山之鎮曰鳳皇，以其據九峰之首，延頸舒翼，宛若鳳翥，故名。東枕通波，西連玉屏，修峻孤起，群山拱揖。左有青壁，高數十仞，如削成。其上多虬松、古藤。」　　五茸　注見卷五。　　琅玕實　嵇康詩：「朝食琅玕實，夕飲玉池津。」　　三泖　楊潛《雲間志》：「《廣韻》：『泖，水名。華亭水也。』陸士衡對晉武帝『三泖冬溫夏涼』，蓋謂此也。《祥符圖經》：『谷泖，縣西三十五里，周回一頃三十九畝半。古泖，縣西四十里，周回四頃三十九畝。今泖西北抵山涇，南自泖橋出，東南至廣陳，又東至當湖，又東至瀚海塘而止。』朱伯原《吳郡續圖經》曰：『泖在華亭境，有上中下之分，狹者猶且八十丈。』按：縣圖又以近山涇，泖益圓，曰圓泖；近泖橋，泖益濶，曰大泖；自泖橋而上，縈繞百餘里，曰長泖。此三泖之異也。」　　沆瀣漿　曹子建《五遊篇》：「帶我瓊瑤佩，漱我沆瀣漿。」　　引鳳　注見卷五。

厙公山

厙公石礩掩莓苔，千載陰符戰骨哀。鐵鎖任從田父識，玉書休為道人開。三分舊數江東望，二俊終非馬上才。恨殺圯橋多授受，鬥蛇劉項至今來。

厙公山　《松江府志》：「厙公山在鳳皇山南，昔有厙公隱此，故名。《陳志》云：『土宜盆盎，可栽蘭竹。』」　　石礩　《唐書·禮樂志》：「石礩以方石再累，皆方五尺，厚一尺，刻方其中，以容玉匱。」《廣韻》：「礩，石箴。」　　陰符　注見卷四。《本集·九峰草堂歌序》：「山有厙將軍兵書鐵鎖。」　　江東　《諸葛亮·後出師表》：「孫策坐大，遂並江東。」　　二俊　《晉書·陸機傳》：「太康末，與弟雲俱入洛，造太常張華。

華素重其名，如舊相識，曰：『伐吳之役，利獲二俊。』」 **馬上才** 《史記·陸賈傳》：「高祖拜賈為太中大夫。陸生時時前說稱《詩》、《書》，高帝罵之曰：『迺公居馬上而得之，安事《詩》、《書》！』陸生曰：『居馬上得之，寧可馬上治之乎？』」 **圯橋** 注見卷二。 **劉項** 《晉書·劉毅傳》：「嘗云：『恨不遇劉、項，與之爭中原。』」

神山

紫蓋青童白鹿巾，細林山館鶴書頻。洗來丹井千年藥，蛻去靈蛇五色鱗。洞起春雲招勝侶，潭空秋月證前身。赤松早見留侯志，何況商顏避世人。

神山 楊潛《雲間志》：「細林山在縣西北十八里，高五七丈，周回七里。舊名神山，天寶六年易今名。」餘見卷十。 **青童** 武進黃景仁曰：「青童應作青幢。韓詩：『青幢紫蓋立童童。』」 **井丹靈蛇** 《本集·九峰草堂歌序》：「明初彭素雲仙翁脩真於此，鶴書至而蛻去，丹井尚存，金蛇著異，故名神鼉峰焉。」餘見卷七注。 **春雲秋月** 錢浦《細林八詠序》：「有石洞，窈而深，雲出其中，為洞口春雲。有溪潭，澄澈如鑑，人於此汎月，為西潭夜月。」 **潭** 吳縣黃丕烈曰：「《九峰志》：『西潭在神鼉仙館西，彭真人沖舉處。』」 **商顏** 《〈漢書·溝洫志〉注》：「應劭曰：『商顏，山名也。』師古曰：『商顏，商山之顏也。謂之顏者，譬人之顏額也，亦猶山額象人之頸領。』」

佘山

溪堂剪燭話徵君，通隱升平半席分。茶筍香來朝命酒，竹梧陰滿夜論文。知交倒屣傾黃閣，妻子誅茆住白雲。處士盛名收不盡，至今山屬佘將軍。

佘山 楊潛《雲間志》：「佘山在縣西北二十四里，高八十丈，周回十八里。」《松江府志》：「佘山在盧山東北，由神山折而東。」餘見卷五。案：《吳興志》亦有佘山，上有東漢佘將軍廟。 **徵君** 謂陳眉公。見卷五。 **通隱** 注見卷十。 **半席** 《宋史·張詠傳》：「為布衣時，希夷先生一見奇之，詠曰：『願分華山一半席，可乎？』」 **倒屣** 《魏志·王粲傳》：「蔡邕才學顯著，貴重朝端，常車騎填巷，賓客盈座。聞粲在門，倒屣迎之，曰：『此王公孫有異才，吾不如也。』」 **盛名** 尤侗《艮齋雜說》：「糜道人大隱佘山，與董宗伯齊名。遠而土司酋長匄其辭章，近而茶館酒樓懸其畫像。然俯仰之間，已為陳跡。徵君故宅，他人是保，而書淋藥竈，不可復問矣。語云：『身將隱，焉用文之？』噭名之不足恃如此。」

薛山

　　薛公高臥始何年，學士傳家有墓田。枉自布衣登侍從，長將雲壑讓
神仙。坐來石榻莓苔冷，採得溪毛碧藕鮮。最愛玉屏山下路，月明橋畔
五湖船。

　　薛山　楊潛《雲間志》：「薛山在縣西北二十四里，高九十丈，周回七里。」《松
江府志》：「薛山在佘山東，中隔一水，昔有薛道約者居此，故名。又名玉屏山。」

機山

　　兼葭滿目雁何依，內史村邊弔陸機。豪士十年貪隱遯，通侯三世累
輕肥。江山麗藻歸文賦，京洛浮沉負釣磯。白袷未還青蓋遠，辨亡書在
故園非。

　　機山　楊潛《雲間志》：「機山在縣西北二十里。」餘見卷七。　內史村　楊潛
《雲間志》：「機山下有村曰平原，因陸平原名之。平原內史即機也。」　豪士　《晉
書·陸機傳》：「齊王冏既矜功自伐，受爵不讓，機惡之，作《豪士賦》以刺焉。」　十
年隱遯　《晉書·陸機傳》：「年二十而吳滅，退居舊里，閉門勤學，積有十年。」　通
侯三世　案：機祖遜，吳丞相，封婁侯，子抗嗣爵。抗卒，子晏嗣，晏弟景封毗陵侯。
晏、景，機之兄也，機賜爵開內侯。　京洛浮沉　《晉書·陸機傳》：「機既入洛，時
中國多難，顧榮、戴若思咸勸機還吳，機不從，遂遇害。」　白袷　《晉書·陸機傳》：
「成都王穎使收機，機釋戎服，著白袷。」　青蓋　干寶《晉紀》：「陸抗之克步闡，
皓意張大，乃使尚廣筮併天下，遇《同人》之《頤》，對曰：『吉。庚子歲，青蓋當入
洛。』故皓不脩其政。及出降之歲，實在庚子。」　辨亡　《晉書·陸機傳》：「以孫
氏在吳，而祖、父世為將相，有大勳於江表，孫皓舉而棄之，乃論權所以得，皓所以
失，又欲跡其祖、父功業，遂作《辨亡論》二篇。」

橫雲山

　　橫雲插漢領諸峰，雨過泉飛亂墊松。赤壁豈經新戰伐，丹楓須記舊
遊蹤。祠荒故相江村鼓，客散名園蘭若鐘。莫信夌龍雲不去，此山雲只
為人龍。自注：山有龍母祠，又陸雲故宅。

　　橫雲山　楊潛《雲間志》：「橫雲山在縣西北二十三里，高七十丈，周回五里。
本名橫山，唐天寶六年易今名。與機山相望，僅五里許，或曰因陸雲名之。」　赤壁
《一統志》：「橫雲山，其東北壁立千仞，色盡赭，人呼為小赤壁。」　故相　指徐文

貞也。《松江府志》：「頤浩講寺在金澤鎮。萬曆五年，徐文貞階以賜衾留鎮山門，乃於殿西北作樓三楹貯之。莫方伯如忠題曰有衾，後即為公祠。」　名園　《本集·九峰草小堂歌序》：「橫雲有李氏園。」　蘭若　王溥《唐會要》：「官賜額為寺，私造者為招提蘭若。」《釋氏要覽》：「梵言阿蘭若，唐言無詳，一云閒靜處。」　豢龍　注見卷七。長洲虞敏曰：「王象之《輿地紀勝》：『橫雲山頂有白龍洞，下通澱河。』」

天馬山自注：一名干山。

龍媒天馬出崑崙，青海長留汗血痕。此地干將騰劍氣，何來逸足鎖雲根。石鱗潭影秋風動，自注：山有二石魚飛去。鐵笛江聲夜雨昏。自注：鐵崖葬處。芻秣可辭衛勒免，空山長放主人恩。

天馬山　楊潛《雲間志》：「干山在縣西北二十九里。」《松江府志》：「干山在機山東，於九峰中最為高大。或傳干將曾此鑄劍。《舊圖經》則云有干姓者居此，故名。又以形如天馬，稱天馬山。有浮圖七級，山脅有泉，掬以頮面，能明目。」　龍媒　注見卷五。　汗血　注見卷四。　干將　《急就篇注》：「干將，劍師名。」《呂氏春秋》：「干將作劍不成，其妻莫邪斷髮剪爪，投於鑪中，遂成劍。陽曰干將，陰曰莫邪。」　逸足　謝莊《舞馬賦》：「戢追電之逸足。」　石鯨　《松江府志》：「干山頂有雙石魚，相傳風雨飛去。」少陵《秋興詩》：「石鯨鱗甲動秋風。」　鐵笛　注見卷十。《九峰志》：「山有三高士墓，為楊維禎、陸居仁、錢惟善。」

小崑山

積玉昆岡絕代無，讀書臺上賦吳都。君臣割據空祠廟，家國經營入畫圖。勢去河橋悲士馬，詩成山館憶蓴鱸。傷心白璧投何處，汗簡淒涼陸大夫。

小崑山　《松江府志》：「崑山在府西北二十三里長谷之東，陸氏之先葬此。後機、雲兄弟有辭學，人以為玉出崑岡，故名。然士衡詩已有『婉孌崑山陰』之語，則山名已在前矣。山陰有二陸故居。初，梁時置崑山縣，遂以馬鞍山為崑山。其實崑山在華亭，不在彼也。松人反以小崑山自名。」　積玉　《晉書·陸機傳》：「葛洪稱機文猶玄圃積玉，無非夜光，其宏麗妍贍，英銳漂逸，亦一代之絕。」　讀書臺　《一統志》：「相傳二陸草堂在圓智寺，為士衡讀書處。」　祠廟　《一統志》：「輔國將軍廟在華亭縣治西南，祀吳陸遜、陸抗。二俊祠在婁縣西北崑山上，祀晉陸機、陸雲。」　河橋　見卷五注。　蓴鱸　《晉書·張翰傳》：「齊王冏辟為大司馬東曹掾，因見秋風起，

思吳中菰菜、蓴羹、鱸魚膾，曰：『人生貴適意，何能羈宦數千里以要名爵乎！』遂命駕歸。俄而冏敗，人皆謂之見幾。」

送贛州曾庭聞孝廉移家寧夏

十年走馬向天涯，回首關河數莫鴉。大庾嶺頭初罷戰，賀蘭山下不思家。詩成磧裏因聞雁，書到江南定落花。夜半酒樓羌笛起，軟裘衝雪踏鳴沙。

曾庭聞　《欽定國朝詩別裁集》：「曾畹，初名傳燈，字楚田，後更今名，字庭聞，江西寧都州人。順治丁酉舉人。」魏禧《曾庭聞文集序》：「庭聞出入西北塞外，嘗獨身攜美人，騎馬行萬餘里。最好秦中風土，遂以寧夏為家。」　寧夏　《一統志》：「寧夏，秦、漢朔方地，唐曰夏州，宋曰興州，明為寧夏衛。今為府，屬甘肅。」　大庾嶺　注見卷士。　賀蘭山　注見卷六。　鳴沙　《一統志》：「鳴沙故城在寧夏府中衛縣西，人馬過此則沙有聲。」

贈何匡山

早年納節臥滄浪，回首風塵鬢髮蒼。陶令軍營姑孰口，自注：大兵收溧陽，參其軍事。謝公遊墅石門莊。自注：後僑寓溧陽。太白所謂石門精舍，即其地也。山田種罷輸常稅，海國歸來認故鄉。自注：本嶗城人，今歸。二月村居春雨足，官梅花發為何郎。

何匡山　《嘉定縣志》：「何平，字匡山，先世自宋時居婁塘，明中葉徙居京師。平工詩，中崇禎庚辰進士，官高密知縣。國朝歷官福建參議，罷官後攜家歸故里。」軍營姑孰　《晉書·陶潛傳》：「復為鎮軍建威參軍。」張廷綬曰：「劉裕幕府也。」案：《宋書·武帝紀》：「桓玄篡逆，帝為鎮軍將軍，都督八州諸軍事，馳檄討玄。」又案：《晉書·桓玄傳》：「時玄將出居姑孰，乃大築城府，臺館山池，莫不壯麗，遂出鎮焉。」姑孰，注見卷十二。　石門　案：《太白集》有《聞丹丘子於城北營石門幽居》詩，中云「望君淮山北」，即本詩自注「所謂石門精舍」也。若謝靈運詩《登石門最高頂》，乃永嘉之石門；《石門新營所住四面高山回溪石瀨茂林修竹》，乃匡廬之石門。俱與溧陽無涉。詩中謝公字疑借用。　官梅　少陵《和裴廸送客逢早梅相憶見寄》詩：「東閣觀〔註2〕梅動詩興，還如何遜在揚州。」

〔註2〕「觀」，杜甫《和裴廸登蜀州東亭送客逢早梅相憶見寄》作「官」。

題海虞孫子長七十壽圖

春秋注就授生徒，虞仲祠前一老夫。烏几看雲吟菌閣，布帆衝雨過菱湖。空山撫操彈三峽，故國興懷賦兩都。同輩半非身健在，為誰寫入鍊丹圖。自注：虞有徐神翁鍊丹處。

孫子長　《感舊集》補傳：「孫永祚，字子長，江南常熟人。崇禎中拔貢生。鼎革後，屢薦不起。」《昭文縣志》：「永祚身長八尺，鬚眉如畫，雖居閒獨處，氣體肅然。品行端潔，貫穿經史，著古文詩賦甚富。有《夜氣箴》、《雪屋集》。」　**虞仲祠**　《一統志》：「虞仲祠在常熟縣虞山西北嶺上。」　**烏几**　少陵《將歸成都草室》詩：「烏皮几在還思歸。」　**菌閣**　謝脁《遊東田詩》：「隨山望菌閣。」　**三峽**　太白詩：「彈為三峽流泉音。」　**鍊丹**　《江南通志》：「徐神翁名守信，泰州人，白日上升。」

觀蜀鵑啼劇有感並序

《蜀鵑啼》者，丘子嶼雪為吾兄成都令志衍作也。志衍一官遠宦，萬里嚴裝，愛弟從行，故人遠別，上游梗塞，盡室扶攜。既舍水而登山，甫自滇而入蜀。北都覆沒，西土淪亡。身殉封疆，家罹鋒鏑。嗚呼！三十六口，痛碧血之何存；一百八盤，招遊魂而莫返。無兄可託，有弟言歸。竄身荊棘之林，乞食猿猱之族。望蠻煙而奔走，脫賊刃以崎嶇。恥趙禮之獨全，赤眉何酷；恨童烏之不免，黃口何辜。爰將委巷之謳，展作巴渝之舞。庾子山之賦傷心，時方板蕩；袁山松之歌行路，聞且唏歔。余也老逐歡娛，閒逢浩唱。在中年早傷於哀樂，況昔夢重感乎友朋。豈獨伍相窮來，憐者有同聲之歎。遂使雍門曲罷，泫然如亡。邑之人瞻望兄兮猶來，思悲翁而不見。蘭堂客散，金谷詩成。非關聽伎之吟，聊當懷人之什爾。

丘嶼雪　鄭敷教《交遊籍》：「丘園，字嶼雪，蘇州人。」尤侗《任嶼雪像贊》：「君善顧曲、梨園樂府，吾和而歌紅牙畫鼓。」　**三十六口**　《鎮洋縣志》：「張獻忠破成都，吳繼善被執，全家三十六口俱遇害。時甲申十一月二十五日也。」　**一百八盤**　慎蒙《名山志》：「南陵山在巫山，高大有路如線，盤屈至頂一百八盤。」　**有弟言歸**　程穆衡《婁東耆舊傳》：「吳事衍年甫冠，從兄官成都。志衍知不可守，謀寄孥雅州，以長子孫慈託雅州守王國臣。國臣素與賊通，凡王府薦紳官屬在境中者，盡報賊，囚送成都公家，三十六口悉在行中。事衍踰垣得脫，匿一祠中，少定，乃緩步而前。人以其無遽色，不致詰，藏伍伯裵姓家。既廉知舉家被難狀，惟不見孫慈，冀萬

一得全。而賊虐甚毒，乃他竄，宵行晝伏，齧草飲泉，手足瘃裂，變姓名為傭，賣屨自給。萬死間關，得還桑梓。」《文集‧志衍傳》：「越三年，其弟事衍，徒跣萬里，望家而哭。」　趙禮獨全　《後漢書‧趙孝傳》：「天下亂，人相食。孝悌禮為餓賊所得，孝聞之，即自縛詣賊曰：『禮久餓羸瘦，不如孝肥飽。』賊大驚，並放之。　赤眉　注見卷六。　童烏　楊子《法言》：「育而不苗者，其吾家之童。烏乎！九齡而與我《玄》文。」　黃口　《淮南子》：「古之伐國者，不殺黃口，不獲二毛。」　委巷謳　《晉書‧王恭傳》：「會稽王道子嘗集朝士置酒於東府，尚書令謝石因醉為委巷之歌。」　巴渝舞　注見卷二。　賦傷心　庾信《傷心賦》：「王室板蕩，生民塗炭。」倪璠注：「《傷心賦》者，雖傷弱子，亦悼亡國也。」　歌行路　注見卷四。　哀樂　《晉書‧王羲之傳》：「謝安謂羲之曰：『中年以來，傷於哀樂，與親友別，輒作數日惡。』羲之曰：『年在桑榆，自然至此。頃正賴絲竹陶寫，恆恐兒輩覺，損其歡樂之趣。』」　同聲歎　《吳越春秋》：「子胥曰：『子不聞河上之歌乎？同病相憐，同憂同救。』」　雍門曲　注見卷六。　思悲翁　漢鐃歌鼓吹曲名。　蘭堂　張衡《南都賦》：「揖讓而升，宴於蘭堂。」　聽伎　《世說》：「桓宣武嘗問孟萬年：『聽伎，絲不如竹，竹不如肉，何也？』曰：『漸近自然。』」

　　花發春江望眼空，杜鵑聲切畫簾通。親朋形影燈前月，家國音書笛裏風。百口悔教從鳥道，一官催去墮蠶叢。雪山盜賊今何處？腸斷空侯曲未終。

　　雪山　注見卷七。

其二

　　江關蕭瑟片帆留，策馬俄成萬里遊。失計未能全愛子，端居何用覓封侯？雲山已斷中宵夢，絃管猶開舊日樓。二月東風歌水調，脊令原上使人愁。

　　未全愛子　《婁東耆舊傳》：「事衍於乙酉春夏間，南走兩津，北奔劍閣，時往來成都，冀遇孫慈。後得郫縣傳某信，云初為偽官汪某、王某所匿，兩人憐其年少，欲養為子，後慮事洩，告獻賊，並殺之。」　樓　即五桂樓也。見卷二注。

其三

　　平生兄弟劇流連，高會南樓盡少年。往事酒杯來夢裏，新聲歌板出花前。青城道士看遊戲，白髮衰翁漫放顛。雙淚正垂俄一笑，認君真已作神仙。自注：劇中志衍，兵解仙去。

　　青城　注見卷六。　**作神仙**　葛洪《神仙傳》：「郭璞殯後三日，南州市人見璞貨其生平服飾，與相識共語。王敦不信，開棺無屍。璞得兵解之道。今為水仙伯。」

其四

　　過盡蠻江與漳河，還家有弟脫兵戈。狂從劇孟千場博，老愛優旃一曲歌。紅豆花開聲宛轉，綠楊枝動舞婆娑。不堪唱徹關山調，血污遊魂可奈何。

　　劇孟　注見卷十二。　**優旃**　《史記·滑稽傳》：「優旃者，秦倡朱儒也，善於笑言。」

題華山檗庵和尚畫像自注：和尚熊姓，字魚山，直諫子，杖不死，後入道。

　　清如黃鶴矯如龍，浩劫長揹不壞松。四國雞壇趨北面，千年雪嶺啟南宗。自注：西銘、復社、漢月、禪燈，皆師令吳江時身所興造。江湖夙世歸梅福，經卷殘生繼戴顒。諍論總銷隨諫草，故人已隱祝融峰。自注：繼公隱南嶽，檗公本師也。

　　華山　《一統志》：「華山在吳縣西，一名天池。」張大純《采風類記》：「華山去陽山東南五里。相傳山頂有池，生千葉蓮花，服之羽化，故名蓮花峰。有寺在峰東南。康熙初，檗菴住持。」　**檗菴**　注見前。　**雞壇**　段公路《北戶錄》：「越人每相交，作壇，祭以白犬丹雞。」朱彝尊《靜志居詩話》：「崇禎之初，嘉魚熊開元宰吳江，進諸生而講藝。於時孫淳、孟樸結吳翻扶九、吳允夏去盈、沈應端聖符等，肇舉復社。於時雲間有幾社，浙西有聞社，江北有南社，江西有則社，又有歷亭席社，崑陽雲簪社，而吳門別有羽朋社、匡社，武林有讀書社，山左有大社，僉會於吳，統合於復社。復社始於戊辰，成於己巳。其盟書曰：『學不殖將落，毋蹈匪彝，毋讀非聖書，毋違老成人，毋矜厥長，毋以辯言亂政，毋干進，喪乃身。嗣今已往，犯者小用諫，大者擯。』僉曰：『諾。』是役也，孟樸渡淮、泗，歷齊、魯，以達於京師。賢大夫士必審釋〔註3〕而定矜契，然後進之於社。先後大會者三，復社之名動朝野。」　**南宗**　注見卷八。漢月，注見卷十一。　**梅福**　注見卷一。　**戴顒**　注見卷八。　**祝融峰**　《南嶽志》：「衡山者，火臺之寶洞。赤帝館其嶺，祝融託其陽。祝融，衡山一峰也。」《文集·復社紀事》：「熊魚山流離南國，削髮祝融峰下。」

〔註3〕「釋」，沈季友《檇李詩繫》卷二十一「孫秀才淳」作「擇」。

其二

西南天地歎無歸，漂泊干戈愛息機。黃檗禪心清磬冷，白雲鄉樹遠帆微。全生詔獄同官在，自注：指姜如農。乞食江城故老稀。自進松陵。布衲綻來還自笑，篋中血裏舊朝衣。

黃檗　《景德傳燈錄》：「黃檗山禪師，名希遷，往江西參百丈師，契悟心要。」詔獄同官　《明史・吳兌傳》：「崇禎末，給事中姜采、行人司副熊開元以言事同日繫詔獄。帝欲置之死，吳邦輔故緩其獄。帝怒稍解，令嚴訊主使者。邦輔乃略訊，即具獄上，詔予杖百，二人由是獲免。」朱彝尊《明詩綜》：「詩話：魚山欲劾宜興，遭思陵許奏事者於宏正門召對。及入見，宜興侍側，因言軍事而出。既而召見德政殿，輔臣亦入，乃言曰：『《易傳》有云：君不密則失臣，臣不密則失身。臣所言，願輔臣暫退。』思陵諭之曰：『輔臣管密勿，熊開元前所奏，卿等皆可與聞，可以不退。』是日不敢盡言。思陵命草疏入，仍有茶果餅餌之賜。迨疏入，遂被收，思陵怒且不測矣。會姜公如農疏有『皇上何所見而云然乎』等語，怒益甚。兩公受杖之苦，用刑之慘，其不死者幸也。爰書既上，思陵一曰讒諸輔彌，再曰讒譖陰狡，三曰謗毀狂肆。人皆疑思陵曲護宜興，獨尹樞部宣子謂思陵時已恚宜興，命魚山具疏者，度必列款，欲據之便按問。及見疏，乃曰：『如此不痛不癢，思兩邊做好人耶？』蓋實怒其不力，而反以誹誇大臣為罪，非思陵本意也。」

戊申上巳過吳興家園次太守招飲郡圃之愛山臺坐客十人同脩禊事余分韻得苔字

六客堂西禊飲臺，亂山高會嘯歌開。塔懸津樹雨中出，鐘送浦帆天際來。同輩酒狂眠怪石，前賢墨妙洗蒼苔。右軍勝集今誰繼，仗有吾家季重才。

愛山臺　《湖州府志》：「愛山臺在府治後西北隅，宋郡丞汪泰所創，取東坡尚『愛此山看不足』之句名之。康熙初，知府吳綺重脩。」　六客堂　阮閱《詩話總龜》：「東坡云：『余昔與張子野、劉孝叔、陳令舉、李公擇、楊元素會於吳興碧瀾堂，作六客詞。凡二十五年，再過吳興，而五人已亡矣。』」《一統志》：「六客堂在湖州府治圃中，愛山臺之右。」　墨妙　東坡《墨妙亭記》：「熙寧四年，高郵孫莘老守吳興。明年，作墨妙亭於府治之北，取凡境內自漢已來古文遺刻以實之。」《一統志》：「墨妙亭在湖州府治內。」　季重　注見卷六。

立夏日陪園次郡伯過孫山人太白亭落成置酒分韻得人字

春盡山空鶴唳頻，亂雲歸處鎖松筠。江湖有道容奇士，關隴無家出俊人。招隱起亭吟社客，散仙留冢醉眠身。一瓢零落殘詩在，誰伴先生理釣緡。

孫山人太白亭　《明史・隱逸傳》：「孫一元，字太初，不知何許人。問其邑里，曰：『我秦人也，嘗棲太白之巔，故號太白山人。』或曰：安化王宗人，王坐誅，故變姓名避難也。」《文集・脩孫山人墓記》：「太初絕婚宦，自謂有羽化術。晚娶於湖之張氏，無子，年三十七以歿，葬道場山麓。後改卜竁於歸雲菴東，墓屋陊圮。康熙七年，太守吳公園次度址而庀工焉。余以春日來省視，而山人之太白亭適潰於成。」　吟社　《明史・隱逸傳》：「時劉麟以知府罷歸，龍霓以僉事謝政，並客湖州，與郡人故御史陸昆善。而長興吳琉隱居好客，因招一元入社，稱苕溪五逸。」　醉眠　《文集・脩孫山人墓記》：「太初嘗大醇，取幅巾掛樹上，抽碧玉導刻松身，作嚴先、徐穉、陶潛數字，已而就其根熟睡，抵黃昏乃起。」　一瓢　計有功《唐詩紀事》：「唐求，人稱為唐隱。居為詩，撚槁為團，納大瓢中。臨歿，投瓢於水，曰：『斯文苟不沉沒，得者方知吾苦心耳。』至新渠，有識者曰：『唐山人詩瓢也。』」

得友人劄詢近況詩以答之

溪堂六月火雲愁，支枕閒窗話貴遊。王令文章今日盡，丘公仕宦早年休。道衰薄俗甘棲遁，才退殘書勉勘讐。京洛故人聞健飯，黃塵騎馬夾城頭。

王令丘公　並見卷四。

八風詩並序

余消夏小園，風蠁然而四至，雖泠泠可以析酲，已疾而淒其怒號，不能無爰居之思，避其庶人之雌風乎？聊廣其意，作為此詩。莊、列寓言，沈、謝作賦，庶以鳴候蟲而諧比竹。若云俟諸輶軒，則此不足採也。

八風　《左傳》林堯叟《注》：「八風，八方之風也。東北曰條風，又名融風。東方曰明庶風。東南曰清明風。南方曰景風，又名凱風。西南曰涼風。西方曰閶闔風。西北曰不周風。北方曰廣莫風。」《呂氏春秋》：「何名八風？東北曰炎風，東方曰滔風，東南曰薰風，南方曰巨風，西南曰淒風，西方曰飂風，西北曰厲風，北方曰寒風。」　蠁然　宋玉《風賦》：「夫塌然起於窮巷之間，動沙堰，吹死灰，此所

謂庶人之雌風也。」　**析酲**　宋玉《風賦》：「清清泠泠，愈病析酲。」　**爰居**　《國語》：「海鳥曰爰居，止於魯元東門之外三日，臧文仲使人祭之，展禽曰：『今茲海其有災乎？夫廣川鳥獸，恆知避災。』是歲也，海多大風。」　**寓言**　白樂天《蟲禽詩序》：「《莊》、《列》寓言，《風》、《騷》比興。」　**作賦**　案：謝靈運有《風賦》，謝玄暉、沈休文並有《擬風賦》。　**比竹**　《莊子‧逍遙遊》篇：「人籟則比竹是矣。」

東風

汴水楊花拂面迎，飄飄飛過洛陽城。陶潛籬下吹殘醉，宋玉牆頭送落英。油壁馬嘶羅袖舉，綠塘波皺畫簾聲。獨憐趙後身輕甚，斜倚雕闌侍月生。

汴水　《元和郡縣志》：「禹開汴渠以通淮、泗。隋煬帝更自板渚引河入汴口，又從大梁之東引汴達淮，河畔樹以楊柳。」　**陶潛籬**　淵明《飲酒詩》：「採菊東籬下。」　**宋玉牆**　宋玉《登徒子好色賦》：「臣里之美者，莫若臣東家之子。然此女登牆窺臣三年，至今未許也。」羅隱《杏花》詩：「十里紅欹宋玉牆。」　**身輕**　李商隱詩：「趙後身輕欲倚風。」

南風

玉尺披圖解慍篇，相烏高指越裳天。終南雲出松檜響，雙闕雨飛鈴索懸。師曠審音吹不競，鍾儀懷土操誰傳。九疑望斷黃陵廟，曾共湘靈拂五絃。

相烏　《稗史彙編》：「王子年《拾遺記》曰：『少昊母曰皇娥，遊窮桑之浦，有神童稱為帝子，與皇娥讌戲，泛於海，以桂枝為表，結芳茅為族，刻玉為鳩，置於表端，言知四時之候。今之相風烏，蓋其遺象。』崔豹《古今注》曰：『相風烏，夏禹所作。』周遷《輿服雜事》曰：『相風，周公所造，即鳴鳶之象。《禮》曰：前有塵埃，則載鳴鳶。後代改為烏。』沈約《輿服志》曰：『相風，秦制。』」　**越裳**　《後漢書‧南蠻傳》：「交阯之南有越裳國。」　**終南**　徐堅《初學記》：「《五經要義》云：『終南山，長安南山也，一名太乙。』潘岳《關中記》云：『其山一名中南，言在天之中，居都之南，故曰中南。』」　**鈴索**　韓偓《雨後月中玉堂閒坐》詩：「坐久忽聞鈴索動，玉堂西畔響丁東。」　**不競**　《左傳‧襄十八年》：「晉人聞有楚師，帥〔註4〕曠曰：『不害。吾驟歌北風，又歌南風，南風不競，多死聲，楚必無功。』」　**懷土**　《左傳‧成八年》：「晉侯觀於軍府，見鍾儀，問之曰：『南冠而縶者，誰也？』曰：『鄭人所獻，楚囚也。』

〔註4〕「帥」當作「師」。

使與之琴，操南音。公曰：『樂操土風，不忘舊也。』」　九疑　《史記・五帝紀》：「舜南巡守，崩於蒼梧之野，葬於江南九疑，是為零陵。」《皇覽》曰：「舜冢在零陵營浦縣，其山九谿相似，故曰九疑。」　黃陵廟　酈道元《水經注》：「湖水西流逕二妃廟南，世謂之黃陵廟也。言舜之陟方也，二妃從征，溺於湘江，神遊洞庭之淵，出入瀟湘之浦。」祝穆《方輿勝覽》：「廟在潭州湘陰縣北九十里。」

西風

落日巴山素女秋，梧宮蕭瑟唱涼州。白團掌內恩應棄，絳蠟窗前淚未收。隴阪征夫蘆管怨，玉關思婦杵聲愁。可堪益部龍驤鼓，獵獵牙旗指石頭。

巴山　注見卷十三。　涼州　《晉書・地理志》：「漢改周之雍州為涼州，蓋以地處西方，常寒涼也。」《唐書・禮樂志》：「《涼州曲》，本西涼所製也。」　益部龍驤鼓　《晉書・王濬傳》：「拜益州刺史。武帝謀伐吳，詔濬脩舟艦治樓。增拜濬龍驤將軍、監梁益諸軍事。太康元年正月，濬發自成都，順流鼓棹，入於石頭。初，詔書使濬至秣陵受王渾節度。及濬將至秣陵，渾遣信要令暫過論事，濬舉帆直指報曰：『風利不得泊也。』」

北風

萬里扶搖過白登，少卿書斷雁難憑。蕭梢駿尾依宛馬，颯爽雄姿刷代鷹。野火燒原青海雪，驚沙擊面黑河冰。愚公墐戶頭如蝟，傳道君王獵霸陵。

扶搖　《莊子・逍遙遊》篇：「摶扶搖而上者九萬里。」　白登　蕭德言《括地志》：「朔州定襄縣本漢平城縣，東北三十里有白登山，山上有臺。」　少卿書　李陵《答蘇武書》：「時因北風，復惠德音。」　蕭梢　少陵《天育驃圖歌》：「驃尾蕭梢朔風起。」　宛馬　《漢書・張騫傳》：「天子好宛馬，使者相望於道。」《古詩》：「胡馬依北風。」　代鷹　少陵《送李校書》詩：「代北有豪鷹。」　青海　注見卷二。　黑河　注見卷六。　愚公　《列子・湯問》篇：「北山愚公者，年且九十，面山而居。」　霸陵　《漢書・地理志》：「京兆尹縣霸陵，舊芷陽，文帝更名。」

東南風

紫蓋黃旗半壁中，斗牛斜直上游通。漫分漢沔魚龍陣，須仗江湖烏鵲風。捩柂引船濡口利，艤牙揮扇赭圻功。試看片刻周郎火，一捲曹公戰艦空。自注：《三國志・周瑜傳》注：「黃蓋取輕艦十舫，載燥荻枯柴，建旌旗於上。時東南風急，同時發火，燒盡北船，曹公退走。」

　　紫蓋黃旗　《〈吳志·孫權傳〉注》：「《吳書》曰：『郎中令陳化使魏，魏文帝因酒酣嘲問曰：吳、魏峙立，誰將平一海內者乎？化對曰：《易》稱帝出乎震，舊說黃旗紫蓋，運在東南。』」　漢沔魚龍陣　孔安國《書傳》：「東漢水受氐道水，一名沔漢。」《蜀志·諸葛亮傳》：「亮推演兵法，作八陣圖。」永嘉薛氏曰：「武侯之圖有二，一在沔陽之高平。」　濡口利　《〈吳志·孫權傳〉注》：「胡沖《吳曆》曰：『曹公出濡須，作油船，夜渡洲上，權以水軍圍取，得三千餘人，其沒溺者亦數千人。權數挑戰，公堅守不出。權乃自乘輕船，從濡須口入。公曰：『此必孫權欲身見吾軍部伍也。』勅軍中皆精嚴，弓弩不得妄發。權行五六里回，還作鼓吹。公見舟船器仗，軍伍整肅。權又牋與曹公曰：春水方生，公宜速去。乃引軍還。』」　禡牙　朱子《詩傳》：「禡祭始造軍法者，謂黃帝及蚩尤也。」《宋史·禮志》：「太宗征河東，用少牢一，祭蚩尤禡牙。」　赭圻功　《蜀志·諸葛亮傳》：「孫權遣周瑜、程普、魯肅等水軍三萬，隨亮詣先生，並力拒曹公。曹公敗於赤壁。」東坡《赤壁懷古》詞：「羽扇綸巾，談笑間，檣櫓灰飛煙滅。」　周郎火　《三吳志·周瑜傳》：「孫權遣瑜及程普等並力逆曹公，遇於赤壁。初一交戰，曹軍敗退，引次江北。瑜等在南岸，瑜將黃蓋曰：『今寇眾我寡，難與持久。然觀操軍方連船艦，首尾相接，可燒而走也。』乃取蒙衝鬥艦數十艘，實以薪草，膏油灌其中，裹以帷幕，上建牙旗，先書報曹公，欺以欲降。又豫備走舸，各繫大船後，因引次俱前。曹公軍吏士皆延頸觀望，指言蓋降。蓋放諸船，同時發火。時風猛盛，悉延燒岸上營落。頃之，煙燄漲天，人馬燒溺死者甚眾，曹軍遂敗。」《注》：「虞溥《江表傳》：『戰日，蓋先取輕利艦十舫，載燥荻枯柴積其中，灌以魚膏，赤幔覆之，建旌旗龍幡於艦上。時東南風急，因以十艦最著前，中江舉帆。蓋舉火白諸校，使眾兵齊聲大叫曰：『降操！』軍人皆出營立觀。去北軍二里餘，同時舉火，火烈風猛，往船如箭，飛埃絕爛，燒盡北船，延及岸邊營砦。瑜等率輕銳尋艦其後，雷鼓大進，北軍大壞，曹公退走。』」

西南風

　　武帝雄圖卭筰開，相如乘傳夜郎回。巴童引節旌旄動，蜓馬隨車塵土來。堯女尚應愁赭樹，自注：《史記》：「秦皇西去，南渡淮水，浮江至湘山祠，逢大風，幾不得渡。知是堯女，使刑徒伐湘山樹，赭其山。」楚王從此怕登臺。小臣欲進乘槎賦，萬里披襟好快哉！

　　卭筰開　《漢書·司馬相如傳》：「唐蒙已略通夜郎，因通西南夷道。上使相如乘傳往，略定西南夷以通卭。」　快哉　見卷十注。

東北風

　　飛廉熛怒向人間，徐福求仙恨未還。萬乘雨休封禪樹，自注：《史記》：「封之山，遇暴風雨，休於大樹下。」八神波斷羨門山。自注：三神山，在渤海中，患且至，則船引風而去。始皇時，方士皆以風為解。又，八神皆在齊北，成山斗入海，最居齊東北隅。蕭蕭班馬東巡海，發發嚴旌北距關。錯認祖龍噫氣盛，蓬萊咫尺竟誰攀？

　　飛廉　《〈漢書·武帝紀〉注》：「蜚廉，神禽，能致風氣者也。」應劭《風俗通義》：「飛廉者，風伯也。」　**熛怒**　宋玉《風賦》：「激揚熛怒。」　**徐福**　《仙傳拾遺》：「徐福，字君房。秦始皇聞東海中祖洲有不死之藥，乃遣福及童男女各三千人，乘樓船入海，尋祖洲不反。」案：《史記》作「徐市」。　**封禪樹**　《史記·秦始皇紀》：「二十八年，議封禪，乃遂上太山下，風雨暴至，休於樹下，因封其樹為五大夫。」　**八神**　《史記·封禪書》：「八神：一曰天主，祠天齊；二曰地主，祠太山梁父；三曰兵主，祀蚩尤；四曰陰主，祀三山；五曰陽主，祠之罘；六曰月主，祠之萊山；七曰日主，祠成山；八曰四時主，祠琅邪。」　**羨門**　《史記·秦始皇紀》：「三十二年，始皇之碣石，使燕人盧生求羨門、高誓。」裴駰《集解》：「羨門、高誓，皆古仙人。」　**東巡海**　《史記·秦始皇紀》：「二十九年，始皇東遊，登之罘，刻石。其辭曰：『皇帝東遊，巡登之罘，臨照於海。』」　**北距關**　《史記·秦始皇紀》：「始皇西南渡淮水，之衡山、南郡，浮江至湘山祠，逢大風，幾不得渡。上問博士曰：『湘君何神？』博士對曰：『堯女，舜之妻。』始皇大怒，使刑徒三千人伐湘山樹，赭其山。上自南郡由武關歸。」應劭曰：「武關，秦南關。」　**祖龍**　注見卷二。　**噫氣**　《莊子·逍遙遊》篇：「夫大塊噫氣，其名為風。」

西北風

　　沛宮親作大風歌，往事彭城奈楚何！身陷重圍逢晦冥，天留數騎脫干戈。自注：《史記》：「項王圍漢王三匝，大風從西北起，折木發屋，揚沙石，窈冥晝晦。楚軍亂，乃得遁去。」威加河朔金方整，地邇幽并殺氣多。好祭蚩尤祠風伯，飛揚長護漢山河。

　　大風歌　《史記·高祖紀》：「十二年十月，高祖擊黥布還，歸過沛，留，置酒沛宮，悉召故人父老子弟縱酒，發沛中兒得百二十人，教之歌。酒酣，高祖擊筑，自為歌詩曰：『大風起兮雲飛揚，威加海內兮歸故鄉，安得猛士兮守四方！』」　**彭城**　《史記·項羽本紀》：「漢之二年四月，漢皆已入彭城，收其貨寶美人，日置酒高會。項王乃西從蕭晨擊漢軍而東，至彭城，日中大破漢軍，殺漢卒十餘萬人，圍漢王三匝。於

是大風從西北而起，折木發屋，揚沙石，窈冥晝晦，逢迎楚軍。楚軍大亂壞散，而漢王乃得與數十騎遁去。」干寶《搜神記》：「籛鏗封於彭，號曰彭城。」注：大彭氏國，漢曰徐州。

贈同年嘉定王進士內三

槎浦岡頭自種田，居然生活勝焦先。赤松採藥深山隱，白鶴談經古寺禪。孺仲清名交宦絕，彥方高行里閭傳。曲江細柳新蒲綠，回首銅龍對策年。

嘉定　《一統志》：「隋崑山地，宋嘉定。今屬太倉州。」　王內三　《蘇州府志》：「王際泰，字內三，太倉人。崇禎庚午舉人，癸未進士。國變後，遁跡故廬，構三楹，曰壽研，自號研存老人。卒後，門人私諡貞憲。」　槎浦　《一統志》：「槎浦在嘉定縣南三十里，有上槎、中槎、下槎三浦。」　生活　《魏書·胡叟傳》：「家於密雲，惟以酒自適，謂友人金城宗舒曰：『我此生活，似勝焦先。』」　孺仲清名　《後漢書·逸民傳》：「王霸，字孺仲，太原廣武人。少有清節。王莽篡位，棄冠帶，絕交宦。建武中，連徵不至。」　彥方高行　《後漢書·獨行傳》：「王烈，字彥方，太原人。以義行稱。鄉里有盜牛者，主得之，盜請罪曰：『刑戮是甘，乞不使彥方知也。』」　銅龍　注見卷二。

其二

翠竹黃花一草堂，柴門月出課耕桑。蘇林投老思遺事，譙秀辭徵住故鄉。彊飯卻扶芒屨健，高歌脫帽酒杯狂。莫嗟過眼年光易，徵調初嚴已十霜。

蘇林投老　魚豢《魏略》：「蘇林，字孝友，黃初中為博士、給事中，以老歸第。國家每遣人就問之，數加賜遺。年八十餘卒。」　譙秀辭徵　《晉書·譙秀傳》：「譙秀，字元彥，巴西人也。知天下將亂，預絕人事，雖內外宗親，不與相見。郡察孝廉，州舉秀才，皆不就。及李雄據蜀，略有巴西，雄叔父驤、驤子壽，皆慕秀名，具束帛安車徵之，皆不應。」　徵調　《嘉定縣志》：「撫、按相繼勸駕，際泰皆辭弗應。」

其三

先生吟社夜留賓，紫蟹黃雞甕面春。萬事夢中稱幸叟，一家榜下出閒人。自注：內三及二子皆科第而不仕。君房門第多遷改，叔度才名固絕倫。自注：指上谷、江夏。青吏舊交餘我在，北窗猶得岸烏巾。

　　二子　桐鄉金德輿曰:「黃與賢《如松堂集》:『內三長子霖汝,字公對,崇禎己卯舉人。次子楫,字翰臣,順治辛卯舉人。』」　**君房門第**　《後漢書·侯霸傳》:「字君房。」《明史·侯峒曾傳》:「侯峒曾,字豫瞻,嘉定人。天啟五年進士,召為順天府丞,未赴而京師陷。福王時用為左通政,不就。及南京覆,州縣多起兵自保,峒曾偕里人黃淳耀等誓死固守。大清兵來攻,一戰失利,大雨,城大崩。大兵入,峒曾拜家廟,挈二子元演、元潔立沈於池。」朱彝尊《明詩綜》:「侯岐曾,字雍瞻,峒曾弟。以陳子龍事牽連,執至江寧遇害。」汪琬《侯研德墓誌》:「王師下江南,通政、太學兩公既先後殉國,太恭人亦及於難,而上官又有沒通政遺產及名捕公幼子靜之令,相繼下縣。是時候氏禍患踵至,死喪狼籍,而官吏且絡繹交馳於門。先生兄弟合群從僅六人,仲兄前夭,兩從兄又皆從其父死,伯兄又挾從弟靜亡命。有司捕靜不獲,遂執先生應命,俾其具白瀞蹤跡。先生慨然力辨,不少動,然後得釋。而群無藉睥睨侯氏者,猶乘間思擠之,乃攜家走他縣,匿村落中無恆居,凡二年而始遷郡城,又三年而歸故里。」　**叔度才名**　《後漢書·黃憲傳》:「字叔度。」《明史·黃淳耀傳》:「黃淳耀,字蘊生,嘉定人。崇禎十六年進士。南都亡,嘉定亦破,自裁於城西僧舍。所作詩古文,悉軌先正,卓然名家。」

其四

　　晚歲風流孰似君,烏衣子弟總能文。青箱世業高門在,白髮遺經半席分。正禮雙龍方矯角,釋奴千里又空群。外家流輩非容易,肯信衰宗有右軍。

　　青箱　注見卷五。　**半席**　注見前。　**正禮雙龍**　《吳志·劉繇傳》:「劉繇,字正禮,東萊牟平人也。兄岱,字公山。平原陶丘洪薦繇,欲從舉茂才。刺史曰:『前年舉公山,奈何復舉正禮乎?』洪曰:『若明使君用公山於前,擢正禮於後,所謂御二龍於長途,騁騏驥於千里,不亦可乎!』」　**釋奴千里**　《北史·盧昌衡傳》:「昌衡小字龍子,從弟思道小字釋奴,宗中稱英妙,故幽州語曰:『盧家千里,釋奴龍子。』」　**外家流輩**　《世說·夙惠》篇:「司空顧和與時賢共清言。張元之、顧敷是中外孫,年竝七歲,在牀邊戲。於時聞語,神情似不相屬。瞑於燈下,二兒共敘客主之言,都無遺失。顧公越席而提其耳曰:『不意衰宗復生此寶!』」

大中丞心康韓公九月還自淮南生日為壽

　　閶闔清秋爽氣來,尚書新自上游回。八公草木登高宴,九日茱萸置

酒臺。兵食從容經久計，江淮安穩濟時才。尊前好唱南山曲，笳鼓西風笑語開。

　　韓心康　《蘇州府志》：「韓世琦，字心康，山西蒲州人，政隸旗籍。康熙元年，由順天巡撫移撫江南，尋進工部尚書。」尤侗《送韓中丞還朝序》：「當其少壯，從龍佐世廟於宮府，已赫然有聲。及膺簡命，來撫我吳，歷八年所。」　八公草木　《晉書·苻堅載記》：「堅以輕騎兼道赴壽春，與苻融登城而望王師，又望八公山草木皆類人形，顧謂融曰：『此亦勁敵也。』」　置酒臺　《南齊書》：「宋武帝為宋公，在彭城。九月九日登項羽戲馬臺，至今相承以為故事。」　兵食從容　《文集·三江蘇巡撫韓公奏議序》：「先是，江南山越未平，萑苻數起，閩海巨寇闌入內地。公至之日，氛祲銷而奸宄息，用撫循彈壓為政，兼以東南區區一隅，賦稅居天下之半，秦、楚、滇、黔、閩、粵之餉，檄使旁午，公權時制宜，用其徵發期會，以仰副度支之急。」

贈李膚公五十

　　先德傳家歷苦辛，汗青零落賸閒身。雲山笑傲容遺叟，松菊招尋見故人。猶有田園供伏臘，豈無書卷慰沉淪。只看五月開尊宴，撥剌江魚入饌新。

　　李膚公　鄭敷教《交遊籍》：「李遜之，字膚公，江陰人，忠之公應昇子。」魏禧《落落齋記》：「江陰李忠毅公有賢子曰膚公，當固變，棄諸生，性疏懶，不治事，而獨好學，以詩文自娛。入其齋，書帙縱橫，凝塵滿席，而膚公方吟哦不輟。」　先德　《明史·李應昇傳》：「李應昇，字仲達，江雲人。萬曆四十三年進士。授御史。楊漣劾魏忠賢，得嚴旨。應昇憤，即抗疏繼之。明年，曹欽程劾應昇護法東林，遂削籍。忠賢恨未已，逮下詔獄，酷掠，坐事三千。尋斃之，年甫三十有四。崇禎初，贈太僕寺卿。」《文集·李忠毅公神道碑》：「弘光改元，其子遜之伏闕，以易名請，賜諡忠毅。」　撥剌　少陵《漫成》詩：「船尾跳魚撥剌鳴。」

庚戌梅信日雨過鄧尉哭剖石和尚遇大雪夜宿還元閣

　　筍輿衝雨哭參寥，宿鳥啾鳴萬象凋。北寺九成新妙塔，自注：師修報恩塔初成。南湖千頃舊長橋。雲堂過飯言猶在，自注：去歲與師同飯山閣。雪夜挑燈夢未消。最是曉鐘敲不寐，半天松栝影蕭蕭。

　　梅信　《歲時記》：「江南自初春至初夏，五日一番風，俟謂之之花信風。梅花風最先，楝花風最後，凡二十四番花信風。」　鄧尉　范成大《吳郡志》：「鄧尉山在光

福里錦峰山西南，去城七十里。漢有鄧尉者隱此，故名。」　**剖石**　見卷八。　**還元閣**　《望恩寺記》：「還元閣，在白衣閣前。順治五年三月建。」邵長蘅《青門賸稿》：「閣面湖環山，松風謖謖然。」　**參寥**　注見卷八。　**北寺**　《正德姑蘇志》：「報恩講寺在城北陲，故俗呼北寺，即通元寺舊基。吳越錢氏移支硎山報恩寺改建於此，浮圖十一級。兵燼後，行者金大圓募建九級。」《蘇州府志》：「太傅金之俊復延剖石脩北寺古塔，三年告成，還山。」

其二

投老相期共閉關，自注：師有招住山中之約。影堂重到淚潺潺。身居十地莊嚴上，自注：師初刻華藏圖。道出三峰玄要間。壞衲風光青桂冷，自注：四宜堂叢桂最盛。殘經燈火白雲閒。吾師末句分明在，雪裏梅花雨後山。

　　十地　梁丘帝《阿育王像銘》：「智周十地。」《法苑珠林·十地部》：「佛告彌勒菩薩：『我今為汝說菩薩所得功德地法。初地菩薩猶如初月，光明未顯，然其明性皆悉具足。二地菩薩如五日月。三地菩薩如八日月。四地菩薩如九日月。五地菩薩如十日月。六地菩薩如十一日月。七地菩薩如十二日月。八地菩薩如十三日月。九地菩薩如十四日月。十地菩薩如十五日月，圓滿可觀，明相具足。』」　**玄要**　注見卷十一。

送許堯文之官莆陽

烏石煙巒列畫圖，雙旌遙喜入名都。路經鷓嶺還龍嶺，符剖鴛湖更鯉湖。訪舊草堂挼萬卷，吟詩別墅補千株。知君不減絃歌興，別有高樓起望壺。

　　許堯文　《蘇州府志》：「許煥，字堯文，太倉州人。順治丁亥進士。歷官嘉興府，改興化府。」　**莆田**　《明史·地理上》：「福建興化府莆田倚。」　**烏石**　《名勝志》：「烏石山在郡城西南隅，唐天寶八載勅名閩山。宋程師孟改名道山。」　**鷓嶺龍嶺**　鷓嶺，未詳。《明一統志》：「九龍山在興化府仙遊縣南，山分九支，周回五里，泥石皆紫色。」　**鴛湖鯉湖**　鴛湖，注見卷五。鯉湖，注見卷十三。　**草堂**　鄭樵草堂，見卷十三。　**別墅**　《一統志》：「歐陽詹別墅在興化府城北福平山下。」　**望壺**　《明一統志》：「望盡樓在舊府治內，宋建。前有壺公山，形方銳如圭，凡八面。上有盤陀石、法流泉、濯纓沼、碧溪灣、虎上石，號為五奇。」

其二

榕陰五馬快驂驛，親到遊洋古越南。抹麗香分魚魟細，荔支漿勝橘奴甘。鮫宮月映浮春嶼，蜑市煙銷見夕嵐。此去襃帷先問俗，上溪秋色正堪探。

遊洋　《一統志》：「遊洋溪在仙遊縣東北。」　魚魟　高濂《蘭譜》：「魚魟蘭，十二藝，花片澄徹，宛如魚魟。採而沈之水中，無影，葉頗勁緣。」　鮫宮　木華《海賦》：「其眼則有天琛、水怪、鮫人之宮。」　襃帷　《後漢書·賈琮傳》：「琮為冀州，傳車垂赤帷裳。琮曰：『刺史當遠視廣聽，糾察美惡，何垂帷裳以自掩乎？』命襃之。」　上溪　《一統志》：「上溪在興化府城西二里。」

感舊贈蕭明府

余年三十有一，以己卯七月奉命封延津、孟津兩王於禹州。過汴梁，登梁孝王臺。適學使者會課屬郡知名士於臺上，因與其人諮訪古蹟，徘徊久之而後行。逾三十三年，雒陽蕭公涵三從道臣左官來治吾州，拭目驚視，云曾識余，則蕭公乃臺上諸生中一人也。感舊太息，為賦此詩。

兩王　案：《明史·諸王世表》：延津王載塏、孟津王載墀俱英宗子，徽莊王見沛庶曾孫，封延津三世，孟津二世。餘俱不見於表。　蕭涵三　《蘇州府志》：「蕭應聘，字涵三，河南洛陽人。崇禎壬午舉人。康熙十年以山西副使道降太倉知州。」　左官　《漢書·諸侯王表序》：「作左官之律。」師古曰：「朝廷之列，以右為尊，故謂降秩為左官。」

三十張旌過大梁，繁臺憑眺遇蕭郎。黃河有恨歸遺老，朱邸何人問故王。授簡肯忘群彥會，棄繻誰識少年裝。長卿駟馬高車夢，臥疾相逢話草堂。

繁臺　注見卷六。　黃河有恨　謂李自成決河事。注見卷四。　朱邸　《舊唐書·音樂志》：「殊榮開朱邸。」王應麟《玉海》：「郡國朝宿之舍，在京者謂之邸。朱邸，邸有朱戶也。」　棄繻　注見卷十三。　駟馬高車　見卷一注。

同孫浣心郁靜嚴家純祜過福城觀華嚴會

不求身世不求年，二六時中小有天。今日雲門繞喫棒，多生山谷少安禪。茶鐺藥白隨時供，蒲笠蕉團到處眠。撒手懸崖無一事，經聲燈火覺王前。

　　福城　《集覽》：「《州郡備採》：『福城在太倉州小西門外，與曇陽觀相去數十步。國初，邑人為佛會所。』」　**華嚴**　《隋書·經籍志》：「義熙中，沙門支法領從於〔註5〕闐國得《華嚴經》三萬六千偈，至金陵宣譯。」　**小有天**　樂史《寰宇記》：「王屋山有仙宮洞天，廣三千里，號小有清虛洞天。山高八千丈，廣數百里。」　**雲門**　《一統志》：「晉宏明，山陰人。山雲門寺誦《法華經》，瓶水自滿，有童子自天而下，以供使令。」　**喫棒**　《景德傳燈錄》：「洛浦在夾山做典座三年，喫百頓棒，遂大悟。」　**多生**　張籍詩：「多生修律業。」　**覺王**　注見卷三。

〔註5〕「於」，底本誤作「子」。

梅村詩集箋注　卷第十六

長洲吳翌鳳撰　滄浪吟榭校定本

五言長律

晚眺

萬壑亂煙霜，浮圖別渺茫。江山連楚蜀，鍾磬怨齊梁。原廟寒泉裏，園林秋草旁。雁低連雨色，鷺遠入湖光。戲馬長干里，歸人石子岡。舟車走聲利，衣食負耕桑。欲問淮南信，砧聲繞夕陽。

長干里　注見卷三。　石子岡　注見卷十二。

送吳門李仲木出守寧羌

君到山南去，興元驛路長。孤城當沮口，舊俗問華陽。稻近磻谿種，魚從丙穴嘗。殘兵白馬戍，廢壘赤亭羌。鐵鑊穿天上，金牛立道旁。隗囂官尚在，諸葛壘應荒。往事英雄恨，新愁旅客裝。七盤遮駱谷，十口隔秦倉。黑水分楡柳，青泥老驌驦。不堪巴女曲，尚賽武都王。

李仲木　《太倉州志》：「李楷，字仲木，長洲人。崇禎壬午舉人。歷官工部員外郎。」案：仲木本太倉人。自其父進士湖廣副使吳滋始居蘇州，子姓遂占籍焉。　寧羌　《陝西通志》：「寧羌州，宋元為沔州地。洪武二十九年，田九成作亂，官軍剿除。三十年，於沔縣之羊鹿坪設寧羌衛，隸陝西都司。成化二十二年，又設寧羌州於縣之南，隸漢中府。」　山南　《唐書‧地理志》：「山南西道採訪使治梁州，為興元府漢中郡。」　興元　《一統志》：「漢中府，唐興元元年為興元府，元為興元路。」　沮

口 《水經》:「沔水出武都沮縣東狼谷中,又東南逕沮水戍,而東南流注漢,曰沮口。」酈道元《注》:「沔水,一名沮水。闞駰曰:『以其初出沮洳然,故曰沮水也。』」 華陽 《一統志》:「華陽廢縣在漢中府沔縣東。《魏書·地形志》云:『華陽郡治華陽縣。』《寰宇記》云:『隋開皇三年罷郡。』縣必廢於此時。今襃城縣有華陽水,蓋以近故縣得名。」 磻谿 酈道元《水經注》:「渭水之右,磻谿水注之。水出南山茲谷,乘高激流,注於谿中。谿中有泉,謂之茲泉,即《呂氏春秋》太公釣茲泉也。水次平石,即太公垂釣之所。其投竿跽餌遺跡猶存。是有磻溪之稱也。」 丙穴 左思《蜀都賦》:「嘉魚出於丙穴。」《注》:「丙穴在漢中府沔陽縣,有魚穴二所,嘗以三月取之。丙,地名也。」《一統志》:「大丙山在略陽縣東南三十里,北有穴,方圓二丈餘,其穴有水潛流,土人相傳即丙穴。」 白馬戍 《魏書·地形志》:「沔陽縣有白馬城。《水經注》:『張魯治對白馬城。』一名陽平關。」李應祥《雍勝略》:「寧羌州,春秋戰國為白馬氏之東境。」 赤亭羌 《後漢書·虞詡傳》:「羌寇武都,遷武都太守。既到郡,兵不滿三千,而羌眾萬餘,攻圍赤亭。」《注》:「赤亭故城在今渭州襄武縣東南,有赤亭水也。」 金生 注見卷一。 隗囂宮 少陵《秦州詩》:「勝蹟隗囂宮。」注:《元和郡縣志》:「秦州伏羌縣,隗囂稱西伯,都此。」祝穆《方輿勝覽》:「雕窠谷在秦州麥積山之北,舊有隗囂避暑宮。」 諸葛壘 《水經》:「沔水又東經武侯壘南。」酈道元《注》:「諸葛武侯所居也。南枕沔水。南有亮壘。背山向水,中有小城。」 七盤 見卷一注 駱谷 《一統志》:「駱谷在西安府盩厔縣西南。」 秦倉 《元和郡縣志》:「寶雞東北至鳳翔九十里,本秦陳倉縣。秦文公所築,因山以為倉。」 黑水 見卷十四。 青泥 《元和郡縣志》:「青泥嶺在興州長舉縣西北。懸崖萬仞,上多雲雨,行者多逢泥淖。」 驦驦 《左傳·定公三年》:「唐成公如楚,有兩驌爽焉。」少陵《秦州》詩:「仍殘老驦驦。」錢氏曰:「《釋畜》於馬無驌爽之名。爽或作霜。賈逵云:『色如霜紈。』馬融說驌爽,雁也,其羽如練,高首而脩頸,馬似之。」 武都王 《漢書·地理志》:「武都郡,武帝元鼎六年置。」應劭曰:「境故白馬氏。」李文子、郭允蹈《蜀鑑》:「晉惠帝元康六年,略陽氐羌楊茂搜保仇池。」仇池在今成州,即武都地。宋元嘉二十年,立揚文德為武都王。梁天監丙戌,為後魏所滅,凡二百二十年。

梅花庵同林若撫話雨聯句

放策名園勝,停驂客思淹。雲鳳。初涼欣颯爽,入夜苦廉纖。偉業。有待聞乾鵲,無因見皎蟾。鳳。蒲荒迷鷺影,花落冷魚唅。鳥語枝頭咽,

蟲鳴葉底潛。清齋幽事足，良會逸情兼。業。貧士藏書富，高人取友嚴。
甞騰長自臥，剝啄遣童覘。北郭余偕隱，東山爾共瞻。鳳。生來門是德，
住處水名廉。業。觸地詞源湧，推鋒筆陣銛。萬言成寸晷，一字直三縑。
雜佩紉蘭茝，名材貢杞楠。二千登甲第，四十到宮詹。鳳。仙樂清商奏，
天廚法酒霑。使車遊宛雒，樓艦出沱灊。職亞成均掌，官同祕院僉。含
毫芸閣草，插架石渠籤。業。翰染丹青障，棊分黑白奩。望崇敦雅素，
氣直折壬憸。鳳。道已銘鐘鼎，交仍隔釜鬵。雲霄三省相，虎豹九關閻。
業。害物磨牙慘，持拳炙手炎。遊夫空捭闔，武士浪韜鈐。鳳。海寓洪爐
燄，民生鼎沸燅。天心何叵測，宸極竟危阽。業。夏社松陰改，周原麥
秀漸。鳳。子民餘爨僰，尺土膡滇黔。業。〔註1〕絕跡違朝市，全身混里
閻。風。挐舟浮磵曲，扶杖度山嶮。菌閣迎寒葺，茅亭帶雨苫。業。冥鴻
思避弋，老馬脫銜箝。朋舊從頭數，篇章信口占。鳳。境奇窮想入，才
退苦言砭。大曆場誰擅，元和體獨纖。聆音嗤下里，覷貌歎無鹽。好句
奚囊貯，清談塵尾拈。飛觴邀阮籍，堅義問劉惔。業。情洽躅苟禮，形
忘略小嫌。詼諧文乞巧，憔悴賦驅痁。書擬中郎祕，香憑小史添。搴蘭
將滿握，採菊不盈襜。鳳。紙帳蛛絲冒，紗屏粉蝶黏。試茶追陸羽，退
筆弔蒙恬。玩物高居澹，安心老境甜。食羹調芍藥，釀法制著籤。黃璧
團臍蟹，霜批巨口鮎。香流金杏酢，脆入玉梅醃。送酒橫波豔，調箏素
手攕。新聲歌緩緩，沈飲痛厭厭。業。梅老看圍屋，花開待放簷。道人
君勿愧，處士我何嫌。鳳。綠印苔開展，青飄柳外簾。池流緣岸折，峰
勢出牆尖。業。興劇神偏王，狂來語類讇。裵回吟數過，撚斷幾枯髯。
鳳。

　　林若撫　徐釚《續本事詩》：「林雲鳳，字若撫，長洲人。」朱彝尊《明詩綜》：
「若撫當鍾、譚燄張之日，守正不回，詩篇繁富，惜知者寥寥。困阨終老，相如遺草
已不可問矣。」　**梅花庵**　程《箋》：「梅花庵在鹿樵書屋後，今為尼居。」**霢霂**　許
慎《說文》：「霢，久雨也。」丁度《集韻》：「細雨謂之霂。」　**乾鵲**　陸佃《埤雅》：
「鵲巢取木杪枝，不取墮地者，故曰乾鵲。」《春秋運斗樞》：「穴蟻知雨，巢鵲知晴。」
魚喁　《淮南子》：「天將雨也，陰曀未集，而魚已喁矣。」高誘《注》：「魚短氣出口
於水，喘息之喻也。」　**北郭**　《韓詩外傳》：「楚莊王使使齎金百斤聘北郭先生。先
生曰：『臣有箕帚之使，願入計之。』其婦曰：『結駟列騎，所安不過容膝。』遂辭聘。」

〔註1〕梅村詩此處原有「越俗更裳珮，秦風失帽幨。短衣還成削，長帶孰蜲襳」。

東山　《晉書・謝安傳》：「寓居會稽，與王羲之及高陽許詢、桑門支遁遊處，出則漁弋山水，入則言詠文。後雖受朝寄，然東山之志始末不渝。」　門是德　《後漢書・鄭康成傳》：「國相孔融告高密縣曰：『昔東海於公僅有一節，猶或戒鄉人侈其門閭。矧乃鄭公之德，而無駟牡之路，可廣開門衢，令容高車。』號為通德門。」　水名廉注見卷十一。　三縑　《唐書・皇甫湜傳》：「裴度脩福先寺，將立碑，求文於白居易。湜怒曰：『近捨湜而遠取居易，請從此辭。』度謝之，湜即請斗酒，飲酣，援筆立就。度贈以車馬，繒彩甚厚。湜大怒曰：『自吾為《顧況集序》，未嘗許人。今碑字三千，字三縑，何遇我薄也？』度笑曰：『不羈才也。』從而酬之。」　甲第　《唐書・選舉志》：「凡進士試時務策五道、帖一大經。經策全通為甲第。」　宮詹　《明史・職官志》：「詹事府詹事一人、少詹事三人。」顧湄《梅村先生行狀》：「乙酉，南中召拜少詹事。越兩月，知天下事不可為，拂衣歸里。」　清商　注見卷四。　法酒　《史記・叔孫通傳》：「復置法酒。諸侍坐殿上，皆伏抑首。」文穎曰：「作酒令法也。」蘇林曰：「常會須天子中起更衣，然後入置酒矣。」　宛雛　注見卷十一。《梅村先生行狀》：「己卯，銜命封延津、孟津兩王於禹州。」　沱灊　《爾雅・釋水》：「水自江出為沱，漢為灊。」許慎《說文》：「灊水出巴郡宕渠，西南入江。」陳廷敬《梅村先生墓表》：「丙子典試湖廣，當時號得士。」　亞成均　杜佑《通典》：「光宅元年，改國子監為成均監。」柳宗元《國子司業陽城遺愛碣》：「帝求師儒，貳我成均。」《梅村先生行狀》：「遷南京國子監司業。」　祕院　馬端臨《文獻通考》：「端拱初，建祕閣，在崇文院中。郎官至祕書監，有特令供職者，有以它官兼領者，有以判祕閣官兼判者。凡邦國經籍圖書，悉歸祕閣。」　石渠　注見卷七　敦氣節　《梅村先生行狀》：「遷南京國子監司業。甫三日，而漳浦黃公道周論武陵奪情拜杖信至，先生遣太學生涂仲吉入都，具橐饘塗，上書為漳浦頌冤，干上怒，嚴旨責問主使，先生幾不免。」　折壬憸　《梅村先生墓表》：「淄川張至發，烏程黨也。繼烏程而相，剛愎過烏程。先生始進，即首劾淄川。奏雖寢不行，其黨皆側目。」　三省相　《唐書・百官志》：「唐因隋制，以三省之長中書令、侍中、尚書令共議國政，此宰相職也。」　九關閽　《楚辭・招魂》：「虎豹九關，啄害下人些。」《漢書・敘傳》：「閽尹之媲。」師古曰：「宦人為閽者，言其精氣奄閉不出也。一曰主奄閉門者。尹，正也。媲與疕同。」　磨牙　《北史・突厥傳》：「切齒磨牙，尚伺其便。」太白《梁甫吟》：「猰貐磨牙競人肉。」　炙手　注見卷五。　遊夫　《管子》：「三器成，遊夫具，而天下無聚眾。」　捭闔　《鬼谷子・捭闔篇》：「捭之者，料其情也。闔之者，結其識也。夫賢不肖、智愚、勇怯、仁義有差，乃可捭，乃可闔。」　韜鈐　晁公武《郡齋讀書志》：「《六韜》，兵家權謀之書也。

謂文韜、武韜、龍韜、虎韜、豹韜、犬韜也。」《廣韻》：「鈐，兵鈐也。兵鈐以閉房，神府以備非常。」崔嘏《授崔蠡尚書左丞制》：「將席蘊韜鈐之略。」　巨　許慎《說文》：「叵，不可也，從反可。」　阽危　《漢書・食貨志》：「安有為天下阽危者若是。」《注》：「阽音閻。」　大曆場　《唐書・盧綸傳》：「綸與吉中孚、韓翃、錢起、司空曙、苗發、崔峒、耿湋、夏侯審、李端，號大曆十才子。」李肇《國史補》：「唐人宴集必賦詩，推一人擅場。」　元和體　《唐國史補》：「元和以後，為文筆則學奇詭於韓愈，學苦澀於樊宗師；歌行則學流蕩於張籍，詩章則學矯激於孟郊，學淺切於白居易，學淫靡於元微之。俱名為元和體。」　下里　宋玉《答楚王問》：「客有歌於郢中者，其始曰《下里》、《巴人》。」　無鹽　劉向《列仙傳》：「鍾離春者，齊無鹽邑女，極醜無雙。行年四十，無所容入，衒嫁不售。於是拂拭短褐，自謁宣王，願備後宮。宣王納之為后。」　阮籍　《晉書・阮籍傳》：「魏晉之際，天下多故，名士少有全者。籍由是不與世事，酣飲為常。」　劉惔　《晉書・劉惔傳》：「惔雅善言理。時孫盛作《易象論》，簡文帝使殷浩難之，不能屈。乃命迎惔至，便與抗答，盛理遂屈，一座撫掌。」　苟禮　《漢書・酈食其傳》：「皆握齱好苛禮。」師古曰：「苛與苟同。苛，細也。」　形忘　《唐書・孟郊傳》：「韓愈一見為忘形交。」　小嫌　《唐書・尉遲敬德傳》：「秦王曰：『大丈夫以氣相許，小嫌不足置胷中。』」　乞巧驅痁　柳宗元有《乞巧文》。孫樵有《逐痁鬼文》。　中郎祕　《後漢書・蔡邕傳》：「漢王充嘗著《論衡》八十五篇，中土未有傳者。中郎至江東得之。及還北，諸公覺其談更進，檢求帳中，果得《論衡》一部。」　蒙恬　張華《博物志》：「蒙恬造筆。」馬縞《中華古今注》：「自古有書契已來，便應有筆。世稱蒙恬作，秦筆耳。」　調芍藥　注見卷十四。　製豨薟　陳藏器《本草》：「楚人呼豬為豨，呼草之氣味辛毒為薟。此草氣臭如豬而味薟螫，故謂之豨薟。蜀人單服豬薟法：五月五日、六月六日、九月九日採豨薟，去根莖，花實淨洗，暴乾，入甔中，層層灑酒與蜜，蒸之又暴，如此九徧，則氣味極香美。熬搗篩末，蜜丸服之。」　團臍　張楫《廣雅》：「蟹雄曰蜋螘，雌曰博帶。」《注》：「團臍者牝，尖臍者牡。」　鮎　《本草圖經》：「鋸背青而口小者名鮎。」　金杏酢　段成式《酉陽雜俎》：「濟南郡之東南有分流山，山上多杏，大如黎，黃如橘，土人謂之漢帝杏，亦曰金杏。」《玉篇》：「酢，酸也。」　簾　楊慎《丹鉛總錄》：「《韓非子》：『宋人有酤酒者，懸幟甚高。』幟謂之簾，簾謂之酒旗。」

海獅

不肯依牆壁，其如羅網偏。文身疑蝌篆，長髻學螺旋。跼足蟠根固，

容頭掩的圓。但能防尾擊，誰敢陷中堅。氣及先聲取，髀存裏肉捐。空虛寧棄擲，辛苦是連蜷。處世遵多口，浮生誤一鮮。白鹽看雨後，紅釀向花邊。入穴鉤難致，呼門慘不前。迴腸縈鎖甲，髕腳怨刀錢。海粟蝸廬滿，蟲書蜃市懸。知君爾雅熟，為譯小言篇。

　　長髻　崔豹《古今注》：「童子結髮為螺髻，言其形如螺殼。」　**容頭**　《後漢書·西羌傳》：「公卿選懦，容頭過身。」　**尾擊**　《孫子》：「善用兵者，譬如率然。率然者，常山之蛇也。擊其首則尾至，擊其尾則首至，擊其中則首尾俱至。」　**中堅**《後漢書·光武帝紀》：「王莽遣王尋、王邑將兵百萬圍昆陽，光武與敢死者三千人衝其中堅。」《注》：「中軍將至尊居，以堅銳自輔，故曰中堅。」　**髕腳**　《史記·鄒陽傳》：「司馬喜髕腳於宋。」丁度《集韻》：「髕同臏，去膝蓋骨，刑名。」　**刀錢**　《史記索隱》：「刀者，錢也，以其形似刀。」　**蝸廬**　魚豢《魏略》：「楊沛家無餘積，起瓜牛廬，棲止其中。」裴松之曰：「瓜當作蝸。」蝸牛，螺蟲之有角者也。　**蟲書**　《後漢書·藝文志》：「蟲書，為蟲鳥之形，所以書旛信者也。」僧適之《金壺記》：「蟲書，秋胡妻玩蠱所作。」　**爾雅熟**　《晉書·蔡謨傳》：「謨初渡江，見蟛蜞，大喜曰：『蟹有八足，加以二螯。』今烹之。既食，吐下委頓，方知非蟹。後詣謝尚而說之，尚曰：『卿讀《爾雅》不熟，幾為勤學死。』」　**小言**　《莊子·齊物論》：「大言炎炎，小言詹詹。」

麥蠶

　　月令初嘗麥，豳風小索綯。繭絲供歲早，芒刺用心勞。舊穀憂蛾賊，先農攝馬曹。三眠收滯穗，五色薦溪毛。簇箔同丘垤，繰車借桔橰。筐分南陌採，縷細北宮繰。奉種庚鳴降，輸魁蟹績高。仙翁蜂化飯，醉土蟻餔糟。桑蠋僵應化，冰蛆臥未逃。婦驚將絡緯，客咽半蟛蜞。纖手揉乾糗，春綿滑冷淘。非關蟲食稼，恰並鳥含桃。

　　馬曹　《晉書·王徽之傳》：「為桓沖騎兵參軍。沖問：『卿署何曹？』曰：『似是馬曹。』」干寶《搜神記》：「太古氏有人遠征，家有一女，並馬一匹。女思父，乃戲馬云：『能為吾迎父，吾將嫁汝。』馬絕韁而去，至父所，父乘之而還。馬後見女，輒怒而奮擊。父怪，問女，女以告父。父屠馬，曬皮於庭。女至皮所，皮蹷然起，捲女而行。父失女，後於大桑樹間得女及皮，盡化為蠶。」　**三眠**　秦觀《蠶經》：「蠶生明日，桑或柘葉，風戾以食之，寸二十分，晝夜五食。九日，不食一日一夜，謂之初眠。又七日，再眠如初。既食葉，寸十分，晝夜六食。又七日，三眠如再。又七日，若五

日，不食二日，謂之大眠。」　**北宮**　《周禮・天官・內宰》注》：「北宮，后之六宮。」
輸魁　陸龜蒙《蟹志》：「稻之登也，率執一穗以朝其魁。」段成式《酉陽雜俎》：「蟹
八月腹中有芒，真稻芒也，長寸許，向東輸與海神。未輸芒，不可食。」　**蟹績**　《檀
弓》：「蠶則績而蟹有匡。」《集說》曰：「絲之績者必由於匡之所盛。」　**蜂化飯**　葛
洪《神仙傳》：「仙翁與客對食，客請作一奇戲，仙翁即吐口中飯，盡成飛蜂滿屋，或
集客身，莫不震肅，但不螫人耳。良久，仙翁乃張口，蜂皆飛入口中，成飯食之。」
醉士　皮日休《鹿門隱書》：「醉士隱於鹿門，不醉則遊，不遊則息。」　**蟻舖糟**　張
衡《南都賦》：「醪敷數寸，浮蟻若萍。」《楚辭・漁父》：「眾人皆醉，何不舖其糟而歠
其醨？」　**桑蠋**　《詩集傳》：「蠋，桑蟲，如蠶者也。」　**冰蛆**　葉子奇《草木子》：
「雪蠶生陰山以北及峨眉山北，人謂之雪蛆。二山積雪，歷世不消，其中生此，大如
瓠，其味甘美。」　**絡緯**　古諺：「絡緯鳴，嬾婦驚。」《炙轂子雜錄》：「《古今注》：
『莎雞，一名促織，一名絡緯。』」　**螓蟖**　《爾雅・釋蟲》：「蟔，螓蟖。」邢昺《疏》：
「其在糞土中者名蟔螓。其在木中者，關東謂之蝤蠐，梁益之間謂之蟖。其在木中者，
白而長，故詩人以比婦人頸。」　**乾糒**　《續漢書・百官志》：「導官令一人。」《注》：
「主春御米及作乾糒。導，擇也。」　**春綿**　束皙《餅賦》：「弱如春綿。」　**冷淘**
注見卷十一。　**含桃**　《史記・叔孫通傳》注》：「鸎鳥所含，故曰含桃。今之朱櫻是
也。」

思陵長公主輓詩

　　貴主徽音美，前朝典命光。鴻文垂遠近，哀誄著興亡。託體皇枝貴，
承休聖善祥。母儀惟謹肅，家法在矜莊。上苑穠桃李，瑤池小鳳皇。鸞
音青繡雁，魚笏皂羅囊。沈燎薰爐細，流蘇寶蓋香。禊期陪祓水，蠶館
助條桑。綠簇芃蘭佩，紅螭蓏葉璋。錫封需大國，喚仗及迴廊。受冊威
儀定，傳烽羽檄忙。司輿停鹵簿，掌瑞徹珩璜。婺宿明河澹，薇垣太白
芒。至尊憂咄吒，仁壽涕彷徨。鄜邑年方幼，瓊華齒正芳。艱難愁付託，
顛沛懼參商。文葆憐還戲，勝衣泣未遑。從容諮傅母，悾急詢貂璫。傳
箭聞嚴鼓，投籤見拊牀。內人縫使甲，中旨票支糧。使者填平朔，將軍
帶護羌。寧無一矢救，足慰兩宮望。盜賊狐簹火，關山蟻潰防。逍遙師
逗撓，奔突寇披猖。牙纛看吹折，梯衝舞莫當。妖氛纏象闕，殺氣滿陳
倉。天道真蒙昧，君心顧慨慷。割慈全國體，處變重宗潢。冑子除華紱，
家丞具急裝。敕須離禁闥，手為換衣裳。社稷仇宜報，君親語勿忘。遇

人岂退讓，慎己舊行藏。國母摩笄刺，宮娥掩袂傷。他年標信史，同日見高皇。元主甘從殉，君王入未央。抽刀凌左闔，申脰就干將。嚙血彤闈地，橫屍紫籥汪。絕吭甦又咽，暝睫倦微揚。裹褥移私地，霑醟進勻漿。誓肌封斷骨，茹戚吮殘創。死早隨諸妹，生猶望二王。股肱羞魏相，肺腑恨周昌。賊遁仍函谷，兵來豈建康。六軍努面慟，四海遏音喪。故國新原廟，群臣舊奉常。賵圭陳厭翟，題湊載輻輬。隧逼賢妃冢，山疑望子岡。銜哀存父老，主祭失元良。訣絕均抔土，飄零各異方。衣冠嬴博葬，風雨脊令行。浩劫歸空壤，浮生寄渺茫。玉真圖下髮，申伯勸承筐。沅浦餘堯女，營丘止孟姜。君臣今世代，甥舅即烝嘗。湯沐鄉亭秩，家門殿省郎。淒涼脂粉磑，零落綺羅箱。宅枕平津巷，家通少府牆。晝閒偕妯娌，曉坐向姑嫜。偶語追銅雀，無聊問柏梁。豫遊推插柳，勝蹟是梳粧。菡萏鴛鴦扇，茱萸鸚鵡觴。大庖南膳廠，奇卉北花房。暖閣葫蘆錦，溫泉荳蔻湯。雕薪獅首炭，甜食虎睛糖。壯麗成焦土，榛蕪拱白楊。麋遊鳷鵲觀，苔沒鬪雞坊。苟灌心惆悵，秦休志激昂。崩城身竟殞，填海願難償。命也知奚憾，天乎數不臧。累欷牀簀語，即窆寢園旁。半體先從父，遺骸始見娘。黃泉母子痛，白骨弟兄殤。夙昔銅駝泣，諸陵石馬荒。三年脩荇藻，一飯奠嵩邙。寒食重來路，新阡宿草長。溪田延黍稼，隴笛臥牛羊。朽壤穿螻蟻，驚沙起鴆鶬。病楉眠廢社，衰葦折寒塘。列刹皇姑寺，畎經內道場。侍鬢稱練行，小像刻沉香。玉座懸朱帳，金支渡法航。少兒添畫燭，保嫗伴帷堂。露溼丹楓冷，星稀青鳥翔。幅旟晨隱隱，鈴鑷夜將將。控鶴攀龍馭，驂麟謁帝閶。靈妃歌縹緲，神女笑徜徉。苦霧迷槐市，雌霓遶建章。歸鄘思五廟，涉漢淚三湘。柔福何慚宋，平陽可佐唐。虞淵瞻返日，蒿里叫飛霜。自古遭兵擾，偏嗟擁樹妨。魯元馳孔亟，芋季負倉黃。漂泊悲臨海，包含恥溧陽。本朝端闉闋，設制勝巖疆。處順惇恭儉，時危植紀綱。英聲超北地，雅操邁東鄉。新野墳松直，招祇祠柏蒼。薤歌雖慘澹，汗簡自輝煌。謚號千秋定，銘旌百襈彰。秦簫吹斷續，楚挽哭滄浪。

原附　張宸《長平公主詩》：「長平公主者，明崇禎皇帝女，周皇后產也。甲申之歲，淑齡一十有五。皇帝命掌禮之官，詔司儀之監，妙選良家，議將降主。時有太僕公子都尉周君名世顯者，將築平陽以館之，開沁水以宅之，貳室天家，行有日矣。夫何蛾賊鴟張，逆臣不誠，天子志殉宗社，國母嬪嬪，慷慨死焉。公主時在稺齡，禦劍

親揮，傷頰斷腕，頹然玉折，實矣蘭摧。賊以貴主既殞，授屍國戚，覆以錦茵，載歸椒里。越五宵旦，宛轉復生。泉途已宮，龍髯脫而劍遠；蘭薰罷殿，蕙性折而神枯。順治二年上書今皇帝：「九死臣妾，跼蹐高天，髡緇空王，庶申罔極。」上不許，詔求元配，命吾周君，故劍是合。士田邸第，金錢牛車，錫予有加，稱備物焉。嗟夫！乘鷰扇引，定情於改朔之朝；金犢車來，降禮於故侯之第。人非鶴市，慨紫玉之重生；鏡異鸞臺，看樂昌之再合。金枝秀發，玉質含章。逢德曜於皇家，迓桓君於帝女。然而心戀宮闈，神傷輦路。重雲畢陌，何心金榜之門；飛霜谷林，豈意玉簫之館。弱不勝悲，溘焉薧逝。常扶桑上仙之日，距穠李下嫁之年。星燧初周，芳華未歇。嗚呼悲哉！都尉君悼去鳳之不留，嗟沉珠之在殯。銀臺竊藥，想奔月以何年；金殿煎香，思返魂而無術。越明年三月之吉，蕚於彰儀門之賜莊，禮也。宸薄遊京輦，式觀遺容。京兆雖阡，誰披柘館；祁連像冢，祇叩松關。擬傷逝於子荆，朗香空設；代悼亡於潘令，遺掛猶存。敢再拜為之誄云。」《春明夢餘錄》：「公主名徽婭。」　**青繡雁**　《宋書‧輿服志》：「駕六青馬，馬有金面，插雕羽，鞶纓、攀胸鈴拂，青繡雁，錦包尾。」行均《龍龕手鑑》：「雁，鞍雁也，音替，亦作雁。」　**魚笏**　《禮‧玉藻》：「笏，大夫以魚須。」李長吉詩：「公主遣秉魚須笏。」　**陪祓水**　《漢書‧元后傳》：「春幸繭館，率皇后、列侯夫人桑遵霸水而祓除。」師古曰：「上林苑有繭館。」　**綠緺**　《東觀漢紀》：「建武元年，復設諸侯王金璽緺綬。」《急就篇》注：「緺，蒼艾色。東海有草，其名曰莀，以染此色，因名緺云。」　**仁壽**　殿名。應指周后。　**酈邑**　《後漢書‧皇后紀》：「皇女綬，建武二十一年，封酈邑公主，適新陽侯世子陰豐。」　**瓊華**　《舊唐書‧代宗獨孤后傳》：「后生華陽公主。公主疾，上令宗師道教，名曰瓊華真人。」　**文葆**　《史記‧留侯世家》注：「葆，小兒被也。」李義山《嬌兒詩》：「文葆未周歲。」　**貂璫**　《後漢書‧宦者傳》：「中常侍官皆銀璫左貂，給事殿省。明帝以後，委用漸大，改以金璫右貂，兼領卿署之職。」　**投籤**　《陳書‧世祖紀》：「每雞人伺漏，傳投籤於殿中，乃勅送者必投籤於階石之上，令鏘然有聲，曰：『吾雖眠，亦令驚覺也。』」　**護羌**　《漢書‧趙充國傳》：「置金城屬國，以處降羌。詔舉可護羌校尉者。」　**狐篝火**　《史記‧陳涉世家》：「又間令吳廣之次近所旁叢祠中，夜篝火，狐鳴呼曰：『大楚興，陳勝王。』卒皆夜驚恐。旦日，卒中往往語。皆指目陳勝。」　**蟻潰防**　《淮南子》：「千里之隄，漏以螻蟻之穴。」　**牙纛折**　《晉書‧陸機傳》：「大安初，成都王穎起兵討長沙王，假機後將軍、河北大都督。始臨戎而牙旗折。」　**梯衝舞**　《後漢書‧公孫瓚傳》：「建安三年，袁紹復大攻瓚，瓚遣子續請救於黑山諸帥。未及至，瓚密使行人齎書告續曰：『袁氏之攻，狀若鬼神。梯衝舞我樓上，鼓角鳴於地

中。』」 **妖氛** 《明史·莊烈帝紀》：「十七年三月乙巳，賊犯京師，京營兵潰。丁未昧爽，內城陷。」《明史·流賊傳》：「賊遊騎之平則門。十七日，環攻九門，門外三大營悉降賊。十八日，攻益急，自成駐彰義門外，遣降賊太監杜勳縋入見帝，求禪位。帝怒斥之。日暝，太監曹化淳啟彰義門，賊盡入。」 **陳倉** 注見前。 **割慈** 江淹《別賦》：「割慈忍愛，離邦去里。」 **官家丞** 《漢書·百官公卿表》：「列侯，改所食國令長名相，又有家丞、門大夫、庶子。」 **急裝** 注見卷十三。《明史·流賊傳》：「帝出宮，登煤山，望烽火徹天，歎息曰：『苦我民耳。』徘徊久之。歸乾清宮，令送太子及永王、定王於戚臣周奎、田弘遇第。」 **換衣裳** 王譽昌《崇禎宮詞》注：「上命傳皇太子、二王至，猶盛服入。上曰：『此何時而不易服乎？』亟命持敝衣來。上為解其衣換之，且手繫其帶，告之曰：『汝今日為太子，明日便為平人。在亂離之中，匿形跡，藏姓名，見年老者呼之以翁，年少者呼之以伯叔，萬一得全，報父母仇，無忘吾今日戒也。』左右皆哭失聲。」 **摩笄刺** 《史記·趙世家》：「襄子姊前為代王夫人。簡子既葬，未除服，北登夏臺，請代。王使廚人操銅枓以食代王，陰令宰人各以枓擊殺代王，遂興兵平代地。其姊聞之，泣而呼天，摩笄自殺。代人憐之，所死地名之為摩笄之山。」《明史·后妃傳》：「崇禎十七年三月十八日暝，都城陷，帝泣語后曰：『大事去矣。』后頓首曰：『妾事陛下十有八年，卒不聽一語，至有今日。』乃撫太子、二王慟哭，遣之出宮。帝令后自裁。后入室闔戶，宮人山奏云：『皇后領旨。』后遂先帝崩。」 **抽刀** 《北史·齊文宣帝紀》：「帝獨抽刀殺之。」《明史·公主傳》：「帝入壽寧宮，公主牽帝衣哭。帝曰：『汝何故生吾家？』以劍揮斫之，斷左腕。」 **左闔** 二字見《越語》。闔，門扇也。雙曰闔，單曰扇。 **嗹血** 《史記·孝文帝紀》：「今已誅諸呂，新嗹血京師。」《索隱》曰：「《廣雅》云：『嗹，履也。』」 **汪** 《左傳·桓十五年》：「祭仲殺雍糾，戶諸周氏之汪。」《注》：「汪，池也。」 **移私第** 《明史·流賊傳》：「長公主絕而復甦，舁至，賊令劉宗敏療治。」 **誓肌** 海寧吳騫曰：「謝朓《辭子隆箋》：『撫臆論報，早誓肌骨。』」 **諸妹** 《明史·公主傳》：「莊烈帝六女：坤儀公主、昭仁公主、其餘三女皆早世，無考。」 **二王** 《明史·諸王傳》：「定王慈炯，莊烈帝第三子。永王慈炤，帝第四子。賊陷京師，不知所終。」 **魏相** 《漢書·魏相傳》：「魏相，字弱翁。」《明史·魏藻德傳》：「魏藻德，順天通州人。崇禎十三年進士。十六年三月，召對稱旨，驟擢禮部右侍郎、東閣大學士。十七年三月，都城陷，被執，幽劉宗敏所。賊下令勤內閣十萬金，藻德輸萬金，賊以為少，酷刑五日夜，腦裂而死。」 **周昌** 《漢書·周昌傳》：「周昌者，沛人也。」《明史·流賊傳》：「太子投周奎家，不得入。二王亦不能匿。先

後擁至，皆不屈。自成羈之宮中，封太子為宋王。四月二十九日丙戌，僭帝號於武英殿。是夕，焚宮殿及九門城樓。詰旦，挾太子、二王西走。」　**函谷**　注見卷四。《明史·流賊傳》：「自成西走，踰故關，入山西，歸西安，復遣賊陷漢中。」　**建康**　陳沂《南畿志》：「晉平吳，改建業為建康。」《明史·流賊傳》：「時福王監國南京。」　**劖面**　《後漢書·耿秉傳》：「匈奴聞秉卒，舉國號哭，或至劖面流血。」《注》：「劖即劖字，割也。」　**賵圭**　案：《穀梁傳》：「歸死者曰賵。」《公羊傳》：「車馬曰賵。」賵圭無考，疑是冒圭之誤。《周禮·考工記》「天子執冒四寸」是也。冒，又作「瑁」。　**厭翟**　《周禮·春官·巾車》：「王后之五輅：厭翟，勒面，繢總，皆有容蓋。」《注》：「厭翟，次其羽，使相迫也。」劉氏曰：「鱗次翟羽，相厭為飾而不重之也。」　**題湊**　《漢書·霍光傳》：「便房、黃腸題湊各一具。」蘇林曰：「以柏木黃心致累棺外，故曰黃腸。木頭皆內向，故曰題湊。」　**輼輬**　《漢書·霍光傳》：「載光屍柩以輼輬車。」師古曰：「輼輬本安車也，可以臥息。後因載喪飾以柳翣，遂為喪車。輼者密閉，輬者旁開，窗牖各別一乘，隨事為名。後人既專以載喪，又去其一，總為藩飾，而合二名呼之耳。」　**賢妃冢**　《明史·莊烈帝紀》：「三月丙辰，賊遷帝后梓宮於昌平。昌平人啟田貴妃墓以葬。」見卷四注。　**望子岡**　庾子山《哀江南賦》：「石望夫而逾遠，山望子而逾多。」　**嬴博**　《禮記》：「延陵季子適齊，於其反也，其長子死，葬於嬴博之間。」《一統志》：「嬴縣故城在泰安府萊蕪縣西北，季札子墓在縣中。」　**玉真**　《唐書·公主傳》：「睿宗女玉真公主字持盈，後為道士，進號上清玄都大洞三景師。」　**鄉亭**　《後漢書·百官志》：「承秦爵二十等，為徹侯，大者食縣，小者食鄉亭。」　**殿省**　常袞《謝賜食狀》：「入趨殿省。」案：魏有尚書殿中郎。晉以省官一人管詔誥，住西省，因謂之西省郎。　**平津**　注見卷五。　**少府**　《後漢書·百官志》：「少府卿一人，中二千石。」　**插柳**　注見卷四。　**梳粧**　朱彝尊《日下舊聞》：「《張太岳集》：『皇城北苑中有廣寒殿，相傳以為遼后洗粧樓。』」　**鸚鵡觴**　葉廷珪《海錄碎事》：「鸚鵡螺質白而紫，殼取作杯。」　**南膳廠**　劉氏《蕪史》：「草場監之南向、西者曰北膳房、南膳房。」　**北花房**　劉氏《蕪史》：「御馬監又南向東者曰北花房。」　**葫蘆錦**　秦徵蘭《天啟宮詞》注：「新樣葫蘆錦者，其文作雙菌菖蒲，內各出一人面。」　**溫泉、荳蔻湯**　竝見卷四。　**雕薪**　《陳書·世祖紀》：「污樽土鼓，誠則難追；畫卵雕薪，或可易革。」劉氏《蕪史》：「廠中舊有香匠，製香餅獸炭，又造將軍等像，各成對，高三尺許，用金彩裝畫如門神，手面俱黑，名曰彩裝。於臘月十四日奏，安於宮殿各門兩旁，至次年二月，仍歸本司。」　**甜食**　劉氏《蕪史》：「甜食房造絲窩虎眼糖松餅。」　**鵁鶄觀**　注見卷六。　**鬥雞坊**　《東城父老傳》：「明皇在藩邸時，

樂民間清明節鬪雞戲。及即位，立雞坊於兩宮間，索長安雄雞千數，選六軍小兒五百人使馴養教飼之。賈昌弄木雞於道旁，召入為雞坊小兒。入雞群，如狎群小，雞畏而馴，使令如神，即日為五百小兒長。」　**荀灌**　《晉書‧列女傳》：「荀崧小女灌，幼有奇節。崧為襄城太守，為杜曾所圍，力弱食盡，欲求救於故吏平南將軍石覽，計無從出。灌時年十三，乃率勇士數十人踰城突圍夜出，賊追甚急，灌督屬將士，且戰且前，自詣見，乞師救崧。賊聞兵至散走，灌之力也。」　**秦休**　左延年《秦休行》：「秦氏有好女，自名為女休。休年十四五，為宗行報讎。」　**崩城**　劉向《列女傳》：「齊人杞梁襲莒戰而死，其妻乃枕屍於城下，哭之七日而城崩。」　**填海**《山海經》：「赤帝之女娃遊於東海，溺而死，化為精衛，常取西山木石以填東海。」　**鶪鵰**《爾雅‧釋鳥》：「鶪，麋鵰。」郭景純曰：「今呼鶪鵰。」　**皇姑寺**　王同軌《耳談》：「宛平縣西黃村有敕賜保明寺。寺中尼呂氏，陝人。正統間，駕出關，尼送駕，苦諫不聽。及還轅復辟，念之，乃建寺賜額，人稱為皇姑寺。」程《箋》：「以下十六句敘公主留像皇姑寺。」　**內道場**　注見卷三。　**練行**　葉廷珪《海錄碎事》：「魏孝文帝廢后馮氏，貞謹有節操，號練行尼。」　**鈴鑷**　葛洪《西京雜記》：「昭陽殿中設九金龍，皆銜九子金鈴，五色流蘇，帶以綠文紫殺金銀花鑷。每好風日，幡旄光影，炤耀一殿。鈴鑷之聲，驚動左右。」　**雌蜺**　《爾雅‧釋天》：「蜺為挈貳。」邢昺《疏》：「虹雙出色，鮮盛者為雄，雄曰虹；闇者為雌，雌曰蜺。」　**歸酅**　《春秋‧莊十二十年》：「紀叔歸於酅。」《胡氏傳》：「歸者，順辭。以宗廟在酅，歸奉其祀也。」　**柔福**　《宋史‧公主傳》：「柔福帝姬，徽宗女。徽宗三十四帝姬，早亡者十四人，餘皆北遷。柔福在五國城，適徐還。紹興十一年薨。」徐夢莘《三朝北盟會編》：「柔福帝姬名環環。」　**平陽**　《唐書‧公主傳》：「高祖女平陽公主下嫁柴紹。初，高祖起兵，紹詭道走并州。主奔鄠，發家貲，招南山亡命，得數百人以應帝。帝威震關中。帝渡河，紹以數百騎並南山來迎，主引精兵萬人與秦王會渭北。紹及主對置幕府，分定京師，號娘子軍。」　**虞淵返日**　《淮南子》：「日至於虞淵，是為黃昏。」又：「魯陽公與韓構難，戰酣，日暮，援戈揮之，日為之返三舍。」　**擁樹**　《漢書‧夏侯嬰傳》：「項羽大破漢軍，漢王不利，馳去。見孝惠、魯元，載之。漢王急，馬罷，虜在後，常蹶兩兒棄之。嬰常收載行，面擁樹馳。」應劭曰：「古者立乘，因恐小兒墮墜，各置一面擁持之。樹，立也。」蘇林曰：「南方人謂抱小兒為雍樹。面者，以面首向臨之也。」師古曰：「面，借也。雍，抱持之。言取兩兒，令面背己，而抱持之以馳，故言面雍樹馳。雍讀曰擁。」　**魯元**　《史記‧張耳傳》：「高祖長女魯元公主。」又，《項羽紀》：「漢主道逢得孝惠、魯元，乃載行。楚騎追漢王，漢王急，推墮孝惠、魯元車下。」

芊季 《左傳·定公四年》：「吳從楚師，五戰及郢。己卯，楚子取其妹季芊畀我以出。五年，楚子入於郢，王將嫁季芊。季芊辭曰：『所以為女子，遠丈夫也。鍾建負我矣。』以妻鍾建，以為樂尹。」《世族譜》：「季芊、畀我，皆平王女。」服虔曰：「畀我，季芊之字。」　臨海 《晉中興畫》：「臨海公主，惠帝第四女，羊皇后所生。初封清河公主。未出，值永嘉之亂，賣長安城民錢溫。溫以送女。女遇王甚酷。主自告吳興太守，問禮以聞，於是殺溫及女。適譙國曹統。」　溧陽 《梁書·簡文帝紀》：「初，侯景納帝女溧陽公主。」《南史·賊臣侯景傳》：「景請簡文稧宴於樂遊苑，帳飲三日。翌日向晨，簡文還宮。及發，景即與溧陽主共據御牀，南面並坐，文武群臣列坐侍宴。」　北地 未詳。　東鄉 《宋書·謝宏微傳》：「叔父混以劉毅黨見誅，混妻晉陵公主改適琅邪王練。公主雖執意不行，而詔與謝氏離絕。宋武受命，晉陵公主降封東鄉君。以混得罪前代，東鄉君節義可嘉，聽還謝氏。」　新野 《後漢書·鄧晨傳》：「晨初娶先武姊元。王莽末，漢兵敗小長安，追兵至，元及三女皆遇害。光武御位，謚元為新野節義長公主，立廟於縣西，詔遣中謁者備公主官屬禮儀招迎新野主魂，與晨合葬於北芒，乘輿與中宮親臨喪送葬。」　招祇 王子年《拾遺記》：「昭王時，東甌獻二女。今江漢之人立祠於江湄，猶見王與二女乘舟戲於水際。至暮春上巳之集，或以時鮮甘味，採蘭杜包裹以沈水中，號曰招祇之祠。」

途中遇雪即事言懷

雪來榆塞北，人去衛河西。川隴方瀰漫，關山正慘悽。短衣吹帶直，矯帽壓簷低。漁臥舟膠浦，樵歸柳斷蹊。危灘沙路失，廢井草痕齊。塔迴埋榛樋，臺荒凍鼓鼙。襆輕裝易發，書重笈難攜。久病人貽藥，長途友贈綈。橫津船渡馬，野店屋棲雞。家訴兵來破，牆嫌客亂題。簀牀寧有席，穈韭成齏。入箭非鮭菜，堆盤少栗梨。山薪士鏗續，村釀瓦罌提。戤壓驢如怒，窺燈鼠似啼。旗亭人又起，草市路偏擠。遇淖前騶唱，衝風後騎嘶。輿肩幾步換，囊糯一夫齎。行子誰停轡，居人尚掩閨。漸逢農荷鍤，稍見叟扶藜。往事觀車轂，浮蹤信馬蹄。世應嘲僕僕，我亦歎棲棲。赤縣初移社，青門早灌畦。餘生隨雁鶩，壯志失虹蜺。築圃千條柳，耕田十具犁。昔賢長笑傲，吾道務提撕。得失書新語，行藏學古稽。詩才追短李，畫癖近迂倪。室靜閒支枕，樓高懶上梯。老宜稱漫士，窮喜備殘黎。有道寧徵管，無才卻薦嵇。北山休誚讓，東觀豈攀躋。令伯親垂白，中郎女及笄。離程波淼淼，別淚草萋萋。憶弟看雲遠，思親望

樹迷。書來盤谷友，夢向鹿門妻。蹭蹬吾衰矣，飄零歸去兮。尊鱸三泖宅，花鳥五湖隄。著屐尋廬嶠，張帆入剡溪。江南春雨足，把酒聽黃鸝。

　　榆塞　《漢書·韓安國傳》：「壘石為城，樹榆為塞。」《集覽》：「張廷綽曰：『臨清州北、德州南有榆林鋪。詩中榆塞指此。』」　衛河　倪璠《神州古史考》：「衛河在館陶縣西三里，源出河南衛輝府蘇門山，東北流入境，合漳河，北流至臨清州，與會通河合流入海。漢名屯氏河。隋大業中疏為永濟渠，亦曰御河。《漢書》『河決館陶，分為屯氏河』，即此。」　贈綈　《史記·范睢傳》：「須賈見睢，意哀之，曰：『范叔一寒如此哉！』乃取一綈袍以賜之。」　簀牀　《後漢書·袁術傳》：「坐簀牀而歎。」《注》：「簀，第也，謂無茵席也。」　溲糔　《玉篇》：「溲，水調粉麪也。」劉熙《釋名》：「糔，敊也，相黏敊也。」《齊民要術》：「糔用饋蔥鹽豉和之。」　十具犂　注見卷八。　新語　《史記·陸賈傳》：「高帝迺謂陸生曰：『試為我著秦所以失天下、吾所以得之者何？』陸生乃粗述存亡之徵，凡著十二篇，號其書曰《新語》。」　短李　《唐書·李紳傳》：「為人短小精悍，於詩最有名，時號短李。」　迂倪　注見卷六。　徵管　見卷八注。　薦嵇　《魏氏春秋》：「山濤為選曹郎，舉嵇康自代，康答書拒絕。」　北山　《文選》孔稚圭《北山移文》。呂尚《注》：「鍾山在郡北，其先周彥倫隱於此山，後應詔出為海鹽令，欲卻過此山，孔生乃假山靈之意移之，使不許得至。」　令伯　《晉書·李密傳》：「李密，字令伯，犍為武陽人。父早亡，母改醮，祖母劉氏躬自撫養。密奉事以孝聞。太始初，詔徵為太子洗馬，以祖母年高，遂不應命。」

贈家園次湖州守五十韻

　　清切推華省，風流擅廣陵。俊從江左造，賢比濟南徵。經學三公薦，文章兩府稱。北門供奉吏，西掖祕書丞。月俸鴉翎鈔，春衣鳳尾綾。賜醅班上膳，從獵賦奇鷹。粉署勞偏著，仙曹跡屢陞。赤囊條每對，黃紙詔親承。乞外名都重，分符寵命仍。爭傳何水部，新拜柳吳興。城闕晨簾動，旌旗瑞靄凝。射堂青嶂合，訟閣絳霞蒸。教出魚租減，詩成紙價增。笙歌前隊引，賓客後車乘。石戶樵輸栗，銀塘女採菱。水嬉鉤卷幔，社飲鼓分棚。急雨喧溪碓，斜陽岸曬罾。宗盟高季札，史局慨吳兢。官退囊頻澀，年侵鏡漸憎。鹿皮朝擁卷，松火夜挑燈。舊業凋林薄，殘身痰石稜。彈琴伐木澗，荷鋪種瓜塍。撥剌魚窺網，偷晴鳥避增。已耽耕稼隱，幾受黨碑懲。寥落依兄弟，艱難仗友朋。殷勤書一紙，離別思千

層。逸爵斟佳醖，綈袍製異繒。鼉忙供杼軸，茶熟裹緘縢。族姓叩三謝，
詞場繼二應。歃宜陪魯衛，賦僅半鄒滕。謙抑君何過，慚惶我曷勝。長
緘招鄭重，短策駊飛騰。好士公投轄，尋山客擔簦。竹溪春澹蕩，棹隴
雪崚嶒。孤館披襟坐，危欄送目憑。嵐光浮翠黛，塔勢界金繩。為政崔
元亮，相逢皇甫曾。蘭橈輕共載，蠟屐響同登。笛冷荒臺妓，鐘沈廢寺
僧。趙碑娟露滴，顏壁壯雲崩。衰至容吾放，狂來敢自矜。雄談茗是戰，
良會酒如澠。楚澤投劉表，江樓謁庾冰。故交當路徧，前席幾人曾。妄
把歡遊數，癡將好夢憑。懷人吟力健，觀物道心澄。雅意通豪素，閒愁
託剡藤。折花貽杜牧，採菊寄王弘。璪肩陳篇蠹，歌斜醉墨蠅。非雲聊
以報，捨此亦何能。

　　濟南徵　注見卷十。　　**兩府**　《漢書‧翟方進傳》：「初除謁兩府。」師古曰：
「丞相及御史也。」　　**北門**　注見卷七。　　**西掖**　徐堅《初學記》：「中書省在右，
因謂中書為右曹，又稱西掖。」　　**鴉翎鈔**　《宋史‧食貨志》：「紹興二十四年，女真
以銅少，循宋交子法造鈔引，一貫二貫三貫五貫十貫五等謂之大鈔，一百二百三百五
百七百謂之小鈔，與錢竝用。」《金史‧食貨志》：「交鈔之制，外為闌，作花紋，其上
衡書貫例。」李夢陽詩：「寶鈔生硬鴉翎黑。」王世貞曰：「兩秀花紋重墨如鴉翎。」
鳳尾綾　《宋史‧職官志》：「春冬衣，中書舍人春綾各三疋、絹十五疋。」庾信《春
賦》：「新綾織鳳皇。」　　**賜酺**　注見卷一。　　**仙曹**　《白帖》：「諸曹郎稱為仙郎，故
曰仙曹。」　　**赤囊**　劉禹錫《奉和裴相公》詩：「且運丹青筆，時看赤白囊。」　　**黃
紙**　馮贄《雲仙雜記》：「貞觀中，太宗詔用麻紙寫勑詔。高宗以白紙多蟲蛀，尚書省
頒下州縣，並改用黃麻紙。」　　**何水部**　《南史‧何遜傳》：「天監中，兼尚書水部郎
韓翊寄徐州鄭使君詩：『才子舊稱何水部。』」　　**柳吳興**　《梁書‧柳惲傳》：「天監中，
出為吳興太守。」　　**射堂**　《湖州府志》：「射堂在歸安縣白蘋洲西。唐貞元中，刺史
李詞建，顏真卿為之紀。」　　**吳兢**　《唐書‧吳兢傳》：「吳兢，汴州浚儀人。當路薦
兢才堪論譔，詔直史館，脩國史。始，兢在長安，景龍間任史事。時武三思、張易之
等監領，阿貴朋佞，釀澤浮辭，事多不實，兢不得志，私撰《唐書》、《唐春秋》，未就。
至是，丐官筆杜，冀得成書。久之，坐書事不當，貶外。天寶初，入為恒王傅。雖年
老衰僂甚，意猶願還史職，李林甫嫌其老，不用。」　　**鹿皮**　《宋書‧何尚之傳》：「在
家常著鹿皮冠。」　　**三謝**　宮夢仁《讀書紀數略》：「三謝謂謝靈運、惠連、玄暉也。」
二應　《魏志‧王粲附傳》：「汝南應瑒，字德連。弟璩，字休連。咸以文章顯。」　　**歃
盟魯衛**　《左傳‧定公四年》：「劉文公合諸侯於召陵，將長蔡於衛。子魚曰：『昔武王

克商，選建明德，以屏藩周。命以伯禽，而封於少皞之虛。命以康誥，而封於殷虛。若之何使蔡先衛也？』乃長衛侯於盟。」　**賦半邾滕**　《左傳·襄公二十七年》：「盟於宋。季武子使謂叔孫以公命曰：『視邾、滕。』既而齊人請邾，宋人請滕，皆不與盟。叔孫曰：『邾，滕人之私也。我，列國也。何故視之？宋、衛，吾匹也。』乃盟。」杜預曰：「兩事晉、楚則貢賦重，故欲比小國。」案：邾本春秋時邾國。　**投轄**　見卷五注。　**崔元亮**　《湖州府志》：「唐崔元亮，字晦叔，磁州昭義人。貞元初，擢進士第。長慶三年，自刑部郎出為湖州刺史，遷祕書少監。」　**皇甫曾**　《唐書·皇甫冉傳》：「與弟曾皆善詩。曾字孝常，其名與冉相上下，當時比張氏景陽、孟陽云。」案：曾有《湖州烏程水樓留別詩》。　**投劉表**　《魏志·王粲傳》：「除黃門侍郎，不就。乃之荊州，依劉表。」　**庾冰**　《晉書·庾冰傳》：「庾冰，字季堅。兄亮嘗以為庾氏之寶。除江州刺史，假節鎮武昌。」　**剡藤**　張華《博物志》：「剡溪古藤甚多，可造紙。」**花貽杜牧**　見卷九注。　**菊送王弘**　《南史·陶潛傳》：「九月九日無酒，出宅邊叢菊中坐久，值王弘送酒至。」

賦得西隱寺古松自注：次葉訓庵韻《贈陸翼王》。

　　誰將東海月，掛在一株松。傴蓋荒祠暗，槎牙蘚石封。寒生高士骨，瘦入定僧容。絕頂危巢鸛，奔枝破壁龍。盤根供客踞，掃葉認仙蹤。風寂吹常謖，泉枯灑若淙。性孤千尺傲，材大百年慵。葛相堪同臥，秦皇恥再逢。鹿芝香作供，鶴草錦成茸。影出層雲外，霜天落曉鐘。

　　西隱寺　《嘉定縣志》：「西隱寺在縣西北清鏡塘上。元泰定間，僧悅可建。殿前羅漢松二株相對，大可合抱，不甚高，而枝幹奇古如鐵石，蓋三四百年物。」　**葉訓庵**　《感舊集》補傳：「葉芳藹，字子吉，號訓庵，江南崑山人。順治己亥進士第三人，官至禮部侍郎，加尚書。卒，謚文敏。」　**陸翼王**　《嘉定縣志》：「陸元輔，字翼王。」**破壁龍**　《宣和畫譜》：「張僧繇嘗於金陵安樂寺畫四龍，不點目睛，謂點即騰驤而去。人以為誕，固請點之。因為落墨，才及二龍，果雷電破壁，徐視畫，已失之矣。」　**鶴草**　懷寧余鵬年曰：「嵇含《南方草木狀》：『鶴草出南海，當夏開花，形如飛鶴。』」

梅村詩集箋注　卷第十七

長洲吳翌鳳撰　滄浪吟榭校定本

五言絕句

子夜詞

人採蓮子青，妾採梧子黃。置身宛轉中，纖小歡所嘗。

子夜 《唐書·禮樂志》：「《子夜歌》者，晉曲也。晉有女子名子夜，造此聲。」
《樂府題解》：「後人更為四時行樂之詞，謂之《子夜四時歌》。又有《大子夜歌》、《子夜警歌》、《子夜變歌》。」 歡 郭茂倩《樂府》：「江南謂情人曰歡。」

其二

憶歡教儂書，少小推無力。別郎欲郎憐，修餞自雕飾。

其三

夜涼入空房，侍婢待除糚。枕前鉤不下，知未解衣裳。

子夜歌

歡是南山雲，半作北山雨。不比薰爐香，纏緜入懷裏。

其二

夜夜枕手眠，笑脫黃金釧。傾身畏君輕，背轉流光面。

釧 吳曾《能改齋漫錄》：「條脫為臂飾，即今釧也。」 畏君輕 李商隱《河

內》詩：「傾身奉君畏君輕。」　**流光**　張衡《觀舞賦》：「騰嫣目以顧盼兮，盼爛爛以流光。」

其三

故使歡見儂，儂道不相識。曾記馬上郎，挾彈門前立。

其四

徵笑佯牽伴，低頭誤弄絃。眾中誰賣眼，又說是相憐。
賣眼　梁武帝《子夜歌》：「賣眼拂長袖。」

其五

雙纏五色縷，與歡相連愛。尚有宛轉絲，織成合歡帶。
連愛　見卷四注。

其六

淺碧魚文縷，輕紅杏子花。比來糒束素，加上木蘭紗。
木蘭紗　王子年《拾遺記》：「漢成帝起宵遊宮，自班倢伃以下，咸帶玄綬，簪佩雜以錦繡，更以木蘭紗綃罩之。」

其七

儂如機上花，春風吹不得。翦刀太無賴，斷我機中織。
無賴　《史記·高祖紀》：「始，大人常以臣無賴。」《注》：「賴，利也。無利於家也。」少陵《奉陪鄭駙馬韋曲》詩：「韋曲花無賴。」李義山《二月二日詩》：「花鬚柳眼各無賴。」

其八

紅羅覆斗帳，四角垂明珠。明珠勝明月，月落君躑躅。

其九

指冷玉簫寒，袖長羅袂溼。此夜坐匡牀，春風無氣力。

其十

夜色吹衣袂，新聲出絳紗。相逢更相認，銀燭上鉛華。

其十一

舞罷私自憐，腰支日嫋嫋。總角諸年少，虧他只言好。

嫋嫋　少陵《漫興》詩：「隔戶楊柳日娟娟，恰似十五女兒腰。」

其十二

玉枕湘文簟，金爐鳳腦煙。君來只病酒，辜負解香鈿。

鈿　崔豹《古今注》：「紂作金鈿。」戴侗《六書故》：「金華為飾田田然，故曰鈿。」

其十三

出門風露寒，歡言此路去。妾夢亦隨君，與歡添半臂。

半臂　劉孝孫《事原》：「隋大業中，內官多服半除，即今之長袖也。唐高祖減其袖，謂之半臂。」魏泰《東軒筆錄》：「宋子京多內寵，嘗宴曲江，偶微寒，命取半臂，十餘寵各送一枚。子京恐有厚薄之嫌，竟不敢服，忍冷而歸。」

子夜歌自注：代友人答閩妓。

白玉絳羅圍，枝頭荔子垂。待儂親用手，緩緩褪紅衣。

白玉　白樂天《詠荔支》詩：「紫羅裁襯縠，白玉裏填囊。」

其二

郎來索糖霜，莫持與郎喫。郎要口頭甜，不如是嘗蜜。

糖霜　陳藏器《本草》：「沙糖中凝結如石，破之如沙，透明者為糖霜。」洪邁《糖霜譜序》：「糖霜之名，唐以前無所見。自古食蘆者始為蔗漿，宋玉《招魂》謂『腼鱉炮羔，有柘漿些』是也。大曆中，有鄒和尚者始來小溪之繖山，教民黃氏以造霜之法。遂寧王灼作譜七卷。」　嘗蜜　《佛說四十二章經》：「譬如食蜜，中邊皆甜。」

其三

榕樹參天長，郎棲在何處。隨郎不見榕，累儂望鄉樹。

榕樹　謝肇淛《五雜俎》：「榕木惟閩、廣有之，其木易長，折枝倒理之，三年之外，便可合抱，柯葉扶疏，上參雲表，大者蔽虧百畝。木理邪而不堅。十圍以上，其中多空。此《莊子》所謂以不才終天年者也。」

其四

綠葉吐紅苗，紗窗月影高。待郎郎不至，落得美人蕉。

美人蕉 《草芳譜》：「美人蕉生福建福州府者，其花四時皆開，深紅照眼，經月不謝。」

其五

佛手慈悲樹，相牽話生死。為郎數歸期，就中屈雙指。

佛手 《藝海洞酌》：「飛穰，一名佛手柑。」《群芳譜》：「佛手柑實如人手，其指有長尺餘者。」

其六

橄欖兩頭纖，終難一箇圓。縱教皮肉盡，腸壯自然堅。

橄欖 劉恂《嶺表錄》：「橄欖，閩中尤重。子繁樹峻，不可梯緣。但刻根下方寸許，納鹽其中，一夕子盡落。」郭義恭《廣志》：「東向枝曰橄欖，南向枝曰木威。」

采石磯

石壁千尋險，江流一矢爭。曾聞飛將上，落日弔開平。

采石磯 注見卷八。 飛將 《明史·常遇春傳》：「兵薄牛渚磯，元兵陳磯上，舟距岸且三丈餘，莫能登。遇春飛舸至，太祖麾之前，遇春應聲奮戈直前，敵接其戈，乘勢躍而上，大呼跳盪，元軍披靡，諸將乘之，遂拔采石，進攻太平。」

新翻子夜歌

歡今穿儂衣，窄身添扣扣。欲搔麻姑爪，教歡作廣袖。

麻姑瓜 葛洪《神仙傳》：「麻姑手爪不如人爪，形皆似鳥爪。蔡經心中念言：背大癢時，得此爪以爬背，當佳。」 廣袖 謝氏《詩源》：「李夫人著繡襦，作合歡廣袖。故羽林郎詩曰：『廣袖合歡襦。』」

其二

含香吐聖火，碧縷生微煙。知郎心腸熱，口是金博山。

聖火 《南史·齊武帝紀》：「先是，魏地謠言赤火南流喪南國。是歲，有沙門從北齎此火而至，色赤於常火而微，云以療疾，貴賤爭取之，多得其驗。二十餘日，都下大盛，咸云聖火。」 博山 葛洪《西京雜記》：「長安巧工丁緩作九層博山香爐，

鏤為奇禽怪獸，窮諸靈異，皆自然運動。」呂大臨《考古圖》：「象海中博山。」《古樂府·楊叛兒》：「歡作沈水香，儂作博山爐。」

其三

歡有頷下貂，與儂覆廣額。脫儂頭上珠，為歡嵌寶石。

覆廣額　左思《嬌女詩》：「鬢髮覆廣額。」《集覽》：「婦女冬月以貂圍髻下，正當額上，謂之昭君套。」案：吳文英詞：「茸茸狸帽遮眉額。」是此妝已古矣。

其四

龍團與羊酪，相逢土風異。為歡手煎茶，調和見歡意。

龍團　張舜民《畫墁錄》：「丁晉公為福建轉運使，始製鳳團茶，後又為龍團。」歐陽脩《歸田錄》：「茶之品莫貴於龍鳳，謂之團茶，凡八餅，重一觔。慶曆中，蔡君謨始造小片龍茶以進，其品絕精，謂之小團，凡二十餅，重一觔，其價金二兩。然金可有而茶不可得。」　羊酪　注詳卷十八。

南苑應制

熊館發雲旌，春蒐告禮成。東風吹紫陌，千騎暮歸營。

熊館　注見卷十三。

讀漢武帝紀

岱觀東迎日，河源西問天。晚來雄略盡，巫蠱是神仙。

迎日　注見卷五。　河源　注見卷十一。　雄略　《漢書·武帝紀·贊》：「如武帝之雄才大略。」　巫蠱　《漢書·武五子傳》：「會巫蠱事起，江充因此為奸。是時上春秋高，意多所忌，以為左右皆為蠱道祝詛，窮治其事。充典治巫蠱，既知上意，白言宮中有蠱氣，遂至太子宮掘蠱。」　神仙　《史記·武帝紀》：「海上燕齊之間，莫不搤搤而自言有禁方能神仙矣。」

讀光武紀

雷雨昆陽戰，風雲赤伏符。始知銅馬帝，遠勝執金吾。

昆陽戰、赤伏符　竝見卷一。　銅馬帝　《後漢書·光武紀》：「光武與銅馬合，大戰於蒲，即破降之，眾遂數十萬，故關西號光武為銅馬帝。」　執金吾　《後漢書·陰皇后紀》：「初，帝適新野，聞后美，心悅之。後至長安，見執金吾車騎甚盛，因歎曰：『仕宦當作執金吾，娶妻當得陰麗華。』」

蕭何

蕭相營私第，他年畏勢家。豈知未央殿，壯麗只棲鴉。

勢家　《史記·蕭相國世家》：「何置田宅，必居窮處為家，不治垣屋，曰：『後世賢，師吾儉。不賢，毋為勢家所奪。』」

偶見

合歡金縷帶，蘇合寶香薰。欲展湘文袴，微微蕩畫裠。

蘇合　《後漢書·西域傳》：「合會諸香，落其汁以為蘇合。」

其二

背影立銀荷，瓊肌映綺羅。燭花紅淚滿，遮莫為心多。

遮莫　少陵《月下絕句》：「遮莫鄰雞下五更。」舊注：「遮莫，俚語，猶言盡教也。」

古意

歡似機中絲，織作相思樹。儂似衣上花，春風吹不去。

相思樹　左思《吳都賦》：「相思之樹。」《注》：「相思，大樹也，實如珊瑚，歷年不變。」

題畫

亂瀑界蒼崖，松風吹雨急。石廊虛無人，高寒不能立。

六言絕句

偶成

南山不逢堯舜，北窗自有羲皇。智如樗里何用，窮似黔婁不妨。

南山　《淮南子》：「寧戚欲干齊桓公，困窮無以自達，於是為商旅，將任車以商於齊暮。宿於郭門外，桓公郊迎客，夜開門，辟任車，爇火甚眾。戚飯牛車下，擊牛角而疾商歌曰：『南山矸，白石爛，生不逢堯與舜禪。短布單衣適至骭，從昏飯牛至夜半，長夜漫漫何時旦。』桓公聞之，曰：『異哉，非常人也！』命後車載之歸，因授以政。」　北窗　《晉書·陶潛傳》：「五六月，北窗下臥，遇涼風暫至，自謂是羲皇上

人。」 **樗里** 《史記·樗里子傳》：「樗里子者，名疾，秦惠王之弟也。滑稽多智，秦人號曰智囊。」 **黔婁** 注見卷四。

其二

張良貌似女子，李廣恂恂鄙人。祖龍一擊幾中，猿臂善射如神。

貌似女子 《史記·留侯世家·贊》：「余以為其人計魁梧奇偉，至見其圖，狀貌如婦人女子。」 **恂恂鄙人** 《漢書·李廣傳·贊》：「李將軍恂恂如鄙人，口不能出辭。」 **一擊** 《史記·留侯世家》：「秦滅韓，良悉以家財求客刺秦王，以大父、父五世相韓故。得力士，為鐵椎，重百二十斤。秦皇帝東遊，良與客狙擊秦皇帝博浪沙中，誤中副車。」 **善射** 《史記·李將軍傳》：「廣為人猿臂，其善射，亦天性也。」

其三

異錦文繒歌者，黃金白璧蒼頭。諸生脣腐齒落，終歲華冠敝裘。

脣腐齒落 東方朔《答客難》：「脣腐齒落，服膺而不失。」 **華冠敝裘** 《莊子》：「原憲華冠縱履，杖藜而應門。」《戰國策》：「蘇秦說秦王書十上，而說不行，黑貂之裘敝。」

其四

寶帳葳蕤雲漾，象牀刻鏤花深。破盡民間萬室，遠踰禁物千金。

其五

韓非傳同老子，蘇侯坐配唐堯。今古一丘之貉，不知誰鳳誰梟。

傳同老子 《南史·王敬則傳》：「敬則免官，以公領郡。後與王儉俱即本號，開府儀同三司。時徐孝嗣於崇禮門候儉，因嘲之曰：『今日可謂連璧。』儉曰：『不意老子遂與韓非同傳。』」 **坐配唐堯** 胡三省《通鑑注》：「蘇侯神即蘇峻。」《南齊書》：「崔祖思年十八，為都昌令，隨青州刺史垣護之入堯廟。廟有蘇侯神偶坐，護之曰：『唐堯聖人，而與蘇侯神共坐，今欲正之，何如？』祖思曰：『使君若清蕩此坐，則是堯廟重去四凶。』」 **一丘之貉** 《漢書·楊惲傳》：「古與今如一丘之貉。」師古曰：「言其同類也。貉，獸名，似狐而善睡。」 **誰鳳誰梟** 《史記·日者傳》：「司馬季主曰：『子獨不見鴟梟之與鳳皇翔乎？蘭芷芎藭棄乎廣野，蒿蕭成林。』」案：《明史·范景文傳》末附書：「福王時，建旌忠祠，正祀武臣新樂侯劉文炳、惠安伯張慶臻、襄城伯李國楨、駙馬都尉鞏永固、左都督劉文耀、山西總兵官周遇吉、遼東總兵官吳襄

七人。」夫吳襄為賊所劫，作書招降，其子國楨解甲聽命，致斃於刑，而與新樂等同祀，失倫甚矣。讀此詩，覺亡國之彰鄉，不如詩人之衰鉞也。

其六

雍齒且加封爵，田橫可誓丹青。願得毋忘堂阜，相看寧識神亭。

雍齒 《史記·留侯世家》:「六年上巳，大封功臣二十餘人。其餘日夜爭功不決，未得行封。上在洛陽南宮，從複道望見諸將往往坐沙中語。上曰:『此何語？』留侯曰:『此謀反耳。』上曰:『天下屬安定，何故反乎？』留侯曰:『陛下起布衣，以此屬取天下。今陛下為天子，而所封皆蕭、曹故人所親愛，而所誅者皆生平所仇怨。此屬畏陛下不能盡封，恐又見疑平生過失及誅，故相聚謀反耳。』上曰:『為之奈何？』留侯曰:『上平生所憎、群臣所共知者，誰最甚者？』上曰:『雍齒與我故，數窘辱我，我欲殺之。為其功多，故不忍。』留侯曰:『今急先封雍齒以示群臣。』於是封雍齒為什郝侯。群臣皆喜曰:『雍齒尚為侯，我屬無患矣！』」 **田橫** 《史記·田橫傳·贊》:「田橫之高節，賓客慕義而從橫死，豈非至賢。無不善畫者，莫能圖，何哉？」 **無忘堂阜** 《左傳·莊公九年》:「管仲請囚鮑叔，受之，及堂阜而稅之。」《後漢書·馮異傳》:「臣聞管仲謂齊桓公曰:『願君無忘射鉤，臣無忘檻車。』」 **識神亭** 《吳志·太史慈傳》:「慈為劉繇出覘孫策，卒遇策，慈便前鬬，策刺慈馬，而擥得慈項上手戟，慈亦得策兜鍪。會兩家兵騎並各來赴，於是解散。慈進住涇縣，策躬自攻討，遂見執。策即解縛，捉其手曰:『寧識神亭時耶！』」

其七

織薄吹簫豐沛，拍張狂叫風雲。朝領白衣隊主，莫稱黑矟將軍。

織薄吹簫 《史記·絳侯周勃世家》:「其先卷人，徙沛。勃以織薄曲為生，常為人吹簫，給喪事。」蘇林曰:「薄，一名曲。《月令》曰:『其曲植。』」臣瓚曰:「吹簫以樂喪賓，若樂人也。」 **拍張** 《齊書·王儉傳》:「王敬則奮臂拍張，叫動左右，曰:『臣以拍張，故得三公，不可忘拍張。』」《南史·王敬則傳》:「拜開府儀同三司，曰:『我南沙縣吏，僥倖得細鎧左右，遭際風雲，以至於此，復何恨！』」 **白衣隊主** 《南史·周山圖傳》:「宋元嘉二十七年，山圖應募，領白衣隊主。」 **黑矟將軍** 《北史·于栗磾傳》:「劉裕之伐姚泓，栗磾慮北侵擾，築壘河上。裕憚之，遺栗磾書，假道西上，題書曰黑矟公麾下。栗磾以狀表聞，因之授栗磾黑矟將軍。栗磾好持黑矟，裕望而異之，故有其號。」

其八

雅擅潘文樂旨，妙參羊體秖心。畫虎雕龍染翰，高山流水彈琴。

潘文樂旨　《晉書・樂廣傳》：「廣善清言而不長於筆，將讓河南尹，請潘岳為表。岳曰：『當得君意。』廣乃作二百句語，述己之志，岳因取次比，便成名筆，時人或云：若廣不假岳之筆，岳不取廣之旨，無以成斯美也。」　羊體秖心　《南史・柳惲傳》：「初，宋時有秖元榮、羊蓋者，並善琴，云傳戴安道法。惲從之學，特窮其妙。齊竟陵王子良嘗置酒後園，有晉太傅謝安鳴琴在側，援以授惲，惲彈為雅弄。子良曰：『卿巧越秖心，妙臻羊體。』」　畫虎雕龍　顧雲《上右司袁郎中啟》：「揚子雲之詞賦，自愧雕蟲；丁敬禮之文章，人嗤畫虎。」　高山流水　《韓詩外傳》：「伯牙鼓琴，鍾子期聽之。方鼓琴，志在高山，子期曰：『善哉，巍巍乎如泰山！』志在流水，曰：『善哉，洋洋乎若江河！』」

其九

東部督郵恣橫，北門待詔窮愁。莫舉賢良有道，且求刀筆封侯。

東部督郵　見卷四注。　北門待詔　注見卷七。　刀筆　注見卷十。

其十

食其長為說客，夷甫自謂談宗。著書一篇雋永，緩頰四座從容。

說客　《史記・酈生傳》：「酈生食其者，陳留高陽人也。沛公以為廣野君，長為說客，馳使諸侯。」　談宗　《晉書・王衍傳》：「王衍，字夷甫。善玄言，惟談《老》、《莊》為事。」《晉書・阮脩傳》：「王衍當時談宗。」　雋永　《漢書・蒯通傳・論》：「戰國時，說士權變。亦自序其說，凡八十一篇，號曰《雋永》。」師古曰：「雋音字兗反，肥肉也。永，長也。言其所論，其美而義深長也。」　緩頰　《史記・魏豹傳》：「漢王聞豹反，方東憂楚，未及擊，謂酈生曰：『緩頰往說魏豹，能下之，吾以萬戶封若。』」

其十一

趙壹恃才倨傲，禰衡作達疎狂。計吏恣睢卿相，布衣笑罵侯王。

趙壹倨傲　《後漢書・文苑傳》：「趙壹，字元叔，漢陽西縣人。恃才倨傲，為鄉黨所擯。光和元年，舉郡上計，到京師。是時，司徒袁逢受計，計吏數百人皆拜伏庭中，莫敢仰視，壹獨長揖而已。逢令左右往讓之，對曰：『昔酈食其長揖漢王，今揖三公，何遽怪哉？』」　禰衡疎狂　《後漢書・禰衡傳》：「禰衡，字正平。氣尚剛傲，

好矯時慢物。孔融愛其才，數稱述於曹操。操聞衡善擊鼓，乃召為鼓吏，令更著岑牟單絞之服。衡先解衵衣，次釋餘服，裸身而立，徐取著之，顏色不詐。操笑曰：『本欲辱衡，衡反辱孤。』孔融退而讓衡，衡許往謝。乃著布單衣疏巾，手持三尺梲杖，坐大營門，以杖箠地大罵。」

其十二

廚下綠葵紫蓼，盤中白柰黃柑。冠櫛懶施高枕，樵蘇失爨清談。

綠葵紫蓼　《齊書・周顒傳》：「王儉謂顒曰：『卿山中何所食？』曰：『赤米白鹽，綠葵紫蓼。』」　樵蘇失爨　應璩《與曹長思書》：「幸有袁生，時步玉趾，樵蘇不爨，清談而已。」

七言絕句

汴梁

馮夷擊鼓走夷門，銅馬西來風雨昏。此地信陵曾養士，只今誰解救王孫。

汴梁　《明史・諸王傳》：「崇禎十四年四月，賊自成再圍汴梁，築長圍城中，樵採路絕。九月，賊決河灌城，城圮，周王恭枵從後山登城樓，率宮妃及諸王露棲雨中數日。援軍駐河北，以舟來迎，始獲免，寄居彰德。城之陷也，死者數十萬，諸宗皆沒，府中分器寶藏，盡淪於巨浸。踰年，乃從水中得所奉高帝、高后金容，迎至彰德奉焉。久之，王薨，贈諡未行，國亡。其孫南走，死廣州。」　銅馬　注見前。　養士　《史記・信陵君傳》：「為人仁而下士，致食客三千人。」

其二

城上黃河屈注來，千金堤埽一時開。梁園遺跡銷沉盡，誰與君王避吹臺。

千金隄　注見卷四。　埽　《字典》：「隄岸曰埽。竹木為枋，柳實其中，和土以捍水。」案：集作「帚」，疑非。

題歸玄恭僧服小像

豈是前身釋道安，遇人不著鹿皮冠。接䍦漉酒科頭坐，只作先生醉裏看。自注：好酒。

歸玄恭　《蘇州府志》：「歸莊，字玄恭，崑山人。有光曾孫。詩文豪放，善大書，工畫竹。」朱彝尊詩話：「恒軒好奇，世目為狂生。嘗題其齋居柱云：『入其室，空空如也；問其人，囂囂然曰。』鄉鄰傳之，謂可入《啟顏錄》。其名字屢更，或稱歸妹，或稱歸乎來。表字或稱元功，或稱園公，或稱懸弓。恆軒其別號。亦號普明頭陀，又號鏖鏊，鉅山人。」　**釋道安**　注見卷三。　**鹿皮冠**　《宋史·何尚之傳》：「在家常著鹿皮冠。及拜開府，天子臨軒，百僚陪位，沈慶之於殿廷戲之曰：『今日何不著鹿皮冠？』」　**接䍦**　《晉書·山簡傳》：「諸習氏，荊土豪族，有佳園池。簡鎮襄陽，每出遊嬉，多之池上，置酒醉輒，名之曰高陽池。時有兒童歌曰：『山公出何許，往至高陽池。日夕倒載歸，酩酊無所知。時時能騎馬，倒著白接䍦。舉鞭問葛彊，何如并州兒。』」　**漉酒**　注見卷十四。

其二

金粟山人道者裝，玉山秋盡草堂荒。劫灰重作江南夢，一曲伊州淚萬行。自注：能詩。○顧阿瑛號金粟道人，著《天寶遺事詩》，談庚申君事。

　　金粟山人　顧阿瑛自撰墓誌：「金粟道人姓顧，名德輝，一名阿瑛，字仲英，世居崑山之朱塘里。釣於吳淞江上，自號金粟道人。」　**草堂**　《明史·文苑傳》：「顧德鄉築別業於茜涇，曰玉山佳處。張士誠據吳，欲強以官，遂斷髮廬墓。」

其三

共道淇園長異材，風欺雪壓倩誰栽。道人埽向維摩壁，千尺蒼龍護講臺。自注：畫竹。

其四

中山絕技妙空群，智永傳家在右軍。為寫頭陀新寺額，筆鋒烝出墨池雲。自注：工詩。

　　智永　竇臮《述書賦》：「智永、智果，禪林筆精。」注：「會稽永欣寺僧智永，俗姓王氏，右軍孫。今見其真草千文數本，並草書二紙。」　**頭陀寺額**　《宣和書譜》：「陸柬之書頭陀寺碑、龍華寺額，最名於時。」　**墨池**　桑世昌《蘭亭考》：「山陰天章寺，即逸少脩禊之所。有鵞墨池，引溪流相注。每朝廷有命，池墨必見。其將見，則池有浮沫，大如斗，渙散滿池，雲舒霞卷，如新研墨，下流水復清澈。」放翁《焚香作墨瀋》詩：「靉霼玄雲起墨池。」

戲贈

窄袖輕衫便洞房，何綏新作婦人裝。繡囊藥結同心扣，十里風來袴褶香。

窄袖輕衫 王子年《拾遺記》：「哀帝尚奢淫，董賢以霧綃單衣，飄若蟬翼，帝入宴息之房，命易輕衣小衲，不用奢帶脩裳，故使宛轉便易也。」 **婦人裝** 《宋書·五行志》：「魏尚書何晏好服婦人之衣。」案：《晉書·何遵傳》：「子綏，字伯蔚。自以繼世名貴，奢侈過度，無婦人裝事。」此借用。 **袴褶** 注見卷四。

其二

梅根冶後一庭幽，桃葉歌中兩槳留。管是夜深嬌不起，隔簾小婢喚梳頭。

梅根冶 《宋書·百官志》：「冶皆在江北，而江南惟有梅根及冶塘二冶。」樂史《寰宇記》：「梅根山，《吳錄》：『《地理志》云：晉立梅埭冶，令作鐵冶於臨域。』又，《太康地理志》云：『銅陵縣，本漢南陵縣，自齊梁之代，為梅根冶以烹銅鐵。』庾子山《枯樹賦》：『東南以梅根作冶。』」 **桃葉歌** 注見卷六。

其三

香銷寶鴨月如霜，欲罷摴蒲故拙行。倦倚局邊伴數子，暗擡星眼擲兒郎。

故拙行 《宋書·范蔚宗傳》：「魯國孔熙先與蔚宗甥謝綜諸弟博，故為拙行，以物輸之。」 **星眼** 王韶之《太清記》：「華嶽三夫人媚。李湜云：『笑開星眼，花媚玉顏。』」

其四

仙家五老話驂鸞，素女圖經掌上看。如共王喬舊相識，鍊方從乞息肌丸。

五老 《竹書紀年》：「堯率舜升首山，遵河渚，有五老遊焉，蓋五星之精也。」 **驂鸞** 江淹《別賦》：「駕鶴上漢，驂鸞騰天。」 **素女** 王充《論衡》：「素女為黃帝陳五女之法，非徒傷父母之身，乃又賊男女之性。」張衡《同聲歌》：「素女為我師，儀態陳萬方。」 **息肌丸** 伶元《飛燕外傳》：「江都易王故姬李陽華，常教后九回沈水香，澤雄麝臍，內息肌丸。倢仔亦內息肌丸。」漢古曲《善哉行》：「仙人王喬，奉藥一丸。」

其五

玉釵仍整未銷黃，笑看兒郎語太狂。翻道玉人心事嬾，厭將雲雨待襄王。

　　銷黃　羅大經《鶴林玉露》：「蝶交則粉退，蜂交則黃退。」嚴繩孫《西神脞說》：「婦人勻面，古惟施朱傅粉而已，至六朝乃兼尚黃。《幽怪錄》：『神女智瓊額黃。』梁簡文帝詩：『同安鬟裏撥，異作額間黃。』唐溫庭筠詩：『額黃無限夕陽山。』此額糚也。北齊靜帝令宮人黃眉墨糚。溫詩：『柳風吹盡眉間黃。』此眉糚也。遼時燕俗，婦女有顏色者，目為細娘，面塗黃，謂之佛糚。此則面糚也。」

其六

戒珠琥珀間沈檀，弟子班中玉葉冠。君是惠休身法喜，他年參學贊公壇。

　　戒珠　梁簡文帝《智倩法師墓誌銘》：「戒珠無缺，忍鎧無違。」　**玉葉冠**　錢希白《南部新書》：「玉真公主玉葉冠，時人莫計其價。」李群玉詩：「紺髮初簪玉葉冠。」　**惠休**　《南史·徐湛之傳》：「沙門釋惠休善屬文，孝武命使還俗。本姓湯。仕至揚州從事。」　**法喜**　《維摩經》：「法喜以為妻，慈悲以為女。」

其七

蔬譜曾刪鮾議書，一臠鮮菜定何如。玉纖下箸無常味，珍重虞公數十車。

　　鮾議　《南史·何尚之傳》：「尚之侈於味，食必方丈，後稍欲去其甚者，猶食白魚、鮾鮓、糖蟹。使門人議之。學生鍾岏曰：『鮾之就脯，驟於屈伸；蟹之將糖，躁擾彌甚。仁人用意，深懷如怛。至於車螯蚶蠣，眉目內闕，慭混沌之奇；獷殼外緘，非金人之慎。故宜長充庖廚，永為口實。』」案：鮾、鱓、鱓、鱔，同一字耳，今譌作鮾。　**一臠**　《魏書·崔浩傳》：「嘗肉一臠，識鑊中之味。」　**數十車**　《南齊書·虞悰傳》：「世祖幸芳林園，就悰求扁米柵，悰獻柵及雜肴數十舉，大官鼎味不及也。」

其八

懶梳雲髻罷蘭膏，一幅羅巾紫玉條。不向弓彎問消息，誤人詩句鄭櫻桃。

　　蘭膏　葉廷珪《海錄碎事》：「凡蘭皆有一碎露珠在花蕊間，謂之蘭膏，甘香不啻沆瀣，可以潤髮。」　**弓彎**　張邦基《墨莊漫錄》：「婦人弓足始於五代李後主。」

詳後注。　**鄭櫻桃**　李義山詩：「何因古樂府，惟有鄭櫻桃。」○朱鶴齡注：「《樂府集》：『石季龍寵惑優僮鄭櫻桃，櫻桃美麗，擅寵宮掖，樂府由是有《鄭櫻桃歌》。』」案：崔鴻《十六國春秋》：「石虎鄭后名櫻桃，宄從僕射鄭世達家伎。」則鄭櫻桃男女皆有之。

其九

內家紈扇鏤金函，萬壽花開青鳥銜。贈比乘鸞秦氏女，銀泥裛子鳳皇衫。

其十

橫塘西去窈娘還，畫出吳山作楚山。笑語阿戎休悵望，莫愁艇子在溪灣。

　　窈娘　《舊唐書·喬知之傳》：「知之婢窈娘，美麗善歌。武承嗣借之以教歌舞，不還。」　**阿戎**　注見卷十。　**莫愁艇子**　《古樂府·莫愁歌》：「艇子打兩槳，催送莫愁還。」

亂後過湖上山水盡矣感賦一絕

柳榭桃蹊事已空，斷槎零落敗垣風。莫嗟客鬢重遊改，恰有青山似鏡中。

聽朱樂隆歌

少小江湖載酒船，月明吹笛不知眠。只今鬒頷秋風裏，白髮花前又十年。

　　朱樂隆　《集覽》：「錢陸燦曰：『樂隆，吾里中老人也。蓋常熟人。』」

其二

一春絲管唱吳趨，得似何戡此曲無。自是風流推老輩，不須教染白髭鬚。

　　吳趨　注見卷六。　**何戡**　劉禹錫《與歌者何戡》詩：「舊人惟有何戡在，更與殷勤唱渭城。」　**染髭鬚**　劉禹錫《與歌者米嘉榮》詩：「近來時世輕前輩，好染髭鬚事後生。」

其三

開元法部按霓裳，曾和巫山窈窕娘。見說念奴今老大，白頭供奉話岐王。

法部　《唐書・禮樂志》：「明皇酷愛法曲，置梨園法部。」王建《霓裳詞》：「傳呼法部按霓裳。」餘見卷四。　念奴　注見卷六。　岐王　注見卷四。

其四

誰畫張家靜婉腰，輕綃一幅美人蕉。會看記曲紅紅笑，喚下丹青弄碧簫。

靜婉腰　《梁書・羊侃傳》：「儛人張淨婉，腰圍一尺六寸，時人咸推能掌上儛。」紅紅　段安節《樂府雜錄》：「張紅紅者，將軍韋青姬，善歌，穎悟絕倫。有樂工自撰新聲，侑歌於青，紅紅竊以小豆數合，記其節拍。青入問紅，紅曰：『已得之矣。』青出，以舊曲誚工，即令女弟子隔簾歌之，一字不失。工大驚異，尋達上聰，召入宜春院，宮中號記曲娘子。」　喚下丹青　《松窗雜錄》：「唐進士趙顏，於畫工處得一軟障，圖一婦人甚麗。工曰：『予神畫也，此名真真。呼其名百日，畫夜不歇，必應。應則以百家彩灰酒灌之，必活。』顏如其言，遂活。下步言語飲食如常，終歲生一兒。友人曰：『此妖也，必與君為患。』真真乃泣曰：『妾南嶽地仙也，君今疑妾，妾不可住。』言訖，攜其子卻上軟障。視其障，惟添一孩子，皆是畫焉。」

其五

長白山頭蘆管聲，秋風吹滿雒陽城。茂陵底事無消息，逤邏檀槽撥不成。

長白山　葉隆禮《契丹國志》：「長白山在冷山東南千餘里，人不能入。」高士奇《松亭行紀》：「長白山高二百里，綿亙千里。山之上有潭，曰闥門，周八十里，鴨綠、混同、愛滹三江出焉。」　逤邏檀槽　《譚賓錄》：「開元中，有中官使蜀，得琵琶以獻，其槽皆邏逤檀為之。楊妃每抱奏於梨園。」《璅碎錄》：「逤邏，吐蕃地名。」

其六

楚雨荊雲雁影還，竹枝彈徹淚痕斑。坐中誰是沾裳者，詞客哀時庾子山。

觀棋和韻

　　深院無人看劇棋，三郎勝負玉環知。康猧亂局君王笑，一道哥舒布算遲。

　　劇棋　《南史・羊元保傳》：「宋文帝好與定子棊，中使至，元保曰：『上召我何邪？』其子戲曰：『金溝清泚，銅池搖颺，既佳光景，當得劇棋。』」　**三郎**　王棨《開天傳信記》：「天寶初，上游華清宮，有劉朝霞者，獻賀幸溫泉詞曰：『遮莫你古時五帝，豈如我今日三郎。』」鄭嵎《津陽門》詩注：「內中皆以上為三郎。」　**康猧亂局**　段成式《酉陽雜俎》：「明皇與親王對局數枰，上將輸，貴妃放康國猧子上局亂之，上大悅。」　**一道**　《魏志・王粲傳》：「觀人圍棋，局壞，粲為覆之，不誤一道。」　**哥舒**　司馬光《資治通鑑》：「天寶十四載，祿山反，拜哥舒翰為兵馬大元帥以討祿山。明年八月，戰於靈寶西原，軍潰，收散卒欲復潼關，會賊將李乾真至，遂降之。」

其二

　　小閣疏簾枕簟秋，晝長無事為忘憂。西園近進修宮價，博進知難賭廣州。

　　忘憂　《晉書・祖逖傳》：「兄納好弈棊，王隱謂之曰：『禹惜寸陰，不聞數棊。』納曰：『我亦忘憂耳。』」　**西園**　注見卷八。　**修宮價**　《後漢書・劉陶傳》：「陶為京兆尹，到職，當出修宮錢，直千萬。陶既清貧，稱疾不聽政。帝宿重陶才，原其罪，徵拜諫議大夫。住時拜職，名當出錢，謂之修宮錢也。」　**博進**　注見卷四。　**賭廣州**　《南史・羊元保傳》：「善弈棋，品第三。文帝亦好弈，與賭郡，元保戲勝，以補宣城太守。」《南齊書・良政傳》：「沈憲少有干局，除駕部郎。宋明帝與憲弈，謂憲曰：『卿廣州刺史材也。』補烏程令，甚著政績。」

其三

　　閒向松窗覆舊圖，當年國手未全無。南風不競君知否，抉眼胥門看入吳。

　　舊圖　張喬《送棊待詔歸新羅》詩：「船中覆舊圖。」　**南風不競**　見卷十一注。　**抉眼**　《史記・吳世家》：「子胥將死，曰：『抉吾眼，置之吳東門，以觀越之滅吳也。』」

其四

碧殿春深賭翠鈿，壽王遊戲玉牀前。可憐一子難饒借，殺卻拋殘到那邊。

　　饒借　《南史》：「宋明帝圍棊甚拙，與第一品王抗圍棊，依品賭勝，王饒借。」
那邊　蜀王衍詞：「者邊走，那邊走。」

其五

玄黃得失有誰憑，上品還推國手能。公道世人高下在，圍棋中正柳吳興。

　　上品　《藝經》：「棊有九品：一曰入神，二曰坐照，三曰具體，四曰通幽，五曰用智，六曰小巧，七曰鬥力，八曰若愚，九曰守拙。」　**中正**　《南史·王諶傳》：「明帝好圍棊，置圍棊州邑，以建安王休仁為圍棊州都大中正，諶與沈勃、庾珪之、王抗四人為小中正。」　**柳吳興**　《南史·柳惲傳》：「再為吳興太守。梁武帝好弈棊，使惲品定棊譜，登諸格者二百七十八人，第其優劣，為《棋品》三卷，惲為第二焉。」

其六

莫將絕藝向人誇，新勢斜飛一角差。局罷兒童閒數子，不知勝負落誰家。

　　新勢　張喬《送棊待詔》詩：「闕下傳新勢。」

題莊檀菴小像

錦里先生住錦涇，百花潭水浣花亭。子雲寂寞餘奇字，抱鄰空山著一經。

　　莊檀菴　《集覽》：「名祖誼，四川成都人。」　**錦里**　酈道元《水經注》：「成都夷星橋南岸道西有城，故錦官也。言錦工濯錦則擢之江流而錦至鮮明，濯以他江則錦色弱矣，故名之為錦里也。」少陵《南鄰》詩：「錦里先生烏角巾。」　**錦涇**　注見卷七。　**百花潭**　吳中復《冀國夫人任氏碑記》：「夫人微時，以四月十九日見一僧墜污渠，為懼其衣。頃刻，百花滿潭。因名百花潭。」　**寂寞**　《漢書·揚雄傳》：「雄校書天祿閣，使者欲收雄，雄恐，從閣自投，幾死。故語曰：『惟寂寞，自投閣。』」奇字，注見卷三。

其二

相如書信達郵筒，入蜀還家意氣雄。卻憶故人天際遠，罷官嚴助在吳中。

嚴助　見卷十二注。

其三

把卷無人意惘然，故鄉雲樹夢魂邊。遙知石鏡山頭影，不及當時是少年。

石鏡　注見卷六。

其四

舊朝人地擅簪纓，詞賦風流妙兩京。盡道阿兄多貴重，杜家中弟最知名。

杜家中弟　注見卷十四。

楚雲

楚雲，字慶娘。余以壬辰上巳為朱子葵、子葆、子蓉兄弟招飲鶴洲，同集則道開師、沈孟陽、張南垣父子。妓有畹生者，與慶娘同小字，而楚雲最明慧可喜。口占贈之。

十二峰頭降玉真，楚宮祓禊採蘭辰。陳思枉自矜能賦，不詠湘娥詠雒神。

鶴洲　注見卷十二。　南垣父子　王士禎《居易錄》：「張然，字陶庵，南垣子。」　十二峰　祝穆《方輿勝覽》：「十二峰在巫山，曰望霞、翠屏、朝雲、松巒、集仙、聚鶴、淨壇、上昇、起雲、飛鳳、登龍、聖泉，其下即巫山神女廟。」

其二

白蘋江上送橫波，擬唱湘山楚女歌。卻為襄王催按曲，故低執扇簇雙蛾。

其三

越羅衫子揉紅藍，楚玉鸞雛鏤碧簪。莫羨鴉頭羅襪好，一鉤新月印湘潭。

　　紅藍　崔豹《古今注》：「燕支出西方，土人以染名為燕支，中國亦謂之紅藍。」
鴉頭襪　太白詩：「履上足如霜，不著鴉頭襪。」　新月　《道山清話》：「李後主宮
嬪窅娘，纖麗善舞。後主作金蓮，高六尺，蓮中作五色瑞雲。令窅娘以帛纏腳，令纖
小，屈作新月狀，素襪舞雲中，迴旋有凌雲之態。」

其四

　　新篘下若酒頻傾，楚潤相看別有情。小戶漫糾還一笑，眾中觥政自
縱橫。

　　下若　注見卷八。　楚潤　孫棨《北里志》：「楚娘，字潤卿。鄭令敬詩曰：『楚
潤相看別有情。』」　小戶漫糾　陸游《老學庵筆記》：「蘇叔黨政和中至東都，見妓
稱錄事，太息語廉宣仲曰：『今世一切變古，唐以來舊語盡廢，此猶存唐舊為可喜。前
輩謂妓曰酒糾，蓋謂錄事也。』」小戶，注見卷一。

其五

　　風流太守綠莎廳，近水夭桃入畫屏。最是楚腰嬌絕處，一雙鸂鶒起
沙汀。

　　綠莎廳　祝穆《事文類聚》：「河中府有綠莎廳。」案：風流太守謂子葵也。子
葵曾任貴陽知府。見卷十二。

其六

　　范蠡湖邊春草長，楚天歸去載夷光。人間別有朱公子，騎鶴吹笙是
六郎。

　　范蠡湖　注見卷五。　夷光　王子年《拾遺記》：「越有美女二人，一名夷光，
一名修明。」注：即西施、鄭旦之別名。　六郎　《唐書·張易之傳》：「武后時，太
平公主薦其弟昌宗，得侍。昌宗又進易之。號易之為五郎，昌宗為六郎。輕薄者又言
昌宗乃王子晉後身，後被羽裳，吹簫乘鶴，裵回廣庭，如仙去之狀。」

其七

　　畫梁雙燕舞衣輕，楚楚腰支總削成。記得錢塘兩蘇小，不知誰箇擅
傾城。

　　兩蘇小　趙翼《陔餘叢錄》：「南齊有錢唐妓蘇小小，見郭茂倩《樂府解題》。南

宋時有蘇小小，亦錢唐人，其姊為太學生趙不敏所眷，不敏命其弟娶其妹名小小者，見《武林舊事》。」

其八

廬山攜妓故人留，白社流連謁惠休。早為朝雲求半偈，楚江明日上黃州。

惠休　注見前。　朝雲　東坡《悼朝雲詩引》：「朝雲嘗從泗上比丘義沖學佛，亦略聞大義，誦《金剛經》四句偈而逝。」

山塘重贈楚雲自注：楚雲，故姓陸，雲間人。

宣公橋畔響金車，二月相逢約玩花。烏桕著霜還繫馬，停鞭重問泰娘家。

宣公橋　祝穆《方輿勝覽》：「東萊呂祖謙記云：『陸贄，蘇州嘉興人。今城東橋有以宣公名者，相傳即公所生地也。』」　泰娘家　注見卷七。

其二

家住橫塘小院東，門前流水碧簾櫳。五茸城外新移到，傲殺機雲女侍中。

橫塘　《明一統志》：「橫塘在嘉興府城東南五里，劉長卿詩『家在橫塘曲』是也。」　五茸城　注見卷五。　女侍中　《北史‧諸王傳》：「胡國珍女為元叉妻，拜女侍中。」又，《任城王澄傳》：「神龜元年，詔加女侍中貂蟬，如外侍中之制。」

其三

月夜分攜幾度圓，語溪芳草隔雲煙。那知閶闔千條柳，拋撇東風又一年。

語溪　《一統志》：「語溪在崇德縣東南，一名女兒中涇。」　閶闔　《吳越春秋》：「立閶門者以象天門，通閶闔風也。」《蘇州府志》：「西北曰閶門。」

其四

挾彈城南控紫騮，葳蕤春鎖玉人留。花邊別有秦宮活，不數人間有柅侯。

葳蕤鎖　《錄異傳》：「劉照為河間太守，婦亡，葬於後園。後太守至，見夢一婦

人，遺一雙鎖，不能名。婦人曰：『此藏蕤鎖也。』」　秦宮活　《後漢書·梁冀傳》：「冀愛監奴秦宮，官至太倉令，得出入妻孫壽所。壽見宮，輒屏御者，託以言事，因與私焉。」李長吉詩：「秦宮一生花裏活。」　秺侯　《漢書·金日磾傳》：「日磾日在左右，目不忤視者數十年。賜出宮女，不敢近。武帝遺詔封秺侯。」又，《佞倖傳》：「昭帝時，騎馬都尉秺侯金賞嗣父車騎將軍日磾爵為侯。」

虞美人

咸陽宮闕早成塵，莫聽歌聲涕淚頻。若遇戚姬悲薄命，幸無如意勝夫人。

虞美人　《史記·項羽紀》：「有美人名虞，常幸從。」餘見卷二注。　宮闕成塵　《史記·項羽紀》：「羽引兵西屠咸陽，燒秦宮闕。」　戚姬、如意　並見卷四注。

過魚山曹植墓

小穀城西子建祠，魚山刻石省躬詩。君家兄弟真搖落，惆悵秋墳採豆枝。

魚山　《史記注》：「徐廣曰：『東郡東阿有魚山。』」酈道元《水經注》：「魚山即吾山也。漢武帝《瓠子歌》所謂吾山平者也。魏東阿王曹子建每登，有終焉之志。及其終也，葬山西，去東阿城四十里。」　小穀城　《春秋·莊公三十二年》：「城小穀。」《續漢書·郡國志》：「穀城，春秋時小穀。」　省躬詩　《三國·魏志·陳思王植傳》：「黃初三年，朝京師，拜表獻詩二篇。」案：《文選》題曰《省躬詩》。　秋墳　李長吉詩：「秋墳鬼唱鮑家詩。」　採豆枝　注見卷四。

其二

鄴臺坐法公車令，菑郡憂讒謁者書。天使武皇全愛子，黃初先已屬倉舒。

鄴臺　《鄴都故事》：「曹操作銅雀臺，又作金虎臺、冰井臺，所謂鄴中三臺也。」《鄴中記》：「鄴城西北立臺，皆因城為基趾，中央名銅雀臺，北則冰井臺，兩臺各高六十七丈，上作銅鳳，皆銅籠疏、雲母幌。日之初出，流光照耀。」　公車令　《魏志·陳思王曹植傳》：「建安十九年，徙封臨菑侯。嘗從車行馳道中，開司馬門出，太祖大怒，公車令坐死。由是諸侯科禁，而植寵日衰。」　謁者書　《魏志·陳思王植傳》：「文帝即位，植與諸侯竝就國，監國謁者灌均希指，奏植醉酒悖慢，劫脅使者，

有司請治罪。」　倉舒　魚豢《魏略》：「文帝嘗言：『若使倉舒在，我亦無天下。』」
餘見卷三注。

釣臺

少有高名隱富春，南陽遊學為亡新。高皇舊識屠沽輩，何似原陵有
故人。

高名　《後漢書·逸民傳》：「嚴光少有高名。」　新　《漢書·王莽傳》：「定有
天下之號曰新。」　原陵　《後漢書·明帝紀》：「葬光武皇帝於原陵。」

贈妓朗圓

輕鬟窄袖柘枝裝，舞罷斜身倚玉牀。認得是儂偏問姓，笑儂花底喚
諸郎。

偶成

好把蛾眉圖遠山，鈿蟬金鳳綠雲鬟。畫堤無限垂垂柳，輸與樓頭謝
阿蠻。

遠山　葛洪《西京雜記》：「文君姣好，眉色如遠山。」　謝阿蠻　注見卷十一。

其二

海棠花發兩三枝，燕子呢喃春雨時。恰似闌干嬌欲醉，當年人說杜
紅兒。

杜紅兒　晁公武《郡齋讀書志》：「唐羅虬辭藻富贍，與其族人隱、鄴齊名。時
鄜州李孝恭籍中有妓杜紅兒，善歌，常為副戎屬意。副戎聘鄰道，虬請紅兒歌，贈綵，
孝恭不令受之。虬怒，拂衣而起，詰旦手刃之。既而追其冤，作絕句詩百篇，借古人
以比其豔，盛行於時。」

感舊

赤闌橋護上陽花，翠羽雕籠語絳紗。羨殺江州白司馬，月明亭畔聽
琵琶。

聽琵琶　白樂天《琵琶行序》：「元和十年，余左遷九江郡司馬。明年秋，送客
湓浦口，聞舟中夜彈琵琶者，其聲錚然有京都聲。問其人，本長安倡女，嘗學琵琶於
穆、曹二善才，年長色衰，委身為賈人婦。遂命酒，使彈數曲。曲罷惘然，自敘少時

歡樂事，長飄零憔悴，轉徙於江湖間。予出官二年，恬然自安。感斯人言，是夕始覺有遷謫意，因為長句歌贈之。」

贈寇白門

白門，故保國朱公所畜姬也。保國北行，白門被放，仍返南中。秦淮相遇，殊有淪落之感，口占贈之。

寇白門　陳其年《婦人集》：「寇湄，字白門，金陵南院教坊中女也。朱保國公娶姬時，令甲士五千，俱執絳紗燈，照耀如同白晝。亂後歸揚州某孝廉，不得志，復還金陵。」　保國公　《明史·朱謙傳》：「朱國弼，撫寧侯朱謙六世孫，萬曆四十六年襲封。弘光初，進封保國公，與馬士英、阮大鋮相結，以迄明亡。」

南內無人吹洞簫，莫愁湖畔馬蹄驕。殿前伐盡靈和柳，誰與蕭娘鬭舞腰。

莫愁湖　陳沂《南畿志》：「莫愁湖在三山門外。有妓盧莫愁，家湖上，故名。」唐吳融詩：「莫愁家在石城西。」餘見卷十一。　靈和柳　《南史·張緒傳》：「劉悛之為益州刺史，獻蜀柳數株，枝條甚長，狀若絲縷，武帝以植於太昌靈和殿前。」

其二

朱公轉徙致千金，一舸西施計自深。今日秖因句踐死，難將紅粉結同心。

致千金　陳其年《婦人集》：「盡室入燕都，次第賣歌姬自給，姬自度不免。國初，籍沒諸勳衛保國公。一日，謂保國公曰：『公若賣妾，所得不過數百金，徒令妾落沙叱利之手。且妾未即死，尚能持我公陰事，不若使妾南歸，一月之間，當得萬金以報。』保國度無可奈何，縱之歸。越一月，果得萬金。」　句踐　《集覽》：「以朱公比國弼，西施比白門，句踐比福世子也。」

其三

同時姊妹入奚官，桐酒黃羊去住難。細馬馱來紗罩眼，鱸魚時節到長干。

奚宜　《周禮·天官·酒人》：「奚三百人。」《注》：「古者從坐男女，沒入縣官為奴，其少才知以為奚，今之侍史官婢。」《漢書·刑法志》：「應從坐者，同補奚官為奴婢。」　桐酒黃羊　注見卷六。　細馬馱　太白詩：「胡姬十五細馬馱。」餘見卷四。　同時姊妹　《集覽》：「謂保國家口入官。後二句白門被放，重到金陵也。」

其四

重點盧家薄薄粧，夜深羞過大功坊。中山內宴香車入，寶髻雲鬟列幾行。

大功坊　注見卷二。

其五

曾見通侯退直遲，縣官今日選蛾眉。窈娘何處雷塘火，漂泊楊家有雪兒。

窈娘　案：《大業拾遺記》：「煬帝於宮中嘗小會為拆字，時杳娘侍側，帝曰：『我取杳字為十八日。』」詩中「窈娘」當是「查娘」之訛。　雷塘　見卷十二。　雪兒　孫光憲《北夢瑣言》：「雪兒，李密歌姬。每見賓寮詩句奇麗，有入意者，即付雪兒叶音律以歌之。」

其六

舊宮門外落花飛，俠少同遊竝馬歸。此地故人騶唱入，沉香火暖護朝衣。

騶唱　《北史·郭祚傳》：「故事：令僕中丞騶唱而入。」　故人　即指保國。

題殷陟明仙夢圖

蕉團桐笠御風行，夢裏相逢話赤城。自是前身殷七七，今生贏得是詩名。

殷七七　《仙傳拾遺》：「殷七七，名天祥，又名道筌，常自稱七七，不知何所人也。遊行天下，不測其年，壽若四十許人，每日醉歌道上。周寶鎮浙西，師敬之。」

下相極樂菴讀同年北使詩卷

蘭若停驂灑墨成，過河持節事分明。上林飛雁無還表，頭白山僧話子卿。

下相　注見卷二。　極樂菴　注見卷十二。　同年北使　《集覽》：「似指左懋第」。事見卷五注。　過河持節　《後漢書·宗室傳》：「更始拜光武大司馬，過河持節。」　上林飛雁　注見卷十。

下相懷古

戲馬臺前拜魯公，興王何必定關中。故人子弟多豪傑，弗及封侯呂馬童。

戲馬臺　注見卷九。　**魯公**　注見卷二。　**呂馬童**　《史記·項羽本紀》：「項王身被十餘創，顧見漢騎司馬呂馬童，曰：『若非吾故人乎？』馬童面之，指王翳曰：『此項王也。』項王曰：『吾聞漢購我頭千金，邑萬戶，吾為若德。』乃自刎而死。王翳得其頭，封呂馬童為中水侯。」

過昌國

樂生去國罷登壇，長念昭王知己難。流涕伐燕辭趙將，忍教老死在邯鄲。

昌國　注見卷二。　**去國**　樂毅《報惠王書》：「忠臣去國，不隱其名。」餘見卷二注。　**辭伐燕**　注見卷二。

任丘

回首鄉關亂客愁，滿身風雪宿任丘。忽聞石調邊兒曲，不作征人也淚流。

任丘　《唐書·地理志》：「莫州文安郡縣任丘，武德五年置。」《一統志》：「在河間府北七十里。」

臨清大雪

白頭風雪上長安，短褐疲驢帽帶寬。辜負故園梅樹好，南枝開放北枝寒。

臨清　《一統志》：「臨清州在東昌府西北二百二十里。」　**帽帶**　李長吉詩：「秦風帽帶垂。」

阻雪

開山雖勝路難堪，纔上征鞍又解驂。十丈黃塵千尺雪，可知俱不似江南。

送王元照還山　自注：王善書畫。弇州先生曾孫。偶來京師。舊廉州太守也。

青山補屋愛流泉，畫裏移家就輞川。添得一舟乘興上，煙波隨處小遊仙。

王元照　見卷六。　輞川　《舊唐書·王維傳》：「得宋之問藍田別墅，在輞口，輞水周流其下。」程大昌《雍錄》：「輞川在藍田西南二十里，王維別墅在焉。後維表施為清涼寺。」《婁東耆舊傳》：「鳳洲公構弇園，歷歲久，且轉售人。至元照時，一拳石，一簣土，皆零鬻之矣。惟弇山堂轉施南廣寺為天王堂，乃於弇園故址築室曰染香，日臨摹其中。」

其二

始興公子舊諸侯，丹荔紅蕉嶺外遊。席帽京塵渾忘卻，被人強喚作廉州。

始興　注見卷五。　席帽　王叡《炙轂子》：「席帽本羌服，以羊毛為之。秦漢輒以故席。」范成大《遊園》詩：「塵滿長裾席帽斜。」

其三

報國松根廟市開，公侯車馬闐如雷。疲驢一笑且歸去，刑部街前曾看來。自注：刑部街，舊廟市開處也。

報國松　注見卷二。　廟市　孫國敉《燕都遊覽志》：「廟市者，以市於城西之都城隍廟而名也。」謝肇淛《五雜組》：「京師廟市，郎曹入直之暇，下馬巡行，冠履相錯，不禁也。」　刑部街　《一統志》：「刑部在皇城西貫城，坊內有市。」

其四

內府圖書不計錢，漢家珠玉散雲煙。而今零落無收處，故國興亡已十年。

其五

布衣懶自入侯門，手跡流傳姓氏存。聞道相公談翰墨，向人欲訪趙王孫。

趙王孫　楊仲宏《趙公行狀》：「公，宋太祖子秦王德芳之後。」餘見卷九。

其六

朔風歸思滿蕭關，筆墨荒寒點染間。何似大癡三丈卷，萬松殘雪富春山。

荒寒　《畫品》：「趙大年《王摩詰詩圖跋》云：『以倒暈連眉之嫵，寫荒寒平遠之

思。』」　　**大癡**　夏士良《圖繪寶鑑》：「黃公望居富春，領略江山釣灘之勝。」餘見卷七。

其七

河北三公一紙書，浪遊何處曳長裾。歸田舊業春山盡，華子岡頭自釣魚。

華子岡　《右丞集》：「余別業在輞川山谷，其遊止有孟城坳、華子岡、文杏館、斤竹嶺、鹿柴、木蘭柴、茱萸沜、宮槐陌、臨湖亭、南垞、欹湖、柳浪、欒家瀨、金屑泉、白石灘、北垞、竹里館、辛夷塢、漆園、椒園等。」

其八

五馬南來韋使君，故人相見共論文。酒闌面乞黃堂俸，明日西山買白雲。

黃堂　程大昌《演繁露》：「《郡國志》曰：『難陂之側，即春申君之子假君之地也。後有守居之，以數失火，故塗以雄黃，遂名黃堂。』」

伍員

投金瀨畔敢安居，覆楚奔吳數上書。手把屬鏤思往事，九原歸去遇包胥。

投金瀨　《輿圖記》：「投金瀨在溧陽，溧女史氏飯子胥處，子胥欲報，不知其家，投金而去。」餘見卷二注。　　**覆楚奔吳**　《史記·伍子胥傳》：「伍子胥，楚人也，名員。父曰伍奢，兄曰伍尚。楚平王有太子名曰建，使伍奢為太傅，費無忌為少傅。無忌日夜言太子之短於王，王乃召伍奢考問之。伍奢知無忌讒太子，因曰：『王獨奈何以讒賊小臣疏骨肉之親乎？』王怒，囚伍奢。無忌言於王曰：『伍奢有二子，不誅，且為楚憂，可以其父質而召之。』王使人召二子曰：『來，吾生汝父；不來，今殺奢也。』伍尚往就執，伍員亡奔吳。楚昭王使公子囊瓦將兵伐吳，吳使伍員迎擊，大破楚軍。及吳兵入郢，子胥求昭王不得，乃掘楚平王墓，出其屍，鞭之三百然後已。」　　**屬鏤**　《吳越春秋》：「吳王使人賜子胥屬鏤之劍，子胥伏劍而死。」《集覽》引《金壺字考》：「屬鏤音祝閭，劍名。」　　**九原**　顧炎武《日知錄》：「九京即九原。指其冢之高者曰京，指其地之廣者曰原。」　　**包胥**　《史記·伍子胥傳》：「始，伍員與申包胥為友。員之亡也，謂包胥曰：『我必覆楚。』包胥曰：『我必存之。』吳兵入郢，申包胥走秦告急，求救於秦，秦不許。包胥立於秦廷，晝夜哭，七

日七夜不絕聲。秦哀公憐之，曰：『楚雖無道，有臣如此，可無存乎？』乃遣車五百乘，救楚擊吳。」

偶見

新更梳裏簇雙蛾，窣地長衣抹錦韉。總把珍珠渾裝郤，奈他明鏡淚痕多。

其二

惜解雙纏只為君，豐趺羞澀出羅裳。可憐鴉色新盤髻，抹作巫山兩道雲。

豐趺　《樂府·雙行纏》：「新羅紬行纏，足趺如春妍。」《廣韻》：「趺，足趾也，與跗同，甫無切。」　**盤髻**　崔豹《古今注》：「長安婦人好為盤桓髻，至今不絕。」

題帖

孝經圖像畫來工，字格森嚴自魯公。第一丹青天子孝，累朝家法賜東宮。自注：禁本有《孝經圖》，周昉畫，顏魯公書。神廟時，曾發內閣重裱。今在吏部侍郎孫公處。

魯公　某公云：亂後於燕京見魯公所書《孝經》真蹟，字畫儼如《麻姑仙壇記》。御府之珍，流落人間，可勝惋惜。　**周昉**　張彥遠《歷代名畫記》：「周昉，字景元。官至宣州長史。畫法張萱，頗極風姿。」

其二

金元圖籍到如今，半自宣和出禁林。封記中山王印在，一般烽火竟銷沉。自注：甲申后，質慎庫圖書百萬卷皆宣和所藏，金自汴梁輦入燕者。歷元及明初無恙。徐中山下大都時，封記尚在。今皆散失不存。

圖籍　《明史·經籍志》：「明太祖定元都，大將軍收圖籍，致之南京，復詔求四方遺書。北京既建，運致北京，秘閣貯書得二萬餘部，近百萬卷。」　**質慎庫**　朱彝尊《日下舊聞》：「質慎庫，亦曰古今通集庫，古今君臣畫像、符券、典籍悉貯此。每年六月六日曬晾，如皇史成〔註1〕例。」

〔註1〕「成」，《吳詩集覽》作「宬」。

南苑應制

綠楊春繞栢梁臺，羽蓋梢雲甲帳開。知是至尊親講武，日邊萬馬射生來。

柏梁臺　注見卷五。　甲帳　《漢書·東方朔傳》：「推甲乙之帳。」應劭曰：「帳多，故以甲乙第之耳。」孟康曰：「《西域傳·贊》云：『興造甲乙之帳，絡以隋珠和璧。天子襲翠被，憑玉几，而處其中也。』」

題石田畫芭蕉

一葉芳心任卷舒，客愁鄉夢待何如。平生枉用藤溪紙，綠玉窗前好寫書。

其二

不妨脩竹共檀欒，長對蕭蕭夜雨寒。卻笑休文強多事，後人仍作畫圖看。

檀欒　枚乘《兔園賦》：「脩竹檀欒，夾水碧鮮。」何遜《望廨前水竹詩》：「葉倒漣漪文，水漾檀欒影。」　休文多事　沈約《脩竹彈芭蕉文》：「淇園長貞幹臣脩竹稽首言：切尋姑蘇臺前甘蕉一叢。妨賢敗類，請以見事，徙根翦葉，斥出臺隅。」

口占

欲買溪山不用錢，倦來高枕白雲邊。吾生此外無他顧，飲谷棲丘二十年。

飲谷棲丘　《宋書·宗炳傳》：「棲丘飲谷三十餘年。」

無為州雙烈詩 自注：為嘉定學博沈陶軒賦。

濡須城下起干戈，二女芳魂葬汨羅。安得米顛書大字，井邊刻石比曹蛾。

無為州　《明一統志》：「漢為廬江郡地。隋置無為鎮。宋置無為軍。元改為州，在廬州府東南二百八十。」　雙烈　陸世儀《桴亭集·雙白鷺詩序》：「濡須沈氏女琇娘，嫁陸氏。陸有女名蟾姑，甚相得。壬午，流寇陷濡須，陸氏舉家竄，琇娘與蟾姑以巾連屬手臂，相率投眢井死。每至昏暮，有二白鷺飛翔井上，人以為二女之精靈也。」濡須　注見卷十三。　汨羅　注見卷六。　米顛　蔡絛《鐵圍山叢談》：「米芾元章好古博雅，世以其不羈，士大夫目之曰顛。數遭白簡逐去，時彈文正謂其顛，而芾又

歷告諸執政，自謂久任中外，並被大臣知遇，無有以顛薦者。世傳米為《辨頸帖》。」
《明一統志》：「米芾知無為軍，凡郡中亭館寺觀之額，皆其書也。」　曹娥　注見卷
十。

為李灌溪侍御題高澹遊畫

煙雨扁舟放五湖，自甘生計老菰蒲。誰將白馬西臺客，寫入青牛道
士圖。

李灌溪　《蘇州府志》：「李模，字子木，號灌溪。其先太倉人，移居郡城。天啟
乙丑進士，除東莞知縣，擢監察御史。」　高澹遊　張庚《畫徵錄》：「高簡，字澹遊，
號一雲山人，吳縣人。畫法清曠，得雲林筆意。亦工詩。」　白馬西臺　《後漢書‧
張湛傳》：「拜光祿勳。光武臨朝，或有惰容，湛輒陳諫其失。常乘白馬，帝每見湛，
輒言白馬生且復諫矣。」西臺，注見卷七。　青牛道士　《宣和畫譜》：「《青牛道士
圖》，顧愷之之畫。」

題釣隱圖自注：贈陳鴻文。

綠波春水釣魚槎，縮項雙鯿付酒家。忘卻承明曾待詔，武陵溪上醉
桃花。

陳鴻文　程箋：「鴻文名鴻，常熟人。」　縮項鯿　《襄陽耆舊傳》：「峴山下漢
水中出鯿魚，肥美，常禁人採捕，遂以槎斷水，因謂之槎頭縮項鯿。」

梅村詩集箋注　卷第十八

長洲吳翌鳳撰　滄浪吟榭校定本

七言絕句

讀史偶述

　　射得紅毛兔似拳，乳茶捫酒閤門前。相公堂饌銀盤美，熊白烹來正割鮮。

　　紅毛兔　《瑞應圖》：「赤兔者，瑞獸也。王者德盛則至。」漢陽葉繼雯曰：「《劉氏鴻書》：『今契丹及交河北境有跳兔，爪足似鼠，長尾，端有毛，亦曰紅毛兔。』」　**閤門**　《漢制攷》：「左掖門曰日東上閤門，右掖門曰西上閤門。」　**堂饌**　《唐書·張文瓘傳》：「同列以堂饌豐餘，願少損之。瓘曰：『此天子所以重樞務，待賢才也。吾等若不稱職，當自引退，不宜節減，以自取名。』」　**銀盤**　《集覽》：「程氏曰：『銀盤，天花菜名，五臺僧歲以充貢，故以之烹能白。』」　**熊白**　陸佃《埤雅》：「熊當心有白脂如玉，味甚美，俗呼熊白。」蘇詩：「洗盞酌鵝黃，磨刀切熊白。」

其二

　　雪消春水積成渠，芻槀如山道不除。怪殺六街驕唱少，只今驄馬避柴車。

其三

　　新更小篆譯蟲魚，乙夜橫經在玉除。訝道年來親政好，近前一卷是尚書。

其四

直廬西近御書房，插架牙籤舊錦囊。燕寢不須龍鳳飾，天然臺幾曲迴廊。

御書房　陸浤《客燕雜記》：「崇禎中，上設遊藝堂，為涉覽文史之地。」　牙籤　《舊唐書·經籍志》：「經庫紅牙籤，史庫綠牙籤，子庫碧牙籤，集庫白牙籤。」

其五

閣門春帖點霜毫，玉尺量身賜錦袍。聞道尚方裁制巧，路人爭擁看枚皋。

尚方　注見卷二。　枚皋　注見卷十三。

其六

龍媒翦拂上華茵，嚴助丹青拜詔新。莫向天閑誇絕技，白頭韓幹竟何人。

龍媒　注見卷五。　翦拂　沈佺期《紫騮馬》詩：「荷君能翦拂，躞蹀噴霜花。」　天閑　《周禮·夏官·校人》：「天子有十二閑，馬六種。」《注》：「六廄成校，校有左右，每廄為一閑。」　韓幹　宋敏求《長安志》引《酉陽雜俎》：「韓幹，藍田人。少時嘗為賣酒家送酒。王右丞兄弟未遇時，每貰酒漫遊，幹常徵債於王家。戲畫地為人馬，右丞奇其意趣，乃歲與錢二萬，令幹畫十餘年。」張彥遠《歷代名畫記》：「韓幹，大梁人。官至太府寺丞。善貌人物，尤工鞍馬。初師曹霸，後獨自擅。」

其七

新張錦幄間垂楊，四角觚稜八寶裝。藉地暖茵趺坐軟，茸茸春草是留香。

觚稜　注見卷四。　留香　梁元帝《金樓子》：「大極山有留香草。」

其八

騰黃赭白總追風，八匹牽來禁苑中。毛骨不殊聲價好，但看騎上即神龍。

騰黃　《抱朴子》：「騰黃之馬，吉光之獸，皆壽三千歲。」《瑞應圖》：「騰黃者神馬，王者德御四方則至。」　赭白　《爾雅》：「彤白雜毛，騢。」《注》：「即今之赭白

馬。」顏延之《赭白馬賦・序》：「乘輿赭白，稟逸異之資。妙簡帝心，因錫聖皁。」
追風　注見卷六。

其九

側坐翻身上馬輕，官家絕技羽林驚。左枝忽發鳴髇箭，仰視浮雲笑
絕纓。

　　左枝　《吳越春秋》：「夫射之道，古手發機，左手不知。」　**鳴髇**　注見卷五。
笑絕纓　《史記・滑稽傳》：「淳于髡仰天大笑，冠纓索絕。」少陵《哀江頭》詩：「翻
身向天仰射雲，一笑正墮雙飛翼。」

其十

柳陰觀射試期門，撥去胡牀踞樹根。徙倚日斜繞御輦，天邊草木亦
承恩。

　　期門　注見卷九。

其十一

新語初成左右驚，一言萬歲盡歡聲。多應絳灌交驩久，馬上先行薦
陸生。

　　新語　注見卷十六。　　**絳灌交驩**　《史記・高祖功臣年表》：「蕭曹絳灌之徒。」
案：絳侯，周勃。潁川侯，灌嬰也。《史記・陸賈傳》：「陳平曰：『生揣我何念？』陸
生曰：『不過患諸呂少主耳。臣嘗欲謂太尉絳侯，絳侯與我戲，易我言。君何不交驩太
尉？』」

其十二

松林路轉御河行，寂寂空垣宿鳥驚。七載金縢歸掌握，百僚車馬會
南城。

　　松林　劉氏《蕪史》：「端門東曰闕左門。再東松林，會推處也。」　　**御河**　蔣
德璟《愨書》：「紫禁城外有護城河，河外即御溝。」　　**七載金縢**　《漢書・張敞傳》：
「霍光薨，宣帝始親政事。敞上封事曰：『大將軍決大計，安宗廟，定天下，功亦不細
矣。夫周公七年耳，而大將軍二十歲，海內之命，斷於掌握。』」

其十三

西洋館宇逼城陰，巧歷通玄妙匠心。異物每邀天一笑，自鳴鐘應自鳴琴。

西洋館　孫國敉《燕都遊覽志》：「首善書院在宣武門外，左方對城。天啟初，鄒公南皋、馮公少墟為都人士講學之所。黨禍起，魏忠賢矯旨毀天下書院，即其地開局脩曆。」劉侗《帝京景物略》：「崇禎中，禮部尚書徐光啟率西洋人湯若望等借院脩曆，署曰曆局。今稱天主堂。」　天一笑　東方朔《神異經》：「東荒山中有一石室，東王公居焉。與一玉女投壺，每投千二百矯，有不入者，天為之噓嘘。矯出而脫誤不持者，天為之笑。」張華曰：「笑者，開口流光。」少陵《能畫》詩：「每蒙天一笑。」　自鳴鐘　劉侗《帝京景物略》：「西洋奉耶穌教者利瑪竇，自歐羅巴國航海九萬里入中國，神宗命給廩賜第。其國俗工奇器，候鐘應時自擊有節。天琴鐵絲絃隨所按音調如譜。」

其十四

回龍觀裏海棠開，禁地無人閉綠苔。一自便門馳道啟，穿宮走馬看花來。

回龍觀　孫國敉《燕都遊覽志》：「回龍觀舊多海棠，旁有六角亭，每歲花開時，上臨幸焉。」　便門　潘岳《西征賦》：「津便門而右轉。」　看花來　黃景昉《國史唯疑》：「神廟末年，禁網疎濶，遊人得直窮西苑矣。」

其十五

宣鑪廠盒內香燒，禁府圖書洞府籖。故國滿前君莫問，淒涼酒盞鬪成窯。

宣鑪廠盒　並見卷四。　成憲　沈德符《野獲編》：「窰器最貴成化，次則宣德，杯琖之屬，初不過數金，予兒時尚不知珍重。頃來京師，則成窰酒杯，每對至博白金百兩，予為吐舌不能下。蓋皆吳中儇薄，倡為雅談，戚里與大賈輩，浮慕傚尤，瀾倒若此。」

其十六

布棚攤子滿前門，舊物官窰無一存。王府近來新發出，剔紅香盒豆青盆。

前門　《宸垣識略》：「南曰正陽門，俗曰前門。」　官窰　王世貞《宛委餘編》：

「宋以定州白瓷器有芒不堪，遂命汝州造青窰器。唐、鄧、耀州悉有之，而汝為冠。處州之龍泉、建安、烏泥品最下。政和間，京師自置窰燒造，曰官窰，文色亞於汝、均州，稍具諸色，光彩太露，器極大。中興渡江，有邵成章提舉，號曰邵局，於脩內司造青器，名曰內窰，模範極精，油色瑩澈，為世所珍。」　剔紅　注見卷四。

其十七

大將祁連起北邙，黃腸不慮發丘郎。平生賜物都燔盡，千里名駒衣火光。

祁連　注見卷五。　黃腸　見卷十六注。　發丘郎　陳琳《為袁紹檄操》：「又特置發丘中郎將、摸金校尉，所過隳突，無骸不露。」　衣火光　《史記・滑稽傳》：「楚莊王之時，有所愛馬病肥死，優孟曰：『請為大王六畜葬之，以壠竈為槨，桐歷為棺，齎以薑棗，薦以木蘭，祭以粳稻，衣以火光，葬於人腹腸。』」

其十八

琉璃舊廠虎房西，月斧脩成五色泥。徧插御花安鳳吻，絳繩扶上廣寒梯。

琉璃廠　吳元長《宸垣識略》：「琉璃廠在永光寺南，有窰，燒造五色琉璃瓦，設監督董其事。」　虎房　《集覽》：「虎坊橋在琉。璃厰東南。其西有鐵門，前朝虎圈地。」　月斧　見卷三注。　五色泥　魏坤《倚晴閣雜鈔》：「琉璃廠原為燒殿瓦之用，瓦有黃、碧二種，明代各廠俱有內官司之。如殿瓦之外所製，一曰魚瓶，貯紅魚雜翠藻於中；一曰琉璃片，以五色渲染人物花草煉成，嵌入窗戶；一曰葫蘆，小者寸許，大或至徑尺，其色紫者居多；一曰響葫蘆，小兒口銜，吸噓成聲，俗名倒掖蔥；一曰鐵馬，懸之簷以受風裊者也。」按：《漢書・西域傳》：「罽賓國有琥珀流離。」師古《注》引《魏略》云：「大秦國出赤、白、黃、黑、青、綠、縹、紺、紅、紫十種流離。」考《北史》，魏太武時，月氏人商販京師，自云能鑄石，有五色流離，於是採石鑄之，光澤美於西來者。今廠中所煉，大約本月氏人遺法也。　鳳吻　《名義考》：「《椒園雜記》云：『螭吻形似獸立於屋角。今殿廷曰吻，衙舍曰獸頭。』」　廣寒梯　王仁裕《開元天寶遺事》：「明皇與申天師同遊月中，見一大宮，榜曰廣寒清虛之府。」張讀《宣室志》：「唐周生有道術，中秋謂客曰：『我能取月。』以筯數百條，繩而駕之，曰：『我梯此取月。』俄以手舉向懷中，出月寸許，光色照爛，寒氣入骨。」

其十九

金魚池上定新巢，楊柳青青已放梢。幾度平津高閣望，泰壇春望記南郊。

金魚池　吳長元《宸垣識略》：「魚藻池俗呼金魚池，在天壇之北，畜養朱魚，以供市易。舊志云：『金故有魚藻池，居人界池為塘，植柳覆之。池陰一帶，園亭甚多。』」　平津閣　《漢書·公孫弘傳》：「封平津侯。時上方興功業，舉賢良，弘於是起客館，開東閣以延賢士。」　泰壇　《五城坊巷衚衕集》：「天壇周十里，在正陽門外，永定門內街東。」孫承澤《春明夢餘錄》：「初遵洪武合祀天地之制，稱為天地壇。後既分祀，乃專稱天壇。」

其二十

紛紛茗酪鬭如何，點就茶經定不磨。移得江南來禁地，回龍小盞潑松蘿。

茗酪　楊衒之《洛陽伽藍記》：「齊王肅歸魏，初不食羊肉及酪漿，常食鯽魚羹，渴飲茶汁。高帝曰：『羊肉何如魚羹？茗飲何如酪漿？』肅曰：『羊，陸產之最；魚，水族之長。羊比齊、魯大都，魚比邾、莒小國。惟茗飲不中，與酪漿作奴。』」　松蘿　《茶疏》：「歙之松蘿，香氣穠鬱，與岕並美。」

其二十一

夜半齋壇唱步虛，玉皇新築絳霄居。吹笙盡是黃門侶，別敕西清注道書。

步虛　《樂府解題》：「步虛，道家所唱，備言縹緲輕舉之美。」　玉皇　《靈異經》：「玉皇居於雲房，有紅雲繞之。」昌黎《杏花》詩：「乘雲共至玉皇家。」　吹笙　劉向《列仙傳》：「王喬者，周靈王太子晉也。好吹笙，作鳳皇鳴。遊伊洛之間，道士浮丘公接以上嵩山。」　黃門　《漢書·百官公卿表》：「黃門令一人，六百石。宦者。主省中諸宦者。中黃門冗從僕射一人，六百石。宦者。主中黃門冗從。中黃門，比百石。宦者。後增比三百石。」　西清　司馬相如《上林賦》：「象輿婉僤於西清。」《注》：「西清，廂中清淨地也。」

其二十二

蘭池落日馬蹄驚，魚服揮鞭過柳城。十萬羽林空夜直，無人攬轡諫微行。

蘭池　《史記・秦始皇紀》:「三十一年,始皇又微行咸陽,與武士四人俱逢盜蘭池。」《三輔黃圖》:「蘭池在城外。」《長安志圖》:「周氏曲,咸陽東南三十里,今名周氏陂。陂南一里,漢有蘭池宮。」潘岳《西征賦》:「蘭池周曲。」　魚服　《詩・小雅》:「象弭魚服。」毛萇《傳》曰:「魚服,魚皮也。」《箋》云:「服,矢服也。」《正義》:「《夏官・司工人職》曰:『仲秋獻矢服。』《注》云:『服,盛矢服也。』」劉向《說苑》:「吳王欲從民飲,子胥諫曰:『不可。昔白龍下清泠之淵,化為魚,漁者豫且射中其目。白龍上訴於天帝,天帝曰:當是之時,若安置而形?對曰:我化為魚。天帝曰:魚固人之所射也。若是,豫且何罪?今君棄萬乘之位,而從布衣之士飲酒,臣恐有豫且之患。』王乃止。」張衡《東京賦》:「白龍魚服,見困豫且。」　柳城　注見卷十四。　微行　潘岳《西征賦》:「厭紫極之閒敞,甘微行以遊盤。」

其二十三

七寶琉璃影百層,淪漪月色漾寒冰。詞臣主客詩圖進,御帖親題萬壽燈。

主客詩圖　計有功《唐詩紀事》:「張為作《詩人主客圖序》曰:『若主人門下處其客者,以法度一則也。以白居易為廣大教化主,孟雲卿為高古奧逸主,李益為清奇雅正主,孟郊為清奇僻苦主,鮑溶為博解宏拔主,武元衡為瓌奇美麗主。附以上入室、入室、升堂、及門,凡八十四人,各採其集警句焉。』」　萬壽燈　《水部備考》:「御用監成造卓天燈、萬壽燈、日月仙燈。」

其二十四

玉砌流泉繞碧渠,晚涼紈扇軟金輿。採蓮艓子江南弄,太液池頭看打魚。

軟金輿　王建《宮詞》:「步步金街上軟輿。」　艓子　少陵《最能行》:「富家有錢駕大舸,貧窮取給行艓子。」《杜田補遺》:「艓,小舟名,音葉,言輕小如葉也。」吳曾《能改齋漫錄》:「《切韻》、《玉篇》竝不載艓字。余按:王智深《宋紀》云:『司空劉休範舉兵,作艦艓。』則艓字不為無本也。」　江南弄　釋智匠《古今樂錄》:「天監十一年,武帝制《江南上雲樂》十四曲、《江南弄》七曲。」　太液池　高士奇《金鼇退食筆記》:「太液池舊名西海子,在西安里門,周凡數里,上跨石樑,脩數百步,東西華表對峙,東曰玉蝀,西曰金鼇。其北別駕一梁,自承光殿逶瓊華島,制差小,南北亦峙華表,曰積翠,曰堆雲。瀛臺在其南,五龍亭在其北。蕉園、紫光閣

東西對峙，夾岸榆柳古槐，多數百年物。池中萍荇蒲藻，交青布綠。盛夏芰荷覆水，望如錦繡，吐馥流香，尤為清絕。」

其二十五

龍文小印大如錢，別署齋名自記年。畫就煙雲填寶篆，欲將金粉護山川。

其二十六

渭園千里送簀籚，嫩篸青青道正長。夜半火來知走馬，尚方藥物待新篁。

藥物 二字出《左氏·昭公十九年傳》。《旌功錄》：「于謙素苦疾喘，一日大作，上遣太監興安以醫來，醫云：『竹瀝可愈。』安為上言，上親幸萬歲山，伐竹以賜。」

其二十七

新設椒園內道場，雲堂齋供自焚香。大官別有伊蒲饌，親割鸞刀奉法王。

椒園 高士奇《金鰲退食筆記》：「禁中呼瀛臺為南海，椒國為中海，五龍亭為北海。椒園山一名芭蕉圖，中元夜諸剌嘛於此建盂蘭盆道場，法螺梵唄，夜深而罷。」 **大官** 孫承澤《春明夢餘錄》：「光祿寺其屬四署，曰大官，曰珍羞，曰良醞，曰掌醢。」 **伊蒲饌** 《後漢書·楚王英傳》：「以助伊蒲塞桑門之盛饌。」《注》：「伊蒲塞，即優蒲塞，中華翻為近住，言受戒行，堪近僧住也。」 **鸞刀** 《《詩·小雅》傳》：「鸞刀，刀有鈴也」。張衡《東京賦》：「執鸞刀以衵割。」 **法王** 見卷三注。

其二十八

直廬起草擅能文，被詔含毫寫右軍。賜出黃驄銀鑿落，天街徐踏墨池雲。

鑿落 昌黎《鄆城聯句》：「駝顏傾鑿落。」注：「王云：鑿落，飲器。」

其二十九

霜落期門喚打圍，海青帽暖去如飛。鴛鴦信至纔遊幸，不比和林避暑歸。

海青 曾先之《十八史畧》：「五國之東接大海，出名鷹，來自海東者，謂之海

東青。」王士禛《分甘餘話》：「鷹以繡花錦帽蒙其目，擎者挽絛於手，見禽乃去帽放之。」　**駕鵝**　注見卷四。　**和林**《元史·地理志》：「和寧路，初名和林，以西有哈喇和林河，因以名城。太祖十五年，定河北諸部，建都於此。世祖中統元年，遷都大興。」葉子奇《草木子》：「元世祖每年四月迤北，草青則駕幸上都避暑，頒物於其宗戚。」

其三十

鵪鶉錦袋出懷中，玉粒交爭花毯紅。何似平章荒葛嶺，諸姬蟋蟀**鬬**金籠。

鵪鶉《春秋運斗樞》：「立春雨水鵪鶉鳴。」《注》：「鵪與鶉，兩物也。今人總以鵪鶉名之。」程《箋》：「《苑西集》：『京師十月鬬鵪鶉，以玉田、豐閏、永平諸處產者為佳。柳筐入市，日數千萬，識者按譜，別其臧否。』」　**平章葛嶺**《宋史·賈似道傳》：「日與群姬鬬蟋蟀於葛嶺山莊，狎客廖瑩中入見，笑曰：『此豈平章軍國重事耶？』」

其三十一

綠翹聰慧換新粧，比翼丹山小鳳皇。巧舌能言金鎖愛，賜緋妬殺雪衣娘。

丹山《山海經》：「丹穴之山有鳥焉，其壯如雞，五采而文，名曰鳳皇。」　**賜緋**注見卷十一。　**雪衣娘**鄭處晦《明皇雜錄》：「開元中，嶺南獻白鸚鵡，養之宮中。歲久，頗聰慧，洞曉言辭，上及貴妃皆呼為雪衣娘。」

其三十二

廣南異物進駝雞，錦背雙峰一寸齊。只道紫駝來絕塞，雞林原在大荒西。自注：雞高三尺，花冠翠羽，背有雙峰，似駝之肉案也。

駝雞王圻《續文獻通考》：「海外竹步國出駝雞，有六七尺高者。」又：「祖法兒國產駝雞，身區，頸長如鶴，高三四尺。腳上有二指。毛似駱駝。」　**雞林**《唐書·新昌國傳》：「龍朔元年，以其國為雞林州大都督府。咸亨五年，詔劉仁軌為雞林道大總管。」劉禹錫《送源中丞充新羅冊立使》詩：「口傳天語到雞林。」　**大荒**注見卷三。

題沙海客畫達摩面壁圖

松風拂拂水泠泠，參得維摩止觀經。從此西來真實義，掃除文字重丹青。

達摩面壁　《舊唐書·僧神秀傳》：「昔後梁末，有僧達摩者，本天竺王子，以讓國出家，入南海，得禪宗妙法。神僧傳二十八祖達摩，自梁武帝普通元年，汎海至金陵，與帝語。師知機不契，遂去梁，折蘆渡江，止嵩山少林寺，終日面壁而坐。九年，形入石中，拭之益顯，人謂其精誠貫金石也。」　止觀經　少陵詩：「重聞西方止觀經。」餘見卷十。　西來真實義　《景德傳燈錄》：「水源和尚問馬祖大師：『如何是西來意？』馬大師攔胸一踏，水源從地上起來，忽然大省。萬象森羅，百千妙義，只向一毫端上便識根原。」真實，注見卷一。　掃除文字　《朱子語類》：「後漢明帝時，佛始入中國。直至晉、宋間，其教漸盛。然當時文字，亦只是將《老》、《莊》之說來鋪張，如遠師諸論，皆成片盡是《老》、《莊》意思。直至梁普通間，達摩入來，然後被他掃蕩，不立文字，直指人心。」《高僧傳》：「惠可立雪斷臂，求法於達摩。達摩曰：『我法一心，不立文字。』」

題二禽圖

舊巢雖去主人空，翳雨梢風自在中。卻笑雪衣貪玉粒，羽毛憔悴閉雕籠。

詠柳 自注：贈柳雪生。

走馬章臺酒半醒，遠山眉黛自青青。輸他張緒誇年少，柳宿旁邊占小星。自注：柳、星、張三星同度。

走馬章臺　《漢書·張敞傳》：「走馬章臺街，自以便面拊馬。」錢惟演詩：「走馬章臺柳。」　遠山黛　伶元《飛燕外傳》：「女弟合德入宮，為薄眉，號遠山黛。」韋莊詩：「遠山如黛翠眉橫。」　張緒　《南史·張緒傳》：「武帝植柳靈和殿前，賞玩諮嗟，曰：『此楊柳風流可愛，似張緒當年。』」　柳宿　張守節《史記正義》：「柳八星，星一星，張六星，為鶉火，於辰在午。」

其二

十五盈盈擅舞腰，無言欲語不能描。武昌二月新栽柳，破得工夫鬥小喬。自注：時有喬姬，亦擅名。

新栽柳　唐武昌妓續韋蟾句：「武昌無限新栽柳，不見楊花撲面飛。」　小喬

《吳志‧周瑜傳》：「建安三年，從策攻皖城，拔之。時得橋公二女，皆國色也。策自納大橋，瑜納小喬〔註1〕。」

其三

萬條拂面惹行塵，選就輕盈御柳新。枉自穆生空設醴，可憐青眼屬誰人。自注：穆君初與雲遇，為畫眉人所奪。案：「雲」疑作「雪」。畫眉人蓋張姓也。

設醴　《漢書‧楚元王傳》：「元王敬禮申公等。穆生不耆酒，元王每置酒，常為穆生設醴。」

其四

玉笛聲聲喚奈何，柳花和淚落誰多。霸橋折贈頻回首，惆悵崔郎一曲歌。自注：崔郎，主人歌童也。

送友人出塞自注：吳茲受，松陵人。

魚海蕭條萬里霜，西風一哭斷人腸。勸君休望令支塞，木葉山頭是故鄉。

吳茲受　朱彝尊《明詩綜》：「吳晉錫，字茲受，吳江人。崇禎庚辰進士，官永州府推官。」案：茲受，漢槎父。　**魚海**　《唐書‧李光弼傳》：「李國臣以折衝使收魚海五城。」齊召南《水道提綱‧塞北漠南諸水》：「捕魚兒海，亦曰海子，土名達兒鄂模，廣數十里，在克西克騰部西北一百七十里。」岑參《獻封大夫凱歌》：「洗兵魚海雲連陣。」　**令支**　《一統志》：「令支故城在永平府遷安縣西。」高士奇《松亭行記》：「遷安縣，本漢之令支。令音零，支音岐，即離支也。東漢縣廢。遼始於令支故城遷安州安喜縣，於此置安喜縣。金大定間，始易今名。」

其二

此去流人路幾千，長虹亭外草連天。不知黑水西風雪，可有江南問渡船。

長虹亭　范成大《吳郡志》：「垂虹，吳江東門外橋名，一名長橋。慶曆八年，縣尉王庭堅造，東西百餘丈，中間有垂虹亭，錢公輔作記。治平三年，縣令孫覺重脩，以木為之。南渡後，判官張顯祖始甃以石。」王象之《輿地紀勝》：「垂虹本名利往，前臨具區，橫絕松陵，湖光海氣，蕩漾一色，乃三吳之絕景。」　**黑水**　注見卷七。

〔註1〕「喬」，《三國志》卷五十四作「橋」。

雜題

白袷春衣繫隱囊，少年吹笛事寧王。武昌老者如相問，翻得伊州曲几行。

寧王　《唐書·十一宗諸子傳》：「寧王，明皇弟。」又，《禮樂志》：「帝又好羯鼓，而寧王善吹橫笛。」　武昌老者　劉禹錫有《武昌老人說笛》詩。　伊州　《樂苑》：「伊州商調曲，西涼節度使蓋嘉運所進也。」溫庭筠《贈彈等人》詩：「一曲伊州淚數行。」

靈巖山寺放生雞

芥羽狸膏早擅場，爭雄身屬鬥雞坊。從今喚醒夫差夢，粉蝶低飛過講堂。

靈巖山　注見卷十。　芥羽　《左傳·昭二十五年》：「季、郈之雞鬥。季氏介其雞，郈氏為之金距。」杜氏曰：「擣芥子而播其羽也。或曰以膠沙播之為介雞。」　狸膏　《莊子·雜篇》：「羊溝之雞，三年為株，相者視之則非良雞也。然數以勝人者，以狸膏塗其頭。」《注》：「羊溝，鬥雞處。株，魁帥也。雞畏狸也。」　擅場　曹子建《鬥雞篇》：「願蒙狸膏助，終得擅此場。」　鬥雞坊　注見卷十六。　粉蝶飛　用莊子夢蝶意。

其二

縛柵開籠敢自專，雲中誰許作神仙。如來為放金雞赦，飲啄浮生又幾年。

作神仙　用淮南王事。見卷十二注。　金雞赦　注見卷三。

其三

敢向山雞惜羽毛，卑棲風雨自三號。湯泉夜半蓮花湧，佛號鐘聲日未高。

山雞　師曠《禽經》：「首有彩毛曰山雞。」張華《博物志》：「山雞有美毛，自愛其毛，終日映水。」　湯泉　洪芻《香譜》：「吳宮故有香溪，乃西施浴處，又呼脂粉溪。」高啟《香水溪》詩：「驪山更有香湯在，千古柔魂一種消。」　蓮花湧　李肇《國史補》：「越僧靈澈得蓮花漏於廬山。初，遠公之門有僧惠要，患山中不知更漏，乃取銅葉製器，狀如蓮花，置盆水之上，底孔漏水，半之則沈。每晝夜十二沈，雖冬夏長短，雲陰月黑，亦無差也。」

其四

雞足峰頭夜雨青，花冠錦臆影亭亭。老莊談罷疎窗冷，閒向山僧學聽經。

雞足峰　注見卷十五。　**談罷**　劉義慶《幽明錄》：「宋兗州刺史沛國宋處宗，嘗買得一長鳴雞，愛養甚良。常籠著窗間，雞遂作人語，與處宗談論，極有玄致，終日不輟。處宗得此，功業大進。」

口占贈蘇崑生

樓船諸將碧油幢，一片降旗出九江。獨有龜年臥吹笛，暗湖打枕泣篷窗。

臥吹笛　《唐書·漢中王瑀傳》：「常早朝過永興里，聞笛音，顧左右曰：『是太常工乎？』曰：『然。』他日識之，曰：『何故臥吹？』笛工驚謝。」

其二

有客新經墮淚碑，武昌官柳故垂垂。扁舟夜半聞蘆管，猶把當年水調吹。

墮淚碑　注見卷十。　**水調**　《樂苑》：「水調，商調也。向傳隋煬帝幸江都時所製。曲成奏之，聲韻怨切。王令言謂其弟子曰：『有去聲而無回韻，帝不反矣。』後竟如其言。」

其三

西興哀曲夜深聞，絕似南朝汪水雲。回首岳侯墳下路，亂山何處葬將軍。

西興　注見卷五。　**汪水雲**　迺賢《題汪水雲詩集後》：「水雲汪元量，字大有，錢塘人。以善琴受宋主知。國亡，奉三宮留燕甚久。世祖皇帝嘗命奏琴，因賜為黃冠師，南歸。」程敏政《宋遺民錄》：「汪水雲以布衣攜琴渡易水，上燕臺侍禁。時為太后、王昭儀鼓琴，奉巵酒。又或至文丞相銀鐺續之所，為作《拘幽》以下十操，文山亦倚歌而和之。及歸，舊宮人會者十八人，釃酒城隅與之別，援琴鼓再行，淚雨下，悲不自勝。後竟不知所在。」　**岳侯墳**　注見卷九。案：時崑生依汪然明於杭州，故有第四語，非良玉亦葬杭州也。

其四

故國傷心在寢丘，蒜山北望淚交流。饒他劉毅思鵝炙，不比君今憶蔡州。自注：蘇生，固始人。即楚相寢丘也。

寢上　《續漢書·郡國志》：「固始，侯國，故寢也。光武中興，更名，有寢丘。」蒜山　注見卷六。　　鵝炙　《晉書·劉毅傳》：「江州刺史庾悅至京口，悅食鵝炙，毅求其餘，悅不與，毅常銜之。」　蔡州　注見卷七。

讀史有感

彈罷薰絃便薤歌，南巡翻似為湘娥。當時早命雲中駕，誰哭蒼梧淚點多。

其二

重璧臺前八駿蹄，歌殘黃竹日輪西。君王縱有長生術，忍向瑤池不並棲。

重璧臺　見卷三注。　　八駿　《穆天子傳》：「天子命駕八駿之馬。」王子年《拾遺記》：「穆王八駿：一名絕地，二名翻羽，三名奔宵，四名起影，五名踰輝，六名超光，七名騰霧，八名挾翼。」李義山《九成宮》詩：「風逐周王八駿蹄。」　黃竹　《穆天子傳》：「天子游黃臺之丘，獵於蘋澤，有陰雨，天子乃休。日中大寒，北風雨雪，有凍人，天子作詩三章以哀之，曰：『我徂黃竹負閟寒。』」　長生術　李義山詩：「莫恨名姬中夜沒，君王猶是不長生。」

其三

昭陽甲帳影嬋娟，慚愧恩深未敢前。催道漢皇天上好，從容恐殺李延年。

甲帳　注見前。　李延年　注見卷一。

其四

茂陵芳草惜羅裳，青鳥殷勤日暮雲。從此相如羞薄佳，錦衾長守卓文君。

其五

玉靶輕弓月樣開，六宮走動射雕才。黃山苑里長生鹿，曾駕昭儀翠輦來。

　　　射雕才　《北齊書‧斛律光傳》：「曾從文襄校獵，雲中見一大鳥，射之，正中其頭，形如車輪，旋轉而下，乃雕也。邢子高歡曰：『此射雕手也。』」　黃山苑　注見卷六。　長生鹿　見卷十二注。

其六

　　　為掣瓊窗九子鈴，君王晨起倢伃醒。長楊獵罷離宮閉，放去天邊玉海青。

　　　九子鈴　《南史‧齊東昏侯紀》：「莊嚴寺有玉九子鈴，以施潘妃殿飾。」李義山《齊宮》詩：「梁臺歌管三更罷，猶自風搖九子鈴。」　倢伃　《漢書‧外戚傳》：「武帝制倢伃。」師古曰：「倢音接，幸於主也。伃，美稱也。」　玉海青　注見卷六。

其七

　　　上林花落在芳尊，不死鉛華只死恩。金屋有人空老大，任他無事拭啼痕。

其八

　　　銅雀空施八尺牀，玉魚銀海自茫茫。不如先拂西陵枕，扶下君王到便房。

　　　八尺牀　魏武帝遺令諸子曰：「吾倢伃妓人，皆著銅雀臺中。於臺上施八尺牀，張繐帳，朝晡上脯糒之屬。月朝十五，輒向帳作妓樂。汝等時時登銅雀臺，望我西陵墓田。」　玉魚銀海　玉魚，注見卷四。《皇覽》：「《冢墓記》：『秦始皇帝葬驪山之阿，人膏為燈燭，水銀為江海，黃金為鳧雁。』」何遜《行經孫氏陵詩》：「銀海終無浪，金鳧會不飛。」　便房　注見卷四。

為楊仲延題畫冊

　　　歷陽山下訪潛夫，指點雲山入畫圖。為讀劉郎廳壁記，過江煙雨作姑蘇。

　　　畫冊　許旭《秋水集》：「楊仲延刺史招集和陽郡樓，眺望天門、雞籠諸勝。時郡樓初成，把酒屬余，大書其額曰懷抱江山，因繪為圖冊。」楊仲延，注見卷十。　歷陽山　《輿地記》：「歷陽山，在和州。孫吳天璽初，歷陽山石成文字。」《一統志》：「山在和州西四十里。」　潛夫　《後漢書‧王符傳》：「著書三十餘篇，以譏當時得失，不欲章顯其名，故號曰《潛夫論》。」　廳壁記　劉禹錫累知和州，有《廳壁記》，見《中山集》。

偶得

莫為高貲畏告緡，百金中產未全貧。只因程鄭吹求盡，卻把黔婁作富人。

告緡 《漢書‧食貨志》：「異時算軺車賈人之緡錢有差，請算如故。諸賈人末作貰貸賣買，居邑貯積諸物，及商以取利者，雖無市籍，各以其物自占。匿不自占，占不悉，戍邊一歲，沒入緡錢。有能告者，以其半畀之。天子既下緡錢令，百姓終莫分財佐縣官，於是告緡錢縱矣。」師古曰：「占，隱度也。隱度其財物多少，而為名簿送之於官也。悉，盡也。縱，放也。放令相告言也。」 百金中產 注見卷五。 程鄭 注見卷一。 吹求 《漢書‧景十三王傳》：「有司吹毛求疵。」師古曰：「疵，病也。」 黔婁 注見卷四。

其二

家居柳市匿亡逃，輕俠為生舊鼓刀。一自赤車收趙李，探丸無復五陵豪。

柳市 注見卷十五。 鼓刀 《史記‧刺客傳》：「聶政曰：『政乃市井之人，鼓刀而屠。』」 赤車 注見卷四。 趙李 《漢書‧何並傳》：「陽翟輕俠趙季、李穎多畜賓客，以氣力漁食閭里間。並且至，皆亡去。並下車，敕曰：『趙、李桀惡，雖遠去，當得其頭以謝百姓。』」 探丸 注見卷四。 五陵豪 《漢書‧原陟傳》：「郡國諸豪及五陵諸為氣節者皆師事之。」

其三

金城少主欲還家，油犢車輕御苑花。望斷龍堆無雁字，黑河秋雨弄琵琶。

金城少主 《唐書‧吐蕃傳》：「中宗景龍二年，吐蕃請婚，率以雍王守禮女為金城公主妻之。帝念主幼，賜錦繒別數萬。」 龍堆 《漢書‧西域傳‧贊》：「且進西域，近有龍堆，遠則蔥嶺。」 黑河 注見卷六。 弄琵琶 石崇《王昭君詞引》：「昔公主嫁烏孫，令琵琶馬上作樂，以慰其道路之思。」

題畫

澤潞千山繞訟堂，江程到日海城荒。王郎妙手驅名勝，廳壁雲生見太行。

澤潞 《舊唐書‧李德裕傳》：「澤潞，國家內地，不同河朔。」案：澤潞即今澤

州、潞安二府。　**太行**　《明一統志》：「太行山在澤州城南三十里。自此東西一帶諸山，雖各因地立名，實皆太行也。」

其二

八詠樓頭翠萬重，使君家傍洞門松。不知尺許蒼茫裏，誰是雙溪第一峰。

八詠樓　《婺州圖經》：「八詠樓在州南，碑沈約文。」《一統志》：「樓在金華府治西南，即沈約元暢樓。宋至道間，郡守馮伉更今名。」《金華府志》：「齊隆昌元年，沈約守東陽，作《八詠題》於元暢樓，時號絕唱。」案：《八詠題》為：「登臺望秋月，會圃臨春風。歲暮愍衰草，霜來悲落桐。夕行聞夜鶴，晨徵聽曉鴻。解佩去朝市，被褐守山東。」　**洞**　祝穆《方輿勝覽》：「金華洞，在縣北三十里。第三十六金華洞玄之天，其洞有三，巍然在山，去天尺五者曰朝真洞。自朝真而下百餘步至冰壺洞，洞在山之腰，視之若井，其深百尺，泉聲如擊鼓，攀厓而下，石皆離列，水奔注其中，傾沫成簾，長三十尺，雙石巉然壁立，曰石筍。自冰壺而下行五十步，有石若白龍之升降者，曰雙龍洞，可容胡牀百數居之。」　**雙溪**　《一統志》：「雙溪在金華府城南，其源有二。一出東陽縣大盆山，一出處州縉雲縣，與東陽、義和二溪合流，故名。」

其三

臺池蕭瑟故園秋，庾嶺朱輪感昔遊。文采尚存先業廢，紙窗風雨寫滄洲。

其四

太守囊帷賣畫錢，琴書長在釣魚船。長官近欲知名姓，築屋江村擬種田。

夜遊虎丘自注：次顧西巘侍御韻。

試劍石

石破天驚出匣時，中宵氣共斗牛期。魚腸葬後應飛去，神物沉埋未足奇。

試劍石　《虎丘志》：「試劍石在虎邱道旁，中開如截，上有紹聖年呂升卿題字。別有他石，亦有三大字，勢若飛動，惜磨滅莫能辨。《吳郡志》云：『秦王試劍石。』或云吳王，未知孰是。」　**石破**　李長吉詩：「石破天驚逗秋雨。」　**飛去**　《吳越

春秋》：「湛盧之劍，惡闔閭之無道也，乃去而水行如楚。楚昭王召風胡子而問焉。風胡子曰：『臣聞吳王得越所獻寶劍三：一曰魚腸，二曰磐郢，三曰湛盧。湛盧，五金之英，太陽之精，寄氣託靈，出之有神，服之有威，故去無道以就有道。』昭王大悅。」

王珣故宅

捨宅風流尚可追，王郎別墅幾人知。即今誰令桓公喜，正是山花欲笑時。

故宅　范成大《吳郡志》：「虎丘雲巖寺，晉王珣捨別業以創焉。始於一山，中分二寺，今則合為一。」　桓公喜　《世說·寵禮》篇：「王珣、郗超並有奇才，為大司馬桓溫所眷，拔珣為主簿，超為記室參軍。超為人多鬚，珣狀短小。於時荊州為之語曰：『髯參軍，短主簿，能令公喜，能令公怒。』」

千人石

碧樹朱闌白足僧，相攜劉尹與張憑。廣場月出貪趺坐，天半風搖講院燈。

千人石　《吳地記》：「虎丘山劍池旁有石，可坐千人，號千人石。」　劉尹張憑　《晉書·劉惔傳》：「累遷丹陽尹。嘗薦吳郡張憑，憑卒為美士。」

顏書石刻

魯公戈法勝吳鉤，抉石錐沙莫與儔。火照斷碑山鬼去，劍潭月落影悠悠。

石刻　《蘇州府志》：「虎丘山有虎王劍池四大字，顏魯公書。」　戈法　注見卷五。　抉石錐沙　《唐書·徐浩傳》：「父嶠之，以書法授浩，草隸尤工。世狀其法曰：怒猊抉石，渴驥奔泉。」姜夔《續書譜》：「用筆如錐畫沙，欲其勻而藏鋒。」

劍池

百尺靈湫風雨氣，星星照出魚腸字。轆轤夜半語空中，無人解識興亡意。

劍池　鄭虎文《吳都文粹》：「劍池，吳王闔閭葬其下，以扁諸、魚腸等劍各三千殉焉，故以劍名。」

可中亭

白石參來共此心，一亭矯立碧潭深。松間微月窺人澹，似識高賢展齒臨。

可中亭　《虎丘山志》：「可中亭，唐劉夢得詩有『一方明月可中亭』之句，因以可月名亭。《雲嶠類要》亦名可月。後俗誤為可中亭。寺燬後，其亭獨存。」《佛門統載》：「宋文帝大會沙門，疑日過中，僧律不當食。帝曰：『始可中耳。』生公乃曰：『白日麗天，天言可中，何得非中？』遂舉筯而食。」案：劉詩用可中本此。

悟石軒

築居縹緲比良常，有客逢僧話石廊。仙佛共參惟此石，白蓮花發定中香。

悟石軒　《釋氏稽古錄》：「羅什法師弟子道生，於平江虎丘山豎石為聽徒，講《涅槃經》，至闡提有佛性處，曰：『如我所說義，契佛心否？』群石皆首肯之。」　良常注見卷六。

後山月黑不見

畫燭燒來入翠微，更邀微月映清輝。欲窮千里登臨眼，笑約重遊興不違。

戲題士女圖

一舸

霸越亡吳計已行，論功何物賞傾城。西施亦有弓藏懼，不獨鴟夷變姓名。

一舸　注見卷二。　論功　《史記·吳起傳》：「請與子論功，可乎？」鄭獬詩：「若論破吳功第一，黃金只合鑄西施。」　弓藏　《史記·句踐世家》：「范蠡自齊遺大夫種書曰：『高鳥已盡，良弓將藏。狡兔已盡，功狗將烹。』」　鴟夷　注見卷二。

虞兮

千夫辟易楚重瞳，仁謹居然百戰中。博得美人心肯死，項王此處是英雄。

辟易　《史記·項羽紀》：「赤泉侯為騎將，追項王。項王瞋目叱之，赤泉候人馬俱辟易數重。」　仁謹　《漢書·高祖紀》：「項羽仁而敬人。」

出塞

玉關秋盡雁連天，磧裏明駝路幾千。夜半李陵臺上月，可能還似漢宮圓。

出塞　《後漢書‧南匈奴傳》:「王昭君,字嬙,南郡人也。初,元帝時,以良家子選入掖庭。時呼韓邪來朝,帝敕以宮女五人賜之。昭君入宮數歲,不得見御,積悲怨,乃請掖庭令求行。呼韓邪臨辭大會,帝召五女以示之。昭君豐容靚飾,光明漢宮,顧景裴回,竦動左右。帝見大驚,意欲留之,而難於失信,遂與匈奴。」　明駝　段成式《酉陽雜俎》:「駝臥屈足,腹不著地而漏明者,謂之明駝,最能行遠。」《木蘭詩》:「願借明駝千里足。」　李陵臺　注見卷六。

歸國

董逃歌罷故園空,腸斷悲笳付朔風。贖得蛾眉知舊事,好修佳傳報曹公。

歸國　《後漢書‧列女傳》:「陳留董祀妻者,同郡蔡邕之女也,名琰,字文姬,適河東衛仲道。夫亡無子,歸寧於家。興平中,天下喪亂,文姬為胡騎所獲,沒於南匈奴左賢王,在胡中十二年。曹操素與邕善,痛其無子,乃遣使者以金璧贖之,而重嫁於祀。」　董逃　《續漢書‧五行志》:「靈帝中平中,京師歌曰:『承樂世,董逃』云云。」案:董謂董卓也。言雖跋扈,縱其殘暴,終歸逃竄,至於滅亡也。　知舊事　《後漢書‧列女傳》:「操問曰:『聞夫人家先多墳籍,猶能憶識之不?』文姬曰:『昔亡父賜書四千許卷,流離塗炭,罔有存者。今所誦憶,裁四百餘篇耳。』於是繕書送之,文無遺誤。」　佳傳　《北史‧魏收傳》:「初,收在神武時為太常少卿,脩國史,得陽休之助,因謝休之曰:『無以謝德,當為卿作佳傳。』」

當壚

四壁蕭條酒數升,錦江新釀玉壺冰。莫教詞賦逢人賣,愁把黃金聘茂陵。

當壚　《史記‧司馬相如傳》:「臨邛富人卓王孫有女文君,新寡,好音。相如以琴心挑之,使人重賜文君侍者通殷勤。文君夜奔相如,與馳歸成都,家徒四壁立,文君久之不樂。相如與俱之臨邛,賣其車騎,買一酒舍酤酒,而令文君當壚。相如身自著犢鼻褌,與保庸雜作。卓王孫恥之,不得已,予文君僮百人,錢百萬,及其嫁時衣被財物。文君乃與相如歸成都,買田宅,為富人。」　賣賦　司馬相如《長門賦序》:「孝武皇帝陳皇后別在長門宮,聞相如天下工為文,奉黃金百斤為文君取酒,而相如為文以悟主上,皇后復得幸。」　聘茂陵　葛洪《西京雜記》:「相如將聘茂陵人女為妾,卓文君作《白頭吟》以自絕,相如乃止。」

墮樓

　　金谷糝成愛細腰，避風臺上五銖嬌。身輕好向君前死，一樹穠花到地消。

　　墮樓　注見卷七。　避風臺　伶元《飛燕外傳》：「飛燕身輕不勝風，帝築七寶避風臺。」　五銖　注見卷十。

奔拂

　　歌舞侯門一見難，侍兒何得脫長安。樂昌破鏡翻新唱，喚取楊公作舊官。

　　奔拂　張道濟《虬髯客傳》：「隋煬帝幸江都，命司空楊素守西京。一日，衛公李靖以布衣上謁，一妓有殊色，執紅拂立於前，獨目靖。靖既去，而執拂者臨軒指問吏曰：『去者處士第幾？住何處？』吏具以對，妓頷而去。靖歸逆旅，其夜五更，忽聞叩門，靖起問，乃紫衣帶帽人，杖一囊，曰：『妾楊家之紅拂妓也。』靖遽延入，脫去衣帽，乃十八九麗人，素面華衣而拜曰：『妾閱天下之人多矣，未有如公者，故來奔耳。』」　樂昌破鏡　《古今詩話》：「東太子舍人徐德言，尚叔寶妹樂昌公主。陳政衰，謂妻曰：『國破必入權豪家，倘情緣未斷，尚冀相見。』乃破一照，人分其半，約他日以正月望日賣於都市。及陳亡，妻為越國公得之。德言至京，遂以正月望日訪於都市。有蒼頭賣半照者，德言出半照，合之，仍題詩。公主得詩，悲泣不食。素詰之，以實對。於是召德言至，還其妻，仍設食，令陳氏為詩曰：『今日何遷次，新官對舊官。笑啼俱不敢，方信做人難。』」

盜綃

　　令公高戟妓堂開，黃耳金鈴護綠苔。博浪功成倉海使，緣何輕為美人來。

　　盜綃　裴硎《傳奇》：「大曆中，有崔生者為千牛，其父使往省一品疾。一品召生入，三妓皆絕代，以金甌貯含桃而擘之，沃以甘酪。一品命衣紅綃者擎一甌與生食，及去，命紅綃送出院。妓立三指，又反掌者三，然後指胸前小鏡子云：『記取。』餘更無言。生歸，神迷意奪，怳然凝思。家中有崑崙奴摩勒，問其故，生具告之。又白其隱語，摩勒曰：『立三指者，一品宅有十院歌姬，此乃第三院也。反掌三者，數十五指，以應十五日之數。胸前小鏡子，十五夜月圓如鏡，令郎君來耳。』勒又曰：『一品宅有猛犬，守歌姬院門，當為郎君撾殺之。』是夜三更，負生逾十重垣，入歌姬院。至第三院，繡戶不扃，金釭微明，惟聞姬長歎而坐，若有所俟。摩勒先為姬負其囊橐粧奩，

如此三復，然後負生與姬飛出。踰垣十餘重，一品家之守禦，無有警者。」 **黃耳** 《晉書·陸機傳》：「機有駿犬，名黃耳。」 **倉海使** 見卷二注。

取盒

銅雀高懸漳水流，月明飛去女諮謀。何因不取田郎首，報與官家下魏州。

取盒 袁郊《甘澤謠》：「紅線，潞州節度使薛嵩家青衣。魏博節度使田承嗣將並潞州，嵩憂悶，計無所出。紅線請乘夜往魏郡，遂及寢所，於承嗣枕前持金盒歸。嵩乃發使遺承嗣書，以金盒授之。明日，承嗣遣使齎縑帛名馬以獻於嵩，曰：『某之首領，繫在恩私，便宜知過自新，不復更貽伊戚。』由是紅線辭去。」 **銅臺漳水** 袁郊《甘澤謠》：「紅線持金盒以歸，將行二百里，見銅臺高揭，漳水東流，晨鐘動野，斜月在林。忿往喜還，頓忘於行役；感知酬德，聊副於諮謀。」 **魏州** 《唐書·地理志》：「魏州魏郡，龍朔二年更名冀州。咸亨三年，復曰魏州。」

夢鞋

玉釵敲斷紫鸞雛，消息聲華滿帝都。能致黃衫偏薄倖，死生那得放狂夫。

夢鞋 蔣防《霍小玉傳》：「霍王小女，字小玉。大曆中，隴西李生益與訂終身之好。二歲餘，生登第別娶，負約不往。小玉想望成疾，使侍婢賣紫玉釵，欲賂人為通消息。忽有豪士，衣輕黃紵衫，挾生之玉所，報云：『李十郎來也。』先夕，玉夢黃衫丈夫抱生來，使玉脫鞋，驚悟而告母曰：『鞋者，諧也。脫者，解也。其來合而永訣乎？』生既至，玉斜視良久，舉杯酒酹地曰：『我為女子，薄命如斯。君是丈夫，負心若此。』廼引左手握生臂，擲杯酒於地，長號數聲而絕。」

驪宮

天上人間恨豈消，雙星魂斷碧雲翹。成都亦有支機石，烏鵲難填萬里橋。

驪宮 宋敏求《長安志》：「天寶六載，改驪山溫泉宮為華清宮，中有長生等殿。」陳鴻《長恨歌傳》：「天寶十載，避暑驪山宮。秋七月，牽牛織女相見之夕，貴妃侍上，憑肩而立，因仰天感牛女事，密相誓心，願世世為夫婦。」 **支機石** 長洲沈清瑞曰：「支機石在蜀城西南隅石牛寺之側，高可五尺餘，石色微紫，近土有一窩，旁有支機石三篆文。」 **萬里橋** 《唐國史補》：「蜀郡有萬里橋，玄宗至而喜曰：『吾常自知行萬里則歸。』」

蒲東

背解羅襦避月明，乍涼天氣為多情。紅娘欲去喚鐘動，扶起玉人釵半橫。

蒲東　元微之《會真記》：「唐貞元中，有張生者，遊於蒲。蒲之東十餘里有僧舍曰普救寺，生寓焉。有崔氏孀婦攜女鶯鶯、婢紅娘者，亦止茲寺。適蒲有警，張請吏護之，不及於難。崔德之，命鶯鶯出拜。張惑之，私禮紅娘。紅娘捧鶯鶯而至。有頃，寺鐘鳴，天將曉，紅娘促去。」

題寒香勁節圖壽袁重其節母八十

東籬漉酒泛芳樽，處士傳家湛母恩。傲盡霜花長不落，籋龍風雨夜生孫。

節母　《蘇州府志》：「袁駿早喪父，傭書養母。以貧甚，母節不能旌，乃徵海內詩文，曰《霜哺篇》，多至數百論。凡士大夫過吳門者，無不知有袁孝子也。」袁重其，見卷十五。　湛母　《晉書·列女傳》：「陶侃母湛氏。」　龍孫　程《箋》：「重其別有《侍母弄孫圖》，故云。」

烏棲曲

沉香為祚錦為牽，白玉池塘翡翠船。芙蓉翻水鴛鴦浴，盧郎今夜船中宿。

讀陳其年邗江白下新詞

漫寫新詞付管絃，臨春奏妓已何年。笑他狎客無才思，破費君王十萬箋。

陳其年　王士禎《感舊集》補傳：「陳維崧，字其年，江南宜興人。舉博學鴻辭，官翰林院檢討。」徐乾學《陳檢討墓誌》：「其年尤喜填詞，多至千餘闋，古所未有也。」狎客　見卷八注。　十萬箋　《語林》：「王右軍為會稽守內史，謝安就乞箋紙，庫中有九萬箋紙，悉與之。」

其二

鈿轂珠簾燕子忙，宮人斜畔酒徒狂。阿麼杠奏平陳曲，水調風流屬窈娘。

宮人斜　見卷十二注。　阿麼　《隋書·煬帝紀》：「帝小字阿麼。開皇八年冬，

大舉伐陳，以上為行軍元帥。及陳平，封府庫，貲財無所取，天下稱賢。」　水調　注見前。　窈娘　注見卷十七。

其三

落日青溪載酒時，靈和垂柳自絲絲。沈郎莫作齊宮怨，唱殺南朝老妓師。

妓師　用沈約事。見卷六注。

其四

冶習春來興不除，豔情還作過江書。長頭大鼻陳驚座，白袷諸郎總不如。

長頭大鼻　《後漢書·游俠傳》：「陳遵，字孟公，杜陵人。長八尺，長頭大鼻，容貌甚偉。」驚座，注見卷十二。

題思翁仿趙承旨筆

佘山雲接弁山遙，苕霅扁舟景色饒。羨殺當時兩文敏，一般殘墨畫金焦。

佘山　注見卷十五。　弁山　《明一統志》：「卞山在湖州府城北一十八里，高六千丈，非晴天爽月不見其頂。山有似玉之石，因名亦名弁山。」　苕霅　祝穆《方輿勝覽》：「霅溪四水合為一溪。自清門入曰苕溪，其流濁。自安定門入曰霅溪，其流清。餘不溪出天目山，前溪出銅峴山。舊經謂霅者，四水激射之聲。其說誤矣。」

李青城七十有六以自壽詩積閏平分已耄年之句索和余題一絕贈之

詞家老宿號山農，移得青城八九峰。細數餘分添甲子，黃楊千歲敵喬松。

李青城　程《箋》：「青城名法，字亦古，青浦人。所著書曰《頤樓九種稿》。」青城峰　注見卷六。　黃楊　陸佃《埤雅》：「黃楊木性堅緻難長。俗云：歲長一寸，閏年倒長一寸。」東坡《退圃》詩：「園中草木春無數，只有黃楊厄閏年。」

偶成

關河蕭索暮雲酣，流落鄉心大不堪。書劍尚存君且住，世間何物是江南。

題冒辟疆名姬董白小像並引

　　夫笛步麗人，出賣珠之女弟；雉皋公子，類側帽之參軍。名士傾城，相逢未嫁；人諧嬿婉，時遇漂搖。則有白下權家，蕪城亂帥。阮佃夫刊章置獄，高無賴爭地稱兵。奔迸流離，纏綿疾苦；支持藥裹，慰勞羈愁。苟君家免乎，勿復相顧；寧吾身死耳，遑恤其勞。已矣夙心，終焉薄命；名留琬琰，跡寄丹青。嗚呼！針神繡罷，寫春蚓於烏絲；茶癖香來，滴秋花之紅露。在軼事之流傳若此，奈余哀之惻愴如何！鏡掩鸞空，絃摧雁冷。因君長恨，發我短歌。詁以八章，聊當一嘅爾。

　　冒辟疆　《感舊集》補傳：「冒襄，字巢民，號樸庵，江南如皋人。貢生。南渡時用為推官，不就。」《文集·冒辟疆壽序》：「辟疆，貴公子，亂後奉其父憲副嵩少公歸隱如皋之水繪園，誓志不出。」　**董白**　陳維崧《婦人集》：「秦淮董姬，名白，字小宛，才色擅一時。後歸如皋冒襄，明秀溫惠，居豔月樓，集古今閨憐軼事，薈為一書，名曰《奩豔》。後夭死，葬影梅庵旁。張揭陽明弼作傳，吳兵曹綺為誄。」余懷《板橋雜記》：「小宛事辟疆九年，年二十七，以勞瘁死。辟疆作《影梅庵憶語》二千四百言哭之。」　**笛步**　張敦頤《六朝事》：「蓬還笛步，舊名蕭家渡，在城東南青溪橋之右。晉桓伊善吹笛，有蔡邕柯亭笛，嘗自吹之。王徽之追舟青溪，伊素不相識，自岸上過，客曰：『此桓野王也。』徽之使人邀之曰：『聞君善吹笛，為我一奏。』伊時已貴顯，素聞徽之名，便下車，踞胡牀，為作三調。弄畢，便上車去。客主不交一言，故名為邀笛步也。」　**賣珠**　《漢書·東方朔傳》：「館陶公主近幸董偃。始，偃與母以賣珠為事。」　**雉皋**　《左傳·昭二十八年》：「賈大夫惡，娶妻而美，二年不言不笑。御以如皋，射雉獲之，始笑而言。」陳沂《南畿志》：「雉皋在如皋縣馬塘河岸，水中有高岸名雉皋，即《春秋》賈大夫射雉之所。」　**側帽**　《北周書·獨孤信傳》：「信美客儀，嘗因獵日暮，馳馬入城，帽微側，人咸慕之，遂為側帽參軍。」合用孟嘉事。　**阮佃夫**　注見卷八。案：指阮大鋮。　**刊章**　注見卷二。《文集·冒辟疆壽序》：「陽羨陳定生、歸德侯朝宗與辟疆三人皆貴公子，一時相遇於南中。有皖人者，流寓南中，故奄黨也。通賓名，畜聲伎，欲以氣力傾東南。知諸君子唾棄之也，乞好謁以輸平。未有間，會三人者置酒雞鳴埭，召其家善謳者歌主人所製新詞，則大喜曰：『此諸君欲善我也。』既而偵客云何，見諸君箕踞而嬉，聽其曲，時亦稱善。夜將半，酒酣，輒眾中大罵曰：『若奄兒媼子，乃欲以詞家自贖乎？』引滿泛白，撫掌狂笑，達旦不少休。於是大恨次骨，思有以報之。甲申之亂，彼以攀附驟枋用，興大獄，脩舊

郤，定生為所得，幾填牢戶。朝宗遁之故鄣山中。南中人多為辟疆耳目者，跳而免。」
高無賴 《五代史·南平世家》：「高季興長子從誨，字遵聖，代季興為荊南節度使，
所向稱臣，利其賜予。俚俗語謂奪攘苟得無愧恥者為賴子行，言無賴也。故諸國皆目
為高賴子家。」案：此指高傑。 **琬琰** 《竹書紀年》：「桀伐岷山，岷山莊王獻二女，
曰琬，曰琰。桀愛之，無子，斲其名於苕華之玉。苕曰琬，華曰琰。」 **針神** 注見
卷十。 **春蚓** 《晉書·王徽之傳》：「蕭子雲書無丈夫之氣，行行如縈春蚓，字字若
綰秋蛇。」

射雉山頭一笑年，相思千里草芊芊。倫將樂府窺名姓，親擊雲璈第
幾仙。

千里草 《續漢書·五行志》：「獻帝初，京師童謠曰：『千里草，何青青。十日
卜，不得生。』」《注》：「千里二草為董，十日卜為卓。」 **雲璈** 《漢武內傳》：「王
母命侍女董雙成吹雲和之笙。」

其二

珍珠無價玉無瑕，小字貪看問妾家。尋到白堤呼出見，月明殘雪映
梅花。自注：余向贈詩有「今年明月長洲白」之句。白堤即其家也。

白堤 見卷四注。張明弼《董小宛傳》：「壬午春，辟疆至吳，偶月夜蕩舟桐橋，
得再見，將委以終身。」

其三

鈿轂春郊鬥畫裠，捲簾都道不如君。白門移得絲絲柳，黃海歸來步
步雲。

白門 注見卷八。 **黃海** 注見卷六。《董小宛傳》：「姬自西湖遠遊於黃山白
嶽間。」

其四

京江話舊木蘭舟，憶得郎來繫紫騮。殘酒未醒驚睡起，曲闌無語笑
凝眸。

京江 注見卷七。《董小宛傳》：「壬午春，相與遊惠山，歷毘陵、陽羨、澄江，
抵北固，登金焦，觀競渡於江山勝處。」

其五

青絲濯濯額黃懸，巧樣新粧恰自然。入手三盤幾梳掠，便攜明鏡出花前。

額黃　注見卷十七。　　三盤盤　《東觀漢紀》：「明德馬皇后美髮，為四起大髻，但以髮成，尚有餘，繞髻三匝。」

其六

念家山破定風波，郎按新詞妾唱歌。恨殺南朝阮司馬，累儂夫壻病愁多。

念家山破　馬令《南唐書》：「後主好音律，舊曲有念家山，主演為念家山破，其聲焦殺，而其名不祥，乃敗徵也。」定風波，詞名。

其七

亂梳雲髻下高樓，盡室倉皇過渡頭。鈿合金釵渾拋卻，高家兵馬在揚州。

鈿合金釵　注見卷五。　　高家兵馬　見卷二注。

其八

江城細雨碧桃村，寒食東風杜宇魂。欲弔薛濤憐夢斷，墓門深更阻侯門。

薛濤　《郡閣雅談》：「薛濤，字洪度。長安良家子，流寓成都。韋皋鎮蜀，召濤侍酒賦詩，遂入樂籍。歷事十一鎮，皆以詩受知。」鄭谷詩：「小桃花繞薛濤墳。」

又題董君畫扇

過江書索扇頭詩，簡得遺香起夢思。金鎖澀來衣疊損，空箱記取自開時。

畫扇　冒襄《影梅菴憶語》：「姬於吳門曾學畫未成，偶作小叢寒樹，筆墨楚楚。」
衣疊　白樂天《和燕子樓》詩：「自從不舞霓裳曲，疊在空箱三十年。」

其二

湘君浥淚染琅玕，骨細輕勻二八年。半折秋風還入袖，任他明月自團圓。

古意

爭傳婺女嫁天孫，繞過銀河拭淚痕。但得大家千萬歲，此生那得恨長門。

長門　注見卷三。

其二

荳蔻稍頭二月紅，十三初入萬年宮。可憐同望西陵哭，不在分香賣履中。

萬年宮　《唐書·高宗紀》：「永徽二年，改九成宮曰萬年宮。」　分香賣履　注見卷三。

其三

從獵陳倉怯馬蹄，玉鞍扶上卻東西。一經輦道生秋草，說著長楊路總迷。

陳倉　見卷十六注。李商隱詩：「從獵陳倉獲碧雞。」　長楊　注見卷三。

其四

玉顏憔悴幾經秋，薄命無言祇淚流。手把定情金合子，九原相見尚低頭。

其五

銀海居然妬女津，南山仍錮慎夫人。君王自有他生約，此去惟應禮玉真。

銀海　注見前。　妬女津　段成式《酉陽雜俎》：「劉伯玉妻段氏，字明光。性妬忌。伯玉嘗誦《洛神賦》，語其妻曰：『娶婦得如此，吾無憾焉。』明光曰：『君何以水神美而輕我？』乃自沉而死。七日，託夢語伯玉曰：『君本願神，我今得為神也。』伯玉終身不渡此水。婦人渡津者，皆壞衣枉糚。不爾，風波暴發。」　南山銅　注見卷三。　玉真　張籍詩：「掃壇朝玉真。」

其六

珍珠十斛買琵琶，金谷堂深護絳紗。掌上珊瑚憐不得，卻教移作上陽花。

仿唐人本事詩

聘就蛾眉未入宮，待年長罷主恩空。旌旗月落松楸冷，身在昭陵宿衛中。

本事詩　《唐書・藝文志》：「孟棨《本事詩》一卷。」案：《集覽》謂詩為定南王女四貞作。四貞適孫延齡，康熙三年四月上疏為父請郎。見《八旗通志》。細案詩意，第二首以下或詠此事，第一首疑別有所指。

其二

錦袍珠絡翠兜鍪，軍府居然王子侯。自寫赫蹏金字表，起居長信閣門頭。

王子侯　《史記・建元已來王子侯者年表》：「制詔諸侯王，或欲推私恩分子弟邑者，令各條上，朕且親定其號名。」　赫蹏　《漢書・外戚傳》：「發篋，中有赫蹏書。」《注》：「赫蹏，薄小紙也。赫音閱，或作擊。」　長信　《漢書・百官公卿表》：「長信，少府以太后所居宮為名也。」閣門，注見前。　閣門　《宋史・職官志》：「東上閣門、西上閣門使各三人，掌朝會、宴享、供奉、贊相禮儀之事。若慶禮表章，則東上閣門掌之；慰禮進名，則西上閣門掌之。」

其三

藤梧秋盡瘴雲黃，銅鼓天邊歸旆長。遠愧木蘭身手健，替耶征戰在他鄉。

木蘭　《古樂府・木蘭詩》「阿耶無大兒，木蘭無長兄。願為市鞍馬，從此替耶征。」　身手　少陵詩：「朔方健兒好身手。」

其四

新來夫婿奏兼官，下直更衣禮數寬。昨日校旗初下令，笑君不敢舉頭看。

舉頭看　竇叔向詩：「宮花一萬樹，不敢舉頭看。」

題錢黍穀畫蘭 自注：為袁重其禖祝。

謝家燕子鬱金堂，玉樹東風遶砌長。帶得宜男春鬪草，眾中推讓杜蘭香。

錢黍穀　錢朝鼎，字禹久，常熟人。順治四年進士。授刑部主事，歷大理寺少

卿。善畫蘭竹。　　袁重其　見卷十五。　　祿祝　《漢書・武五子傳》：「初，上年二十九，迺得太子，甚喜，為立祿，使東方朔、枚皋作祿祝。」師古曰：「祿，求子之神。祿祝，祝祿之祝辭。」　　杜蘭香　干寶《搜神記》：「杜蘭香自稱南陽人。建興四年春，降張碩家。」

其二

北堂萱草戀王孫，膝下含飴阿母恩。錯認清郎貪臥雪，生兒彊比魏蘭根。

清郎　注見卷四。　　臥雪　注見卷九。　　魏蘭根　《北史・魏蘭根傳》：「魏蘭根，鉅鹿下曲陽人。」

題王石谷畫

綠樹參差倚碧天，波光瀲灩尚湖船。煙嵐自遶王維墅，不必重參畫裏禪。

尚湖　注見卷十一。

其二

初冬景物未蕭條，紅葉青山色尚嬌。一幅天然圖畫裏，維摩僧寺破山橋。

維摩寺　注見卷十。　　破山　注見卷七。

附錄一：馬導源編《吳梅村年譜》[註1]

吳梅村年譜

一、緒言

　　吳梅村傳記，就余所知者，有《吳梅村先生行狀》，康熙十二年七月太倉顧湄伊人撰；有《吳梅村先生墓表》，康熙五十二年澤州陳廷敬說巖撰；有《梅村先生世系》及《年譜》四卷，道光十二年至十九年太倉顧師軾景和纂、顧思義仁仲訂；有《清史列傳》所載《吳偉業列傳》、沈德潛《清詩別裁集》敘傳、鄭方坤《清名家詩人小傳》所錄梅村詩鈔小傳。顧《譜》言之頗詳，但師軾作《譜》時，未及見吳先生《家藏稿》。《家藏稿》五十八卷，宣統辛亥始刻於武進董氏。茲據顧《譜》，參以最近出版之《家藏稿》及日本鈴木虎雄氏對梅村先生之考證，考核釐訂，以成斯譜。

二、吳偉業傳錄《清史列傳》

　　吳偉業，江南太倉人。明崇禎四年一甲二名進士，授編修。十年，大學士溫體仁罷，張至發柄國，極頌體仁孤執不欺。偉業疏言：「體仁性陰險，學無經術，狃暱小人，繼之者正宜力反所為，乃轉稱盛其美，勢必因私踵陋，盡襲前人所為，將公忠正直之風何以復見？海宇禍患何日得平？」疏入，不

〔註 1〕按：此譜系何炳松主編《中國史學此書》之一，商務印書館 1935 年版，但基
　　　　本抄襲鈴木虎雄《吳梅村年譜》。

報。尋充東宮講讀官，又遷南京國子監司業，轉左子。福王時，授少詹事。與大學士馬士英、尚書阮大鋮不合，請假歸。本朝順治九年，兩江總督馬國柱遵旨舉地方品行著聞及才學優良者，疏薦偉業來京。十年，吏部侍郎孫承澤薦偉業學問淵深，器宇凝宏，東南人才無出其右，堪備顧問之選。十一年，大學士馮銓復薦其才品足資啟沃，俱下吏部知之，尋詔授秘書侍講。十二年，恭纂太祖太宗聖訓，以偉業充纂修官。十三年，遷國子監祭酒。尋母憂歸。康熙十年卒。

三、梅村世系

梅村姓吳氏，諱偉業，字駿公，號梅村，江南太倉人。

七世祖子才，名無考，河南人。元末避兵，始遷蘇州崑山之積善鄉。配費氏。見顧師軾所撰《年譜》。

> 考葉盛所撰《相虞公墓誌銘》顧《譜》引。云：「祖才，父式周。」
> 則似名才，非子才。

六世祖埕，字公式，以字行。明正統元年，贈承德郎，行在刑部雲南司主事。配陳氏，封太安人。顧思義攷云：「又字式周。」見顧《譜》。

五世祖凱，字相虞，號冰蘗。卒，祀鄉賢祠。配沈氏，繼沈氏，再繼陳氏。中順天鄉試，宣德中，授刑部主事，再改禮部主客司。成化七年七月十四日卒，年八十五。三子：長恩，次惪，次愈。女二人，婿顧恂、龔綬。見顧《譜》。

> 陳廷敬撰《吳梅村先生墓表》：「五世祖凱，前明永樂間舉孝廉，
> 官禮部主事。年三十，以養親乞歸，遂不出。世稱貞孝先生。」

> 顧湄撰《行狀》：「五世祖禮部主事諱凱，高祖河南參政諱愈，
> 父子皆八十，有重德。其行事載《吳中先賢傳》中。」鈴木氏謂皆
> 八十者誤。

高祖愈，字惟謙，號遜菴。配夏氏。成化乙未進士，授南京刑部主事，歷員外郎中，精法律，出知敍州府，捕慶符盜。及平土官安鰲叛，有功。在敍九年，遷河南參政，致仕歸。卒年八十四，嘉靖丙戌五月十九日也。子男四：長東，浦江縣縣丞；次南，國子生；仲弟惪，無嗣，推以為後；次西，次守中，國子生。孫男蒔、訪、許、志。顧《譜》。

> 陳《墓表》；「高祖愈，成化進士，官河南參政。凱、愈並見《吳
> 中先賢傳》，世居崑山。」

公《京江送遠圖歌序》曰：「公諱愈，字惟謙，一字遯菴。成化乙未進士，授南京刑部主事，進郎中。清慎明敏，號稱職，先後九載。南司寇用弘治三年詔書得薦其屬，將待以不次。疏未達，而命守敘州。為守既常調，而敘又險且遠，公獨不以為望。」

嗣高祖愳，字維明，號靜菴。配陳氏，無子，以愈次子南為嗣。顧《譜》。

曾祖南，字明方，號方塘，賜內閣中書。後官鴻臚寺序班，以使事過家，為御史所論，謫江西建昌府幕官。配鄭氏，繼袁氏。長子諫，玉田公，福安縣丞；次議，贈嘉議大夫、少詹事；次誥。顧《譜》。

陳《墓表》：「曾祖南，以善書授鴻臚。」

顧《行狀》：「曾祖鴻臚寺序班諱南，自禮部公以下三世皆葬於崑。」

祖議，字子禮，號竹臺。以梅村貴，贈嘉議大夫、詹事府少詹事。幼贅於瑯琊王氏，遂居太倉。副室湯氏，封太淑人。顧《譜》。

陳《墓表》：「祖議，始遷太倉。」

顧《行狀》：「祖贈嘉議太夫少詹事諱議，始遷太倉。」

父琨，字禹玉，又字蘊玉，號約齋，又號約叟。諸生。以經行稱鄉里。梅村貴，封嘉議大夫、詹事府少詹事。舉鄉飲大賓，卒祀鄉賢。配陸氏，繼朱氏，封淑人。顧《譜》。

陳《墓表》：「父琨，能文章。祖、父皆受先生封，為中憲大夫。」

顧《行狀》：「父封嘉議大夫、少詹事諱琨，以經行崇祀鄉賢祠。嘉議公八十而逝，有幼女，先生為嫁。虎注：公所撰《席本禎墓誌銘》云：「家大人以幼女字君少子。」蓋先生天性孝友，初登第後，嘉議公勑理家事，歲輒計口授食，蕭然不異布衣時，俸入即上之嘉議公，未嘗有私蓄也。後析產與二弟，均其豐嗇，舉無閒言。」

嗣祖諫，字子猷，號玉田。官福安縣丞。葬梅灣。配某氏，繼查氏，再繼陸氏。子一，查氏出，夭。顧《譜》。

嗣父瑗，字文玉，號蓬菴。禮部冠帶儒士。配王氏、張氏。

世系表

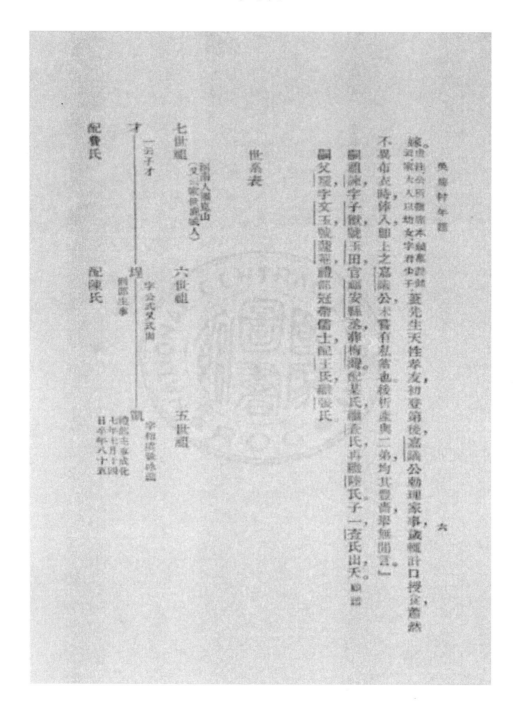

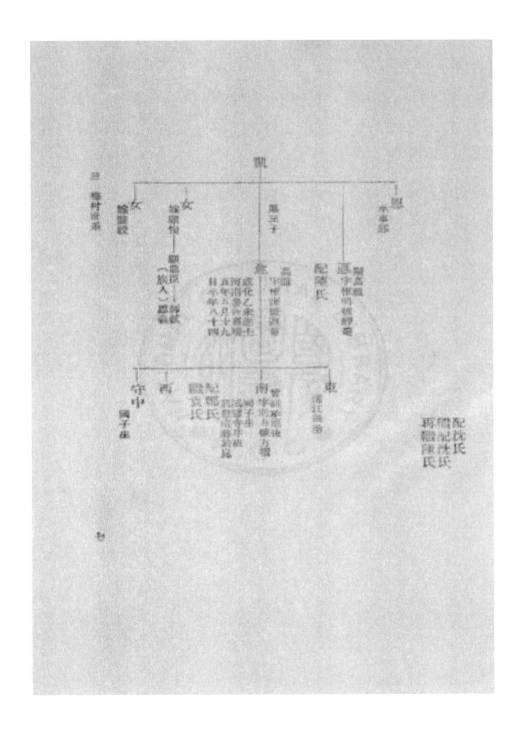

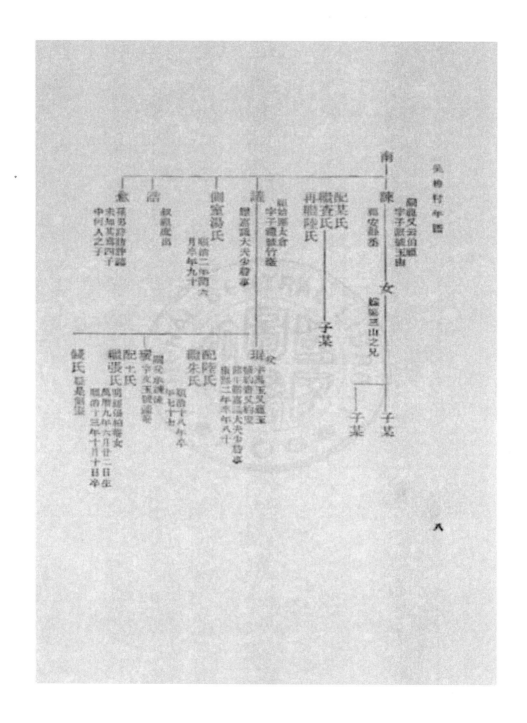

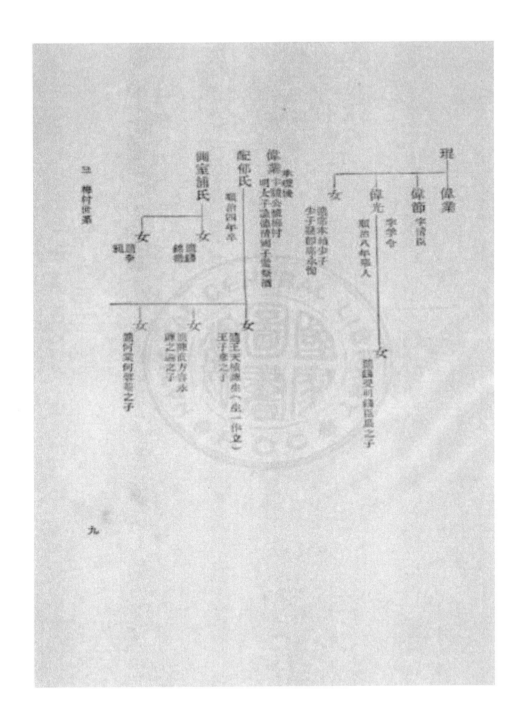

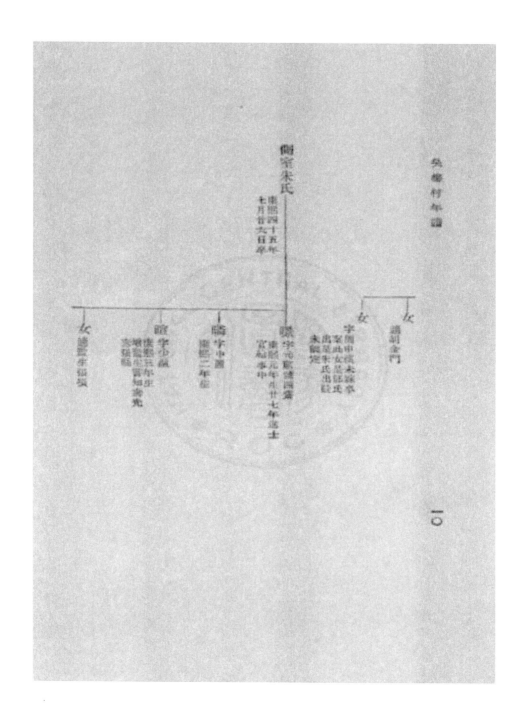

三 梅村世系

一一

四、梅村年譜

明神宗萬曆三十七年己酉　　一歲

顧湄所撰《行狀》曰：

「先生諱偉業，字駿公，姓吳氏。吳為崑山名族。」

「先生生於明萬曆己酉五月二十日。」

「母朱太淑人妊先生時，夢朱衣人送鄧以讚會元坊至，先生生有異質。」

陳廷敬所撰《墓表》曰：「先生生前明萬曆己酉。」

顧師軾所撰《年譜》曰：「母朱太淑人妊先生時，夢朱衣人送鄧以讚會元坊至，遂生先生。」

王崇簡《吳母張太孺人墓誌銘》：「先生始生時，朱太孺人尚育三歲子。太孺人_{虎注：言張氏}。念其勞瘁，從襁褓中乳字先生。」

案：《王崇簡墓誌》所謂張太孺人，嗣母張氏也。蓋以湯氏事誤為張氏耳。

梅村《秦母於太夫人七十壽序》云：「吾因留仙之言而喟然有感於余祖母湯淑人也，衰門貧約，吾母操作勤苦，以營舅姑瀡瀡之養。湯淑人憐其多子，代為鞠育。余自少多病，由衣服飲食，保抱提攜，惟祖母之力是賴。」梅村自幼為祖母湯氏所鞠育。

梅村《王母周安人墓誌銘》曰：「嗚呼！吾父亦窮諸生也，吾母之事大王父王母以孝，而教三子以成立。其仁勤莊儉之德實有類於安人，而偉業之事其母有媿楚先，固已多矣。自古賢母未有不願其夫若子之富貴，而富貴之無媿者尤難。當吾父之有聲場屋，屢試不收，而祖母湯淑人已老，家貧無以為養，吾母為余言之而泣。余倖弋一第，竊喜有以慰母，而終有憾於吾父之不遇也。」母朱氏之仁勤可知。

萬曆四十年壬子　　四歲

顧《譜》：「熊學院科試，先生尊人約齋公補弟子員。」

萬曆四十一年癸丑　　五歲

顧《譜》：「仲弟偉節生。」

萬曆四十二年甲寅　　六歲

公所撰《炤如禪師生塔頌》曰：「始余六七歲，得見外王母。_{虎注：曹氏，曹魯川之女也}。嘗用兜綿手，摩頂在膝前。阿甥_{王母指梅村而言}。汝當知，我父言曹魯川。循良吏。上書忤時宰，拂袖歸田廬。理學專門家，孔釋水乳合。諸方大

尊宿，推重惟魯川。教律與論藏，一一手撰述。吾母言朱淑人曹氏之出。時諦聽，大發菩提心。晚受具足戒，修持二十載。名山構傑閣，言尉山中建經閣。虔奉修多羅。幡幢紛五色，親見如來迎。末後勘辨明，往生安樂國。」云云。此梅村幼時事，亦朱淑人奉佛之所由來也。

萬曆四十三年乙卯　　　七歲

公讀書於江用世家塾。

公所撰《江用世墓誌銘》曰：「始余年七歲，讀書公家塾，識公。公即是年領鄉薦。後三十年家居，公折輩行，與余及魯岡遊」。云云。

虎案：用世，太倉人。萬曆乙卯舉人。壬戌天啟二年。進士。累官江西按察司使。梅村幼時在用世家塾讀書，梅村兄魯同嘗受用世疏薦，亦見誌中。

顧《譜》：

「讀書江公用世家塾。」

「八月，祖竹臺公鈴木氏注：諱議。卒。」

萬曆四十四年丙辰　　　八歲

在王岵雲塾中，李太虛奇公文。

鈕琇《觚賸》：「太虛李明睿。教其謂王岵雲。四五諸郎，梅村甫韶齡，亦隨課王氏塾中，李奇其文，卜為異日偉器。」

萬曆四十七年己未　　　十一歲

顧《譜》：

「就穆苑先雲桂家中讀書。」

「季弟偉光生。」

公《穆雲桂墓誌銘》曰：「自余生十一始識君，居同巷，學同師，出必偕，宴必共。如是者五十年。」又曰：「君為先大夫謂約齋。執經弟子。余兄弟三人，君所以為之者，無有不盡。」又曰：「余之初就君齋讀書也，有同時遊處者四五人。志衍、純祜為兄弟。魯岡與之共事。其輩行差少，皆吳氏余宗也。鄰舍生孫令修亦與焉。」

案：公少年學侶於此見之。

萬曆四十八年庚申　　　十二歲

光宗泰昌元年八月後改元

熹宗天啟元年辛酉　　十三歲

天啟二年壬戌　　十四歲

顧《譜》：

「隨父約齋公讀書志衍繼善。家之五桂樓。」

「能屬文，西銘張公溥。見而歎曰：『文章正印，在此子矣。』因留受業於門，相率為通今博古之學。」程穆衡《婁東耆舊傳》：「江右李太虛明睿落魄，客授州王大司馬所，與公父善，見公於齠齔，奇之。」云云。

陳《墓表》：「先生少聰敏，年十四，能屬文。里中張西銘先生以文章提唱後學，四方走其門，必投文為贄。不當意，即謝弗內。有嘉定富人子竊先生塾中稿數十篇投西銘，西銘讀之大驚，後知為先生作，固延至家，同社數百人皆出先生下。」

顧《行狀》：「少多病，輒廢讀，而才學輒自進。迨為文，下筆頃刻數千言。時經生家崇尚俗學，先生獨好三史。西銘張公溥見而歎曰：『文章正印，其在子矣。』因留受業，相率為通經博古之學。」

公與志衍相識。

《志衍傳》：「予年十四，識志衍。志衍長於予三歲，兩人深相得。」

天啟三年癸亥　　十五歲

顧《譜》：「西銘肇舉復社，先生為入室弟子。」引楊彝《復社事實》云云。

公《與子暻疏》曰：「吾少多疾病，兩親護惜，十五六不知門外事。」《志衍傳》曰：「當是時，天如師以古學振東南，海內能文家聞其風者靡然而至。予羸病，不能數對客，過志衍則人人自得也。」《致孚社諸子書》曰：「偉業嘗見西銘先師手抄《注疏大全》等書，規模前賢，欲得其條貫。雖所志未就，而遺書備乙夜之覽，吾師不沒於地矣。」此皆梅村十五六歲時事。

莊烈帝崇禎元年戊辰　　二十歲

顧《譜》：「陳學院歲試入州庠。」

顧《行狀》：「年二十，補諸生。」

陳《墓表》：「弱冠舉於鄉。」

公《志衍傳》曰：「年十四，識志衍。又六年，即指本年。而人撫、純祜相與砥礪為文章。」《與子暻疏》曰：「應童子試，四舉而後入縠。」

案：陳《墓表》「弱冠舉於鄉」者，誤也。據《與子暻疏》，梅村蓋自十七歲以後，每歲應童子試，至此及第，始得補諸生也。

朱彝尊《靜志居詩話》：「復社始於戊辰，成於己巳。」據吳氏《箋注》所引。

夏燮嗛甫撰《吳次尾應箕年譜》曰：「是年，指崇禎戊辰。婁東張天如吉士溥。與同里受先大令採始倡復社之會，蘇松名士楊解元、廷樞。夏考功、允彝。陳黃門、子龍。皆附之。江以上則先生指吳次尾。及劉伯宗徵君誠。預焉。一時有小東林之目。夏燮按：莊烈改元，窮治奄黨，贈卹同難忠臣，一時東林，枹鼓復盛。據《明史・張溥傳》及吳梅村《復社記事》，皆言起於崇禎建元之初，而劉伯宗撰先生吳次尾本傳言崇禎初元，【三。〔註2〕】《志衍傳》：「人撫、志行與予同魁庚午一經。」

公受知於周廷瓏。

《寄房師周芮公先生詩序》云：「偉業以庚午受知周芮公師，進謁潤州官舍。維時上流無恙，京口晏然，吾師以陸機入洛之年，弟子亦終軍棄繻之歲，南徐月夜，北固江聲，揮塵論文，登樓置酒，笑談甚適，賓從皆賢。」

公所撰《復社紀事》云：「三年庚午，省試胥會於金陵，江淮宣歙之士咸在。主江南試為江西姜燕及先生。榜發，維斗言蘇州楊廷樞。袞然為舉首。自先生言張天如。以下，若臥子言陳子龍。及偉業輩凡一二十人列薦名。吳江吳來之昌時亦與焉，稱得士。」《彭燕又五十壽序》云：「往者余偕志衍舉於鄉，同年中。雲間彭燕又、陳臥子以能詩名。臥子長余一歲，而燕又、志衍俱未三十，每置酒相與為驩。」云云。並當時事也。】

崇禎二年己巳　　二十一歲

顧《譜》：

「西銘與同里張南郭采。舉復社成，先生名重複社，西銘為尹山大會。」

「先生有《致雲間同社諸子書》、《致孚社諸子書》。」

崇禎三年庚午　　二十二歲

顧《譜》：

〔註2〕按：【 】內文字，抄錄鈴木虎雄《年譜》有誤。鈴木《年譜》原作：「三吳中倡為復社，才十餘人耳，不佞城與次尾實共之。冒公子序亦云：『大江以上為吳樓山、劉伯宗，大江以下為楊維斗、張天如。』然則此十餘人者皆執牛耳，主壇坫，為東林之中興，先生其一也。先生是時未至吳中，而聲氣之通，若合符節。迨庚午金陵大會，復社之名遂聞於朝野間。烏程指溫體仁。構郵實始於此。」

「李學院科試，一等三名，補廩膳生員。」

「西銘為全陵大會。」

顧《行狀》：「中崇禎庚午舉人。」

《志衍傳》：「人撫、志衍與余同魁庚午一經。」

公受知於周廷瓏。

《寄房師周芮公先生詩序》云：「偉業以庚午受知周芮公師，進謁潤州官舍。維時上流無恙，京口晏然，吾師以陸機入洛之年，弟子亦終軍棄繻之歲，南徐月夜，北固江聲，揮塵論文，登樓置酒，笑談甚適，賓從皆賢。」

公所撰《復社紀事》云：「三年庚午，省試胥會於金陵，江淮宣歙之士咸在。主江南試為江西姜燕及先生。榜發，維斗言蘇州楊廷樞袤然為舉首。自先生言張天如。以下，若臥子言陳子龍。及偉業輩凡一二十人列薦名。吳江吳來之昌時亦與焉，稱得士。」《彭燕又五十壽序》云：「往者余偕志衍舉於鄉，同年中。雲間彭燕又、陳臥子以能詩名。臥子長余一歲，而燕又、志衍俱未三十，每置酒相與為驩。」云云。皆當時事也。】

崇禎四年辛未　　二十三歲

顧《譜》：「舉會試第一名，座主周延儒、何如寵，房師李明睿。殿試一甲第二名，授翰林院編修。疏劾蔡奕琛。假歸，娶都淑人。淑人，萬曆庚子武舉李茂女。河決金龍口，滕縣沈焉，有《悲滕城》詩。李學院歲試，先生仲弟偉節。入州庠。」

顧《行狀》：「辛未會試第一，殿試第二。西銘公鄉、會皆同榜。文風為之丕變。時有攻辛未座主宜興相言宰相周延儒，宜興人。者，借先生為射的，莊烈帝批其卷，有『正大博雅，足式詭靡』之語，言者乃止。授翰林院編修。先生尚未授室，給暇歸娶，當世榮之。」鈴木氏曰：歸娶在明年。

陳《墓表》：「崇禎會試第一人，延試第二，授編修，是時年二十三。製辭云：『陸機詞賦，早年獨步江東；蘇軾文章，一日喧傳天下。』當時中朝大夫皆然之。」

《貳臣傳》：「吳偉業，江南太倉人。明崇禎四年一甲二名進士，授編修。」公《與子暻疏》：「不意年踰二十，遂掇大魁。」《書宋九青逸事》云：「余以二十三舉進士。」《復社紀事》云：「四年辛未，偉業舉禮部第一，先生言張天如。選庶吉士，天下傳其文。」

案：梅村廷試對策文見《家藏稿》。卷五十五。

公《王腕仲墓誌銘》云：「余同年進士，其在無錫者，曰馬公素脩、唐公玉乳、錢公凝菴、王公腕仲、吳公永調，共五人。」

案：此記同年。

《明史‧何如寵傳》：「如寵，字康侯，桐城人。武英殿大學士。崇禎四年，副延儒總裁會試，諡文端。」靳榮潘曰：「梅村以崇禎四年成進士，則如寵其座主也。」見《吳詩集覽‧送何省齋》詩注。

案：此述右座主。

梅村弟子於李明睿門下逸事錄左：

李明睿，字虛中，號太虛。《南昌郡乘》。

李明睿，南昌人。天啟二年進士，歷坊館。罷閒六七年，廷臣交薦，用宮允起田間。順治初，為禮部侍郎。未幾，以事去官。卒年八十有七。《江西通志》。

江右李太虛為諸生時，嗜酒落拓，而家甚貧。太倉王司馬岵雲備兵九江，校士列郡，拔太虛第一，即遣使送至其家。時王氏二長子已受業同里吳蘊玉即約齋。先生。蘊玉者，梅村先生父也。而太虛教其四五諸郎，梅村甫韶齡，亦隨課王氏塾中，李奇其文，卜為異日偉器。歲將闌，主家設具讌兩師，出所藏玉卮侑酒，李醉揮而碎之，王氏子面加譙讓，李亦盛氣不相下，遂拂衣去。吳知其不能行也，翌日早起，追於城闉，出館俸十金為贈。數歲後，李以典試覆命，過吳門，王氏子謁於舟次，李忽詢吳先生言蘊玉。近狀，時梅村已登賢書。辛未，梅村遂為太虛所薦，登南宮第一及第二人。吳翌鳳節錄鈕琇《觚賸》。

《復社紀事》：「先生言張天如。以貢入京師，縱觀郊廟辟雍之盛，喟然太息曰：『我國家以經義取天下士，垂三百載，學者宜思以表章微言，潤色鴻業。今公卿不通六藝，後進小生剽耳傭目，倖弋獲於有司。無怪乎椓人持柄，而折技舔痔半出於誦法孔子之徒。無他，詩書之道虧，而廉恥之途塞也。新天子言崇禎帝。即位，臨雍講學，丕變斯民。生當其時者，圖仰贊萬一，庶幾尊遺經，砭俗學，俾盛明著作比隆三代，其在吾黨乎！』乃與燕趙魯衛之賢者為文言志，申要約而後去。」

案：此記張天如與北方賢者相結。

陳《墓表》：「崇禎中，黨事尤熾，東南諸君子繼東林之學者，號曰復社。西銘以東林之末響為復社先，而先生西銘高弟也。西銘既為復社主盟，先生又與西銘同年舉進士，故立朝之始，遂已大為世指名。」

鄭方坤《小傳》：「年二十，鈴木氏曰：誤也。當作二十三。舉崇禎辛未科會試

第一,廷試賜一甲第二名進士及第。時猶未娶,特撤金蓮寶炬,花幣冠帶,賜歸里第完姻,於明倫堂上行合巹禮。蓋自洪武開科,花狀元給假,此為再見,士論榮之。」

案:顧《譜》、顧《行狀》、鄭《小傳》並以歸娶繫於本年,與公自記不合,疑給假在本年,歸娶則在明年。說見於下。

崇禎五年壬申　　二十四歲

正月,公尚在京師,送黃道周出城。

《明史稿·黃道周傳》:「崇禎二年,起故官,進右中允。三疏救故相錢龍錫,貶三秩,調他曹。五年正月,方候補,遭疾求去。瀕行,上疏曰:『臣自幼學《易》,以天道為準。上下載籍二千四百年,考其治亂,百不失一。』云云。帝不懌,斥為民。」

案:據此,道周之斥在五年正月。

公《送林衡者還閩序》:「往者在長安,指燕京。石齋黃道周號。曾以《易》傳授余及豫章楊機部。言廷麟也。未及竟,石齋用言事得罪,相送出都城。機部慨然曰:『絕學當傳,大賢難遇,余兩人盍棄所居官,從石齋讀書鶴鳴山中,十年不出?』余心是其語,兩人者逡巡未得去。」云云。

案:此敘受《易》及送行,蓋本年事。

公歸娶蓋在本年。

《與子暻疏》:「賴烈皇帝保全,給假歸娶先室郁氏。三年入朝,值烏程宰相溫體仁,烏程人。當國。」云云。

又,《王範墓誌銘》:「余從翰林假歸,中略。踰三年,余入都。」云云。

案:《明史·宰輔表》:溫體仁,崇禎五年二月為大學士,梅村三年入朝。踰三年入都者,指八年乙亥入京。則歸娶郁氏理宜在本年也。

顧《譜》:「西銘假歸為虎丘大會,刊國表社集行世。」

《復社紀略》:「偉業以溥門人聯捷會元鼎甲,欽賜歸娶,天下榮之,遠近謂士子出天如門下者必速售。比溥告假歸,途中鶼首所至,挾策者無虛日。及抵里,四遠學徒群集。癸酉春,溥約社長,為虎丘大會。先期傳單四出,至日,山左、江右、晉、楚、閩、浙以舟車至者數千餘人,大雄寶殿不能容,生公臺、千人石鱗次布席,皆滿。往來絲織,遊人聚觀,無不詫歎,以為三百年來未嘗有也。」

公《許節母翁太孺人墓誌銘》:「初,吾師張西銘以社事興起東南,而約齋、

維斗為同志，嘗大會武丘，武丘即虎丘。舟車填咽，巷陌為滿。其有傾身接待，置驛四郊，請謝賓客，則推吾友德先。德先者，元愷字也。當是時，孺人方持家秉德，先揮斥千餘金以為頓舍飲食之費，孺人無幾微吝色。」

案：有義子，斯有義母。

崇禎六年癸酉　　二十五歲

顧《譜》：「約齋公五十初度，張溥有《吳年伯母湯太夫人壽序》。」

崇禎七年甲戌　　二十六歲

顧《譜》：「城隍廟正殿災，有碑記。」

崇禎八年乙亥　　二十七歲

顧《譜》：

「入都，補原官，充實錄纂修官。」

「倪學院歲試，季弟偉光入州庠。」偉光字孚令。

顧《行狀》：「乙亥入朝，充纂修官。值烏程言溫體仁。柄國，先生與同年楊公廷麟輩挺立無所附。」

公《與子曧疏》：「賴烈皇帝保全，給假歸娶先室郁氏。三年入朝，值烏程當國。」云云。鈴木氏謂《明史·宰輔表》：溫體仁崇禎三年六月入閣，至十年六月致仕。又，《王範墓誌銘》：「余從翰林假歸，中略。踰三年，余入都。」云云。

案：暇歸在五年。三年入朝及踰三年入都者，蓋本年事。

公所撰《孫證墓誌銘》：「追惟疇昔，文介公之被召也，鈴木氏謂文介公孫慎行也，武進人。《明史稿·孫慎行傳》：「崇禎八年，廷推閣臣，屢不稱旨，最後以慎行及劉宗周、林釬名上，帝即召之。慎行已得疾，即入都，未及陛見而卒，贈太子太保，謚文介。」余奉謁於彰義門之邸舍，既辭以病。其沒也，從而哭之。越十六年，再至京師，則知同官中有衣月，為文介子孫。」云云。

案：梅村謁文介在今年，則文中越十六年再至京師，其時應在順治七年庚寅。然庚寅實不入都，「十六」疑當作「十九」。越十九年，則正當順治十年，梅村扶病入都之年。

崇禎九年丙子　　二十八歲

顧《譜》：

「奸民陸文聲討復社事。」

「秋，典湖廣試，刑科給事中宋玫為副，與熊魚山、開元。鄭淡石友元會。」

詩文：

《夜泊漢口》、《送黃子羽之任》。見顧《譜》。

案：《湖廣鄉試錄序》、《家藏稿》卷五十六。《論策問》，《家藏稿》卷五十六。亦並本年作。

陳《墓表》：「丙子，典試湖廣，當時號得士。」

顧《行狀》：「丙子，主湖廣鄉試，所拔多知名士。」

公《敕贈大中大夫盧公盧鼎如。神道碑銘》曰：「丙子歲，偉業被命，偕給諫萊陽宋公九青典校湖廣鄉試，時中原已擾，寇甚彌漫，豫楚之交，流氛四出，羽檄交道，謬以一介虔奉簡書，揚旌馳驟嚴疆，轉徙金革，幸得畢使。以鉛黃甲乙多士，鎖院三試，所弋獲皆為俊民。」云云。

又，公《書宋九青事》曰：「九青長予二歲。予以二十三舉進士，九青用計吏，選天下最，入吏垣，距其通籍之歲已六年。又五年，九青以刑右給事副予使楚，兩人相得甚。蓋其時天下已多事，楚日岌岌，而武昌阻大江，固無恙。楚之賢士大夫，為魚山熊公、澹石鄭公，乃九青同年生，又皆吏於吾土。聞兩人之至也，拏舟來，醑酒江樓，敘述往昔，商較文史，夜半耳熱，談天下事，流涕縱橫。」云云。

案：右二文並皆典試時事也。

崇禎十年丁丑　　二十九歲

顧《譜》：

「充東宮講讀官。」

「劾張至發，直聲動朝右。」

「七月，次女生。後適海寧陳直方容水，相國之遜子。」

《貳臣傳》：「尋充東宮講讀官，又遷南京國子監司業，轉左庶子。」

虎案：《貳臣傳》文指本年至十六年事。

案：《明史稿·諸王傳》：「太子慈烺，莊烈帝第一子。母周皇后。崇禎二年二月生，九月立為皇太子。十年，群臣屢請出閣，帝定期來歲二月。預擇東宮待班、講讀等官，編修吳偉業、楊廷麟、林增志講讀。十一年二月，皇太子出閣。十五年正月，東宮開講，內閣諸臣條上講儀。」

據此，梅村今年豫定任東宮講讀官。

顧《行狀》：「烏程去，武陵、蘄水相繼入相，虎注：烏程指溫體仁，武陵指楊嗣昌，蘄水指姚明恭。先生皆與之迕。先是，吾吳有奸民張漢儒、陸文聲之事，烏

程實陰主之，欲剚刃東南諸君子。先生以復社著名，為世指目。淄川言張至發。傳烏程衣缽，先生首疏攻之，直聲動朝右。」

　　陳《墓表》：「當是時，淄川張至發，烏程黨也。繼烏程而相，剛愎過烏程。先生始進，即首劾淄川，奏雖寢不行，其黨皆側目。」

　　《貳臣傳》：「八年，大學士溫體仁罷，張至發柄國，極頌體仁孤執不欺。偉業疏言：『體仁性陰險，學無經術，狎暱小人。繼之者正宜力變所為，乃轉稱其美，勢必因私踵陋，盡襲前人所為。公忠正直之風何以復見海宇？禍患何日得平』？疏入，不報。」

　　案：《明史·張至發傳》：「崇禎八年六月，帝擢至發禮部左侍郎，兼東閣大學士，與文震孟同入直。越二年，溫體仁輩盡去，至發遂為首輔。至發代體仁，一切守其所為。嘗簡東宮講官，擯黃道周，為給事中馮元飆所刺。至發怒，兩疏詆道周，而極頌體仁孤執不欺，復為編修吳偉業所劾。」此蓋言梅村劾至發在十年，《行狀》、《墓表》、《貳臣傳》亦大略言十年事。

　　公仲女生於京師。

　　《亡女權厝誌》曰：「女生於丁丑七月二十八日。」

崇禎十一年戊寅　　三十歲

　　二月，皇太子出閣講學，公為講讀官。

　　《明史稿·莊烈帝紀》：「崇禎十一年二月辛丑，皇太子就文華殿講讀。」公《衡齋劉公墓誌銘》：「先皇帝以十年太子行冠禮，其明年，即十一年。講學。又三年，二王定王、永王。出閣，等殺有禮，可無前日之懼矣。當太子出講也，偉業備員講讀。」云云。《左諭德濟寧楊公墓誌銘》：「楊士聰，字朝撤，號臬岫。辛未進士。中略。丁丑，會試同考，得春秋士二十三人。明年，即崇禎十一年戊寅。皇太子出閣講學，充較書官。」

　　案：據此等文，皇太子十一年出閣講學，確矣。

　　顧《譜》：

　　「江右楊機部廷麟。以翰林改官兵部主事，贊畫督臣盧象昇軍事。」

　　「與楊臬岫士聰。謀，劾吏部尚書田惟嘉、太僕寺卿史䍐諸不法事。」

　　「三月二十四日召對，進端本澄源之論。」

　　「湯太淑人八十稱觴。」

　　案：集中有《懷楊機部軍前》。七律。見《家藏稿》。

　　顧《行狀》：

「戊寅三月二十四日召對,先生進端本澄源之論,欲重其責於大臣,而廣其才於庶僚,乃昌言曰:『冢臣職司九品,冢臣所舉不當,何以責之臺省?輔臣任寄權衡,若輔臣所用不賢,何以責之卿寺?』言極剴切,上為之動容。」

「己與楊公士聰謀劾史䔾。鈴木氏謂史䔾事見於公《楊士聰墓誌銘》。䔾去,而陰毒遂中於先生。」

七月,黃道周劾楊嗣昌,謫江西按察司照磨。

《明史稿·莊烈帝紀》:「崇禎十一年秋七月戊辰,少詹事黃道周三疏劾楊嗣昌奪情。己巳,召文武大臣於平臺,面詰道周,降謫江西按察司照磨。」又,《黃道周傳》云:「七月五日,召內閣諸大臣於平臺,並及道周。帝與諸臣語所司事,久之,問道周曰。云云。貶道周六秩,為江西按察司照磨。」集中有《送黃石齋謫官》。七律。見《家藏稿》。蓋當時作。

顧杲、陳貞慧、吳應箕等《留都防亂公揭》之事起。

冬十二月,盧象昇兵敗於鉅鹿,死之。《明史·莊烈帝紀》。

崇禎十二年己卯　　三十一歲

顧《譜》:

「升南京國子監司業。」

「督師盧象昇卒。」

「漳浦黃公道周論楊嗣昌奪情事,受廷杖。先生遣太學生涂仲吉入都訟冤,干上怒,嚴旨責問主使,先生幾不免。」

「奉使封延津、孟津兩王於禹州。」

「過汴梁,登孝王臺。」

「漳浦黃公南還,先生與馮司馬□□過之唐棲舟中,出所注《易》授先生。」

陳《墓表》:「頃之,遷南京國子監司業。時黃道周以事下獄,先生遣監中生涂某齎表至京。涂伏闕上疏,申理道周黨人。當軸者以為先生指示,使將深文其獄,以中先生。會其人死,乃已。旋奉使河南封藩。」

《明史稿·黃道周傳》:「久之,鈴木氏謂承上文謫江西照磨而言。江西巡撫解學龍薦所部官,推獎道周備至。故事但下所司,帝亦覆聞。大學士魏照乘者惡道周,擬旨責學龍濫薦。帝遂發怒,立削二人籍,逮下刑部獄,責以黨邪亂政,並廷杖八十,究黨與,欲寘之死。詞連某某。等,並繫獄。」

「戶部主事葉廷秀、監生涂仲吉救之,亦繫獄。」

案:道周劾楊嗣昌在前年七月,受廷杖逮刑部獄在本年。《明史·宰輔表》:

「魏照乘，崇禎十二年五月《明史·莊烈帝本紀》云：「五月甲子。」晉禮部尚書，兼東閣大學士。」入此知廷杖在五月甲子以後。

顧《行狀》：

「己卯，銜命封延津、孟津兩王於禹州。」

「堇鈴木氏謂史堇。謀以成御史勇事牽連坐先生。會堇死，事寢。」

「陞南京國子監司業。甫三日，而漳浦黃公道周論武陵鈴木氏謂楊嗣昌。奪情拜杖信至，先生遣太學生涂仲吉入都，具橐饘。涂上書為漳浦訟冤，干上怒，嚴旨責問主使，先生幾不免。」

案：廷杖在五月甲子後，公陞司業甫三日而拜杖信至，則公任南監大約在夏間矣。

公《謝泰交墓誌銘》：「余在太學，頗欲按經術，攷求天下士，而君所對極深美，故於眾中識君。同時有南中何君次德、同里周君子俶，咸通儒洽聞，余差次之名，乃在君之亞。」

又，《宋子建鈴木氏注：名存標，華亭人。詩序》：「往者，余叨貳陪雍，雲間宋子建偕其友來遊太學。當是時，江左全盛，舒桐淮楚衣冠人士避寇南渡，僑寓大航者且萬家。秦淮燈火不絕，歌舞之聲相聞。子建雅結納，擅聲譽，天才富捷，能為歌詩，勝遊廣集，名彥畢會。每子建一篇出，無不人人嗟服。余講舍左〔註3〕雞籠山南，遠睍覆舟，近攬靈谷，俯瞰玄武，陵樹青蔥，觚稜紫氣，皆浮光蕩日，照耀乎吾堂之內。有池十畝，為亭五楹，樹以桐梓杉櫧，被以芙蕖菱芡。凡四方賓客之過者，圖書滿架，笙鏞在列，招延談詠，殆無虛晷。子建至，則相與講德論藝，命酒賦詩，極晝夜無倦。蓋山川之勝，文章之樂，生平所未有也。」

又，《穆雲桂墓誌銘》：「余叨貳雍，君來訪雞籠講舍，流連浹旬，悉探冶城諸名勝，與其賢者相結而後歸。無何，亂離大作，吾等諸人皆引去，謀與君偕隱海濱。」

案：並是南監時事。亦見《過南廂園叟感賦》詩中。

公《感舊贈蕭明府詩序》：「余年三十有一，以己卯七月奉命封延津、孟津兩王於禹州，過汴梁，登梁孝王臺，適學使者會課屬郡知名士於臺上，因與其人諮訪古蹟，徘徊久之而後行。」

案：據此，公奉使封藩在七月。

〔註3〕「左」，鈴木虎雄《年譜》原作「在」。此誤抄。

公《謝泰宗墓誌銘》:「余之從黃先生鈴木氏注:言道周。遊也,竊嘗記其遺事一二。先生好《易》,而尤工《楚辭》。居長安,言燕京。食不能具一肉,酒酣,間出於圍棋書畫,以自愉快。受詔進經義於承華宮,援據詳洽,篇帙甚富。入其室,見床頭有廢簏敗紙,不知先生攷訂何書也。予杖下詔獄,萬死南還,余與馮司馬遇之唐棲舟中,出所注《易》讀之,十指因拷掠,血滲漉楮墨間,余兩人睚眙歎服,不敢復出一語勞苦。以彼其所學,死生患難豈足以動其中哉!」

案:據此,公蓋北行,黃方南還,而相遇於唐棲舟中也。唐棲,未詳其所在,俟考。

《清風使節圖》。吳注云:「應是官南司業時作。」

《讀端清鄭世子傳》。疑作於本年。

崇禎十三年庚辰　　三十二歲

顧《行狀》:「庚辰,晉中允、諭德。」

顧《譜》:

「升中允、諭德。」

「嗣父文玉公卒。」

「陳廷敬《先生墓表》:『升中允、諭德,丁嗣父艱,服除,會南中立君,登朝一月歸。』」

案:顧《譜》引《墓表》服除以下文,恐失當。

《臨江參軍》。

案:右詩靳榮藩繫之於十二年,顧《譜》繫於本年,靳說是也。

公《送何省齋》詩:「我昔少壯時,聲華振儕輩。講舍雞籠顛,賓朋屢高會。總角能清譚,君家好兄弟。緩帶天地寬,健筆江山麗。憑闌見溢口,傳烽響笳吹。海寓方紛紜,虛名束心意。夜半話掛冠,明日扁舟繫。問余當時年,三十甫過二。」

案:是言其在南雍也。

崇禎十四年辛巳　　三十三歲

顧《譜》:

「李自成陷河南,福王常洵遇害。虎注:正月丙申也。有《汴梁二首》。」

「五月,《哭張西銘師〔註4〕》。」

〔註4〕「師」,鈴木虎雄《年譜》作「詩」。

「再許復社，命下，南郭鈴木氏注：張采字南郭。獨條對上，獄乃解。」

公《復社紀事》：「先生言張溥也。卒於家，私諡曰仁學先生，崇禎十四年辛巳五月也。」《張母潘孺人暨金孺人墓誌》：「崇禎己卯，孺人言潘氏。亡。又三年，指辛巳歲。西銘沒。」又曰：「偉業挾筴從師，升堂拜母，哲人既萎，十有九年。」鈴木氏謂：墓誌作於順治十五年戊戌。辛巳至戊戌，十七年也。九疑當作七。

公《鄧讓墓誌銘》：「元昭鈴木氏注謂：名旭，讓之子。讓卒於辛巳正月。與余同官。其從簡討乞暇歸葬也，山墮水旋，經營重繭，余遇之南中，談其兩親生平，未嘗不涕下。既以檄催北行，不果，中遭齮齕，遷洮岷以去，余相送出都門。」云云。

案：據此，公今年必以事嘗至南都，與元昭相遇。元昭為洮岷道副使而去，因相送也。

崇禎十五年壬午　　三十四歲

顧《譜》：

「春，大清兵克松山，洪承疇降，遂下錦州，祖大壽以錦州降。有《松山哀》。」

「七月，田貴妃薨，葬天壽山。有《永和宮詞》。」

案：《松山哀》，顧《譜》繫之於本年。然詩中有曰「出身憂勞致將相，征蠻建節重登壇」，是指順治十年洪承疇任湖廣等五省總督軍務事，詩必作於順治十年。若十一年入京後，《永和宮詞》繫於本年者，亦誤也。詞中明言「宮草明年戰血腥」，云云。此知詩作於崇禎甲申國變後也。

崇禎十六年癸未　　三十五歲

顧《行狀》：「癸未，晉庶子。」

顧《譜》：

「升庶子。」

「李自成破潼關，督師孫傳庭戰死。有《雁門尚書行》。」

「文祖堯來為太倉州學正。鼎革後，棄官寓僧寺，以青烏術自給，人皆知滇南先生為古君子。有《文先生六十壽序》、《送文學博以蒼公招同住中峰寺》、《曇陽觀訪文學博介石兼讀蒼雪師舊蹟有感》諸詩。」

「志衍之成都任，有《送志衍入蜀》詩。」

「秋七月，由崧襲封福王。」

「十二月，文選司郎中吳昌時棄市。」

《雁門尚書行》，顧《譜》繫於本年。

案：《詩序》云「尚書陣沒」，尋云「二年，公長子世瑞重跰入秦」，詩中亦及其事，詩不作於本年也，明矣。疑馮訥生順治乙未在京舉進士時，或示以《潼關行》，梅村因亦作此篇乎？

《雒陽行》，顧《譜》繫於本年，不誤。詩云「四十年來事堪憶」，蓋萬曆廿九年，光宗立為皇太子，至崇禎十六年，正四十年矣。

明崇禎十七年甲申　　三十六歲
清順治元年

公購梅村。

顧《譜》引《松霞公日記》云：「甲申正月，晤張南垣於吳駿公之居梅村」，當是申酉間所購。

張大純《采風類記》：吳氏《箋注》所引。「梅村在太倉衛西，本王銓部士騏舊業，名賣園。吳祭酒偉業斥而新之，改今名。有樂志堂、梅花菴、嬌雪樓、鹿樵溪舍、橙亭、蒼溪亭諸勝。」

公七律《梅村》云：「枳籬茅舍掩蒼苔，乞竹分花手自栽。不好詣人貪客過，慣遲作答愛書來。閒窗聽雨攤詩卷，獨樹看雲上嘯臺。桑落酒香盧橘美，釣船斜繫草堂開。」又見《舊學庵記》、《與暻等疏》。

陳《墓表》：「升中允、諭德，丁嗣父艱，鈴木氏注：嗣父名瑗，字文玉，公父琨之弟。服除，會南中立君，登朝一月歸。」

案：南中立君在今年四月，所謂「登朝一月」者，係此際事。

《貳臣傳》：「福王時授少詹事，與大學士馬士英、尚書阮大鋮不合，請假歸。」

顧《行狀》：「甲申之變，先生里居，攀髯無從，號慟欲自縊，為家人所覺。朱太淑人抱持泣曰：『兒死，其如老人何！』」

顧《譜》：

「三月，流寇陷京師，莊烈帝崩於萬壽山。先生里居，聞信，號痛欲自縊，為家人所覺。朱太淑人抱持泣曰：『兒死，其如老人何！』乃已。」《明史·周遇吉傳》。楊士聰《甲申核真略》。《綏寇紀略》。

「山海關總兵吳三桂奉詔入援，聞燕京陷，猶豫不進。自成執其父襄，令作書招之，許以通侯之貴。三桂欲降，至灤州，聞其妾陳沅為賊所掠，大憤，

急歸山海關，乞降於我大清。有《圓圓曲》。」詩中有「衝冠一怒為紅顏」句。三桂齎重幣求去此詩，先生弗許。

「四月，鳳陽總督馬士英等迎福王由崧入南京，稱監國。壬寅，立於南京，國號弘光。」附唐孫華《東江集·談金陵舊事詩》。

「分江北為四鎮，以黃得功、劉澤清、劉良任、高傑領之。」

「史可法開府揚州。」清攝政王致史書、史答書。

「五月，大清定鼎燕京。」

「十月，張獻忠破成都，志衍一門三十六口俱被害。有《志衍傳》、《觀蜀鵑啼劇》、《題志衍山水》詩。」鈴木氏注：十一月廿五日，志行官蜀，遇害，見公《志衍傳》。

「姜垓謫戍宣州衛。有《東萊行》。」《明史·姜垓傳》。姜如農《從越中寄詩次韻》。王士禎《感舊集》小傳。盛敬《成仁譜》。

「左懋第充通問使。有《下相極樂菴讀同年北使時詩卷》。」《明史·左懋第傳》、葛芝《臥龍山人集》。

詩文：

《圓圓曲》。《志衍傳》。《觀蜀鵑啼劇》。《題志衍山水》。《東萊行》。《姜如農從越中寄詩次韻》。《下相極樂菴同年北使時詩卷》。以上見顧《譜》。

虎案：「《圓圓曲》疑作於順治十六年以後。《觀劇》疑作於順治三年春。《東萊行》疑順治三年秋作。詩云『三年流落江湖夢』，又云『故鄉蕭瑟海天秋』，又云『左氏勳名照汗青』，懋第死在順治二年，可以證矣。《永和宮詞》作於本年國變後，憾未能詳其年時。十月有《甲申十月南中作》。」七律。見《家藏稿》。

明福王由崧弘光元年乙酉　　　三十七歲
清順治二年

顧《行狀》：「乙酉，南中召拜少詹事，加一級。越兩月，先生知天下事不可為，又與馬、阮不合，遂拂衣歸里，一意奉父母歡。易世後，杜門不通請謁。每東南獄起，常懼收者在門，如是者十年。」

顧《譜》：

「南京召拜少詹事。」

「二月，王師南下，揚州史可法守城，死之。有《揚州》詩。」節錄。

「五月初九日，王師渡江，福王由崧奔太平，南都亡。」《堅瓠集》云云。

「劉澤清降，我朝惡其反覆，磔殺之。有《臨淮老妓行》。」王士禛《南征紀略》。《觚賸》。

「鄭芝龍、黃道周等奉唐王聿鍵稱監國，六月自立於福州，號隆武。」

「楊文驄之閩。有《送友人從軍閩中》、《讀友人舊題走馬詩於郵壁漫次其韻》。」

「九月，執由崧以歸於京師。」

「先生應南京詹事之召，甫兩月，奕琛夤緣馬士英復柄用。修舊郤，先逮吳御史適，次擬先生。先生知事不可為，又與馬、阮不合，乃謝歸。」《明史·奸臣傳》。夏允彝《幸存錄》。《冒辟疆五十壽序》。《吳母徐太夫人壽序》。

「五月十七日，州役皁隸輿廝等毆張南郭。」云云。六月初四日，州亂，焚搶蜂起，先生避亂礐清湖。有《礐清湖》、《讀史雜感》、《避亂》詩。思義引朱昭芑明鎬《小山雜著》云云。

「六月，大兵入浙。有《董山兒》詩。」楊陸榮《三藩紀事本末》。

「閏六月，祖母湯太淑人卒。」

詩：

《揚州詩》。《送友人從軍》。《閩中讀友人舊題走馬詩於郵壁漫次其韻》。《礐清湖》。《讀史雜感》。《避亂》。《董山兒》。以上見顧《譜》。

公《秦母於太夫人七十壽序》云：「憶自早歲通籍，鈴木氏謂崇禎元年舉鄉。祖母言湯淑人。年七十有三，及以南都恩貤封三世，湯淑人期屆九裹，筓珈白首，視聽不衰，里人至今以為太息。」云云。據此，公祖母今年九十歲尚存也。

虎案：《臨淮老妓行》，顧《譜》繫之本年。然詩中有曰「收者到門停奏伎，蕭條西市歡南冠」，是及澤清誅死也。程《箋》云：「戊子冬，順治五年冬。姜瓖與大同總兵唐珏等謀叛，致書其姻劉澤清為內應，事洩，澤清伏誅。」則此詩之作定在順治五午以後。《礐清湖》五古詩，顧《譜》繫之本年，誤也。詩止追敘本年之事，詩之作蓋在順治十三年秋。何也？詩序曰：「余以乙酉五月聞亂，倉皇攜百口投之。」云云。又曰：「予將卜築買田，耦耕終老，居兩月而陳墓之變作，於是流離遷徙，僅而後免。」是追敘之文也。又曰：「事定，將踐前約，指卜棲事。尋以世故牽挽，流涕登車，疾病顛連，關河阻隔，比三載得歸，而青房過訪草堂，見予髮白齒落，深怪早衰。又以其窮愁煢獨，妻妾相繼下世，因話昔年湖山兵火。」云云。所謂「流涕登車」者，指順治十一年北上；「比三載得歸」者，指十三年南歸；而「青房過訪草堂」者，又指公南歸後青房訪之

於公家也；「妻妾相繼下世」者，指郁夫人順治四年卒、妾某疑或浦氏乎？亦卒而言也。詩之不作於二年也，明矣。詩云：「生還愛節物，高會逢茱萸。好採籬下菊，且讀囊中書。」則知詩作於十三年秋也。又云：「俄見葭葼邊，主人出門呼。開柵引我船，掃室容我徒。我家兩衰親，上奉高堂姑。艱難總頭白，動止需人扶。妻妾病伶仃，嘔吐當中途。長文僅九齡，鈴木氏謂公長女生於崇禎十年，順治二年方九歲矣。余泣猶呱呱。」此則避難時之實境也。

明唐王隆武元年丙戌　　三十八歲
清順治三年

顧《譜》：

「瞿式耜等以桂王由榔監國於肇慶，號永曆。」

「志衍之弟事衍自蜀中徒跣逃歸。有《哭志衍》詩。」

「秋，王煙客時敏。治西田於歸涇之上，約張南垣疊山種樹，錢虞山作記，先生為作《歸村躬耕記》。」

詩文：

《哭志衍》。《琵琶行》。《西田詩》。《和王太常西田雜興》。《諡忠毅李公神道碑銘》。以上見顧《譜》。

虎案：公《觀蜀鵑啼劇有感》詩句云「花開春江望眼空」，又云「二月東風歌水詞」，又云「新聲歌板出花前」，是知聽曲在春間。又云「還家有弟脫兵戈」，事衍之歸在本年，則詩當作於本年春也。顧《譜》繫之崇禎十七年者，非是。

明永明王永曆元年丁亥　　三十九歲
清順治四年

顧《譜》：

「正月，大兵克肇慶，桂王奔桂林，尋奔全州，以式耜留守桂林。元配郁淑人卒。」虎注：公《亡女權厝誌》云：「十有一歲而郁淑人卒。」公仲女生於崇禎丁丑，今年方十一歲矣。

「楊繼生任太倉學正。有《閬州行》、《贈楊學博爾緒》。」引顧嗣齊《壬夏雜抄》云云。

「遊越，有《謁范少伯祠》、《登數峰閣》、《禮浙中死事六君子》、《鴛湖曲》、《鴛湖感舊》。王煙客招往西田賞菊，有詩。」

顧《行狀》:「原配郁氏封淑人,先公十五年卒。」

案:據公《亡女權厝誌》及顧《譜》,郁氏卒於本年,「十五」當作「二十五」。

明永曆二年戊子　　四十歲
清順治五年

顧《譜》:

「七月,同年楊彝岫卒,有《楊公墓誌銘》。」

「八月,築舊學菴於梅村西偏,先生自為記。」

「有《後東皋草堂歌》,為瞿式耜稼軒傷其園荒蕪也。」

顧《行狀》:「先生性愛山水遊,嘗經月忘反,所居乃故銓部王公士騏之賁園,先生拓而大之,壘石鑿池,灌花蒔藥,翳然有林泉之勝。與士友觴詠其間,終日無倦色。其風度沖曠簡遠,令人挹之,鄙吝頓消。」公《與子暻疏》:「吾生平無長物,惟經營賁園,約費萬金。今三子頗有頭角,若能效陳鄭累世同居之義,吾死且瞑目。倘因門戶不一,松菊荒涼,則便為大不孝。諸父尊親,以此責之,誓諸皎日可也。」

明永曆三年乙丑　　四十一歲
清順治六年

顧《譜》:「夏,願雲師從靈隱來,止城西太平菴,別先生,將遊廬嶽,且期以出世,先生作詩贈之。《婁東耆舊傳》:『王翰,字原達。受業於張采。國變為僧,號晦山大師,名戒顯,字願雲。』先生後有《得廬山願雲師書》、《喜願雲師從廬山歸》諸詩。」

詩文:

《黃陶巷文集序》。《興福寺鐵爐銘》。《丹陽荊公墓誌銘》。以上見顧《譜》。

虎案:《贈願雲師》詩,顧《譜》繫之本年。然據寶山毛大瀛記,願雲庚寅夏入廬山,則詩疑作於明年庚寅矣。

明永曆四年庚寅　　四十二歲
清順治七年

顧《譜》:

「十一月,大兵入桂林,桂王奔。臨桂伯瞿式耜、總督張同敞俱死。」

「赴十郡大社。」

「八月，大風，海溢。有詩。」

「得龔芝麓鼎孳書。」書載先生《詩話》。

「至海虞，有《琴河感舊》、《聽女道士卞玉京彈琴歌》、《宴孫孝若山樓賦贈》諸詩。」

「《江公墓誌銘》、《贈李羿居御史》。」

正月有《庚寅元旦試筆》。七律。見《家藏稿》。

明永曆五年辛卯　　四十三歲
清順治八年

顧《譜》：「劉文秀等據滇黔，吳三桂握重兵屯保寧，久無功，四川巡撫郝裕劾其縱兵劉掠，包藏異心，未幾，東西川陷。」云云。

詩文：

《雜感詩》。《元旦試筆》。《梅花菴同林若撫話雨聯句》。《德藻稿序》。以上見顧《譜》。

《許節母翁太孺人墓誌銘》。

公弟德藻舉於鄉。

公《德藻稿序》曰：「吾弟德藻以今年舉於鄉。去志衍與余同薦之日，虎注：公為崇禎庚午舉人。則已二十年矣。」

明永曆六年壬辰　　四十四歲
清順治九年

顧《譜》：

「館嘉興之萬壽宮，輯《綏寇紀略》。《提要》〔註5〕。」云云。

「先生所著有《春秋地理志》、《春秋氏族志》、《綏靖紀聞》、《復社紀事》、《秣陵春樂府》、《梅村詩話》、《鹿樵紀聞》諸書，又有《臨春閣》、《通天臺》兩種樂府。」

「哭朱昭芑明鎬。有《朱昭芑墓誌銘》。」

「與蒼公會。」

「送林衡者佳璣歸閩。有《送林衡者還閩》序並詩。」

「得侯朝宗方域書。」

〔註5〕鈴木《年譜》此處有「曰」字。

朱彝尊《曝書亭集》：「梅村吳先生以順治壬辰館嘉興之萬壽宮，於時先生將著書以老矣。越歲，有迫之出山者，遂補國子祭酒。」

公《楚雲七絕》八首序曰：「余以壬辰上巳為朱子葵、子葆、子蓉兄弟招飲鶴州，虎注：鶴州在嘉興城南。同集則道開師、沈孟陽、張南垣父子。」又，《補禊》七律序曰：「壬辰上巳，蔣亭彥、篆鴻、陸我謀於鴛湖禊飲，予後三日始至，同集有道聞師、朱子蓉、沈孟陽。」則知公春間在嘉興。

夏，薦事起。

《貳臣傳》：「本朝順治九年，兩江總督馬國柱遵旨舉地方品行著聞、才學優長者，疏薦偉業來京。」

虎案：公《上馬制府書》、《辭薦揭》並當時作。

《上馬制府書》曰：「偉業少年咯血，久治不痊。今夏舊患彌增，支離牀褥，腰腳攣瘇，胸腹膨脹，飲食難進，骨瘦形枯，發言喉喘，起立足僵，困劣之狀，難以言悉。豈有如此疾苦，尚堪居官効力，趨蹌執事者耶？中略。伏乞祖臺即於確查之中，將偉業患病緣由詳列到部。」又曰：「偉業自辛未虎注：崇禎四年。通籍後，陳情者二，請急者三，歸臥凡踰十載。虎曰：公歸里蓋在甲申國變以前，故曰「凡踰十載」也。其清羸善病，即今在京同鄉諸老共有矜諒。撫、按兩臺，偉業已具揭請之矣。而祖臺則舉主也，方受德感，知無可報塞。」

公《朱明鎬墓誌銘》曰：「君生於丁未鈴木氏謂萬曆三十五年。十一月二十三日，卒於壬辰虎注：即今年。三月八日，年四十有六。中略。君沒未兩月，余之困苦迺百倍於君。君平昔所以憂余者，至今日始驗。憤懣不自聊，乃致抱殷憂之疾，其不與君同遊者幾何。」云云。

虎案：「困苦百倍」者，必指徵起事。言「君沒未兩月」，則徵起時在九年五月可知。

明永曆七年癸巳　　四十五歲
清順治十年

春集虎丘，四月到南京，三月以前孫承澤薦，九月以後發程入都，仲冬修聖恩寺藏經閣。

顧《譜》：「春禊飲，社集虎丘。」程穆衡先生《詩箋》曰。云云。《壬夏雜抄》曰。云云。王隨菴撰《自訂年譜》曰。云云。是秋九月，梅翁應召入都，實非本願，而士論多竊議之，未能諒其心也。

九月，應召入都，授祕書院侍講，奉勅纂修《孝經演義》。虎注：公《石孕玉墓誌銘》曰：「偉業嘗以鉛槧侍左右，纂輯《孝經》，仰見皇上明倫敦教，俯邮群情，以孝治天下之大道。」尋升國子監祭酒。時先生杜門，不通請謁，當時有疑其獨高節全名者。會詔舉遺佚，薦剡交上，有司敦逼，先生控辭再四，二親流涕辦嚴，攝使就道，難傷老人意，乃扶病出山。顧按《墓表》，溧陽、海寧兩陳相國共力薦先生，州縣志皆載總督馬國柱疏薦先生。有《投贈督府過公》、《自歎》、《江樓別孚令弟》、《登上方橋有感》、《鍾山》、《臺城》、《國學》、《觀象臺》、《難鳴寺》、《功臣廟》、《玄武湖》、《秣陵口號》、《遇南廂園叟感賦八十韻》、《淮陰有感》、《將至京師寄當事諸老》、《高郵道中》、《遇雪即事言懷》、《臨清大雪》、《阻雪》諸詩。

《貳臣傳》：「十年，順治。吏部侍郎孫承澤疏薦偉業學問淵深，氣宇凝定，東南人才無出其右者，堪備顧問之選。」

案：《貳臣傳》，孫承澤順治五年擢兵部右侍郎，八年調吏部，九年四月解任，五月如舊供職，八月轉左侍郎，十年正月引疾乞休，三月再請乃許，康熙十五年歿。據此，承澤薦公起用在十年三月以前矣。

公《遇南廂園叟感賦八十韻》詩，顧《譜》繫之本年。詩云「四月到金陵，十日行大航」，知公虎丘修禊後往南都也。

顧《行狀》：「易世後，杜門不通請謁。中略。如是者十年。本朝世祖章皇帝素聞其名，會薦剡交上，有司敦逼，先生控辭再四，二親流涕辦嚴，攝使就道，難傷老人意，乃扶病入都，授祕書院侍講、國子監祭酒，精銳銷夹，輒被病，弗能眠事。」

公《白母陳孺人墓誌銘》曰：「余覺范史之傳黨人也，先書黨人之母。夫為人母，未有不痛念其子者也。子以義死，其母許之，且告以死而無憾，若此者為黨人難，為黨人之母亦難。」又曰：「嗟乎！余亦黨人也。當二白獄急時，引繩批根，余自知將不免，嘗恐聞此憂吾母，不敢以告。無何，大亂奔走，流雜事定，庶幾奉兩尊人以終老，而不能已於北行。吾母握手長訣，傷心，母子大病，恐遂不復相見。」

案：公別母之狀如見。

公《王母周太安人墓誌銘》曰：「當世祖章皇帝之十載，詔舉遺佚，偉業與楚先為同徵。是時，吾母朱淑人年六十有九，善病，長恐不復相見。吏趣上道急，母子日涕泣，目盡腫。既抵京師，與楚先言而嗚咽，楚先亦泫然，曰：

『人孰無親,即吾母未嘗不善病也。』予曰:『君父子同取甲第,父處子出,於道為宜。君之母少於吾母者一紀,及君仕官之成,將母未遲也,此豈我所得而同耶?』」

案:朱淑人順治十八年七十七歲卒,其六十九歲正當順治十年。據公此文,公北行在十年而不在九年也。又,公《攀清湖》詩序曰:「尋以世故牽挽,流涕登車,疾病顛連,關河阻隔,比三載得歸。」云云。亦可見登車在十年,而其歸在十三年也。但《貳臣傳》以馬薦繫於九年,公《朱明鎬墓誌銘》亦言困苦百倍者起於九年,由此觀之,徵起則已在九年矣。

公有五律《膠州作》,中敘十年九月,膠州總兵海時行叛,則公北上正在本年九月以後可知。

公《蕭孟昉五十壽序》曰:「紫柏刻大藏方冊於吳中,卷帙未半,宗伯虎注:錢謙益。之門人毛子晉謀續之,伯玉虎注:孟昉字。與兩弟發願,藏事經營,佽助之力。」《秦母於太夫人七十壽序》曰:「吾母朱淑人精心事佛,嘗於鄧尉山中創構傑閣,虔奉一《大藏經》,而於太夫人實有同心。信施重疊,像設莊嚴,俾願力克有所成就。」公又有《鄧尉聖〔註6〕寺藏經閣記》。《記》云:「經始於癸巳之仲冬,告竣於甲午之季臘。」朱太夫人奉佛,公贊之,可以見也。

本年五月,有《新蒲綠》詩。案詩意,蓋南京追薦之作矣。本集不載。據長尾子生兩山所錄,並記於此。詩曰:「白髮禪僧到講堂,衲衣錫杖拜先皇。半杯松葉長陵飯,一炷沈煙寢廟香。有恨山川空歲改,無情鶯燕又春忙。欲知遺老傷心處,月下鐘樓照萬方。」

「甲申龍去可悲哉,幾度東風長綠苔。擾擾十年陵谷變,寥寥七日道場開。剖肝義士沈滄海,嘗瞻王孫葬劫灰。誰助老僧清夜哭,只應猿鶴與同哀。」

款云:「昭陽大荒落之歲,皋月朔日,錄近著《新蒲綠》二律。偉業。子生云:詩,王煙客作圖補石。」

明永曆八年甲午　　四十六歲
清順治十一年

陳《墓表》:「本朝初,搜訪天下文章舊德,溧陽、海寧兩陳相國鈴木氏謂溧陽言陳名夏,海寧言陳之遴也。共力薦先生,以祕書院侍講徵,轉國子祭酒。」

〔註 6〕鈴木虎雄《年譜》此處原有「恩」字。

《貳臣吳偉業．傳》：「十一年，大學士馮銓復薦其才品足資啟沃，俱鈴木氏謂指前年孫承澤疏及馮疏。下部知之，尋詔授祕書侍講。」

《貳臣馮詮．傳》：「順治十一年正月，馮詮與大學士陳名夏、成克鞏、張端、呂宮合疏薦舉前朝翰林楊廷鑑、宋之繩、吳偉業可補用。」

《貳臣陳名夏．傳》：「名夏，江南溧陽人。崇禎十六年進士。順治二年七月，投誠。五年，授吏部尚書。八年，宏文院大學士兼太子太保。十年，補祕書院大學士。十一年，大學士寧完我劾奏名夏。云云。昨見馮詮等薦舉十二人疏。」云云。虎注：十二人名見《馮詮傳》中，有偉業。

顧《譜》：「官京師，有《病中別孚令弟》及《再寄三弟》詩。」

詩文：

《送穆苑先南還》。《壽總憲龔公芝麓》。《送湘陰沉旭論讞判深州》。《送天台何石湖之官臨晉兼簡蒲州道嚴方公》。《送永城吳令之任》。《送李書雲蔡闐培典試西川》。《送山東耿中丞青藜》。《送顧蒨萊典試東粵》。以上見顧《譜》。

案：《王郎曲》、《松山哀》疑亦作於本年。

公《孫艅墓誌銘》云：「竭文介公虎注：謂孫慎行。於彰義門之邸舍。」虎注：事在崇禎八年。又云：「越十六年，再至京師，則知同官中有衣月，鈴木氏謂文介弟、慎思之子曰艅，艅之長子曰衣月，名自式，官翰林檢討。一見相勞苦。衣月時請外不許，又請急，余知其為親故，耳語之曰：『余實有老親，乃不得已於此。君固宜其官者也。且兩尊人歲方壯，即不得請，庸何憂？』」

案：崇禎八年乙亥越十六年在順治七年庚寅，公無在京之理。「六」疑當作「九」，則正當順治十年矣。公入都實在十二年。以為十年者，蓋一時誤記乎？

公仲文年十八，嫁陳容永。

公《亡女權厝誌》：「女生於京師。鈴木氏謂丁丑七月二十八日。十有一歲，而郁淑人卒。年十八，始禮成，歸于相國鈴木氏謂陳之遴。子孝廉容永，字直方。時相國守司農卿，而直方北闈得舉。」

鄧尉藏經閣成。

公記文云：「吾母朱太夫人專心在道，入山禮足，躬親勝因，發願弘施，聞者坌集，監院濟上等迺相材運甓，揀日鳩工，經始於癸巳之仲冬，告竣於甲午之季臘。」

侯朝宗卒，年三十七。

明永曆九年乙未　　四十七歲
清順治十二年

顧《譜》：「贈馮訥生進士教授雲中。送隴右道吳贊皇之行。」

公在京師，纂修《太祖太宗聖訓》、《孝經衍義》。

《貳臣傳》：「十二年，參纂《太祖太宗聖訓》，以偉業充纂修官。」

《貳臣馮詮。傳》：「十二年四月，詮加少師兼太子太師。會纂修《太祖高皇帝太宗文皇帝聖訓》、《孝經衍義》。」

公所撰《石孕玉墓誌銘》云：「偉業嘗以鉛築持左右，纂輯《孝經》，仰見皇上明倫敷教，俯邲群情，以孝治天下之大道。」云云。即記當時事者。

案：《雁門尚書行》疑作於本年。又有《送傅夢禎還嵩山》詩。

明永曆十年丙申　　四十八歲
清順治十三年

陳《墓表》：「尋丁嗣母憂，歸於家時，年四十五。」鈴木氏謂當作「四十八」。

案：嗣母張氏也。十月卒。所謂四十五者，誤。

顧《行狀》：「扶病入都，授秘書院侍講、國子監祭酒。中略。間一歲，奉嗣母之喪南還，上親賜丸藥，慰撫甚至。先生乃勇退而堅臥，謂人曰：『吾得見老親，死無恨矣。』」

案：入都指十一年。間一歲則十三年也。

公《與子暻疏》：「吾以繼伯母鈴木氏謂張氏。之喪出都，主上親賜丸藥。」

公《吳六益詩序》：「余留京師三年，四方之士以詩文相質問者，無慮以十數。」云云。

案：文作於本年乎？

《梁水部玉劍尊聞序》：「在京師為歲抄日記，有成帙矣。久之，朋黨之論作，中略。盡取而焚之。」

《貳臣傳》：「十三年，遷國子監祭酒，尋丁母憂歸。」

顧《譜》：

「春，上駐澤南苑，閱武，行蒐禮，召廷臣恭視，賜宴行宮，先生賦五七言律詩、五七言絕句，每體一首應制。聖駕幸南海子，遇雪大獵，先生恭紀七律一首。午日賜宴瀛臺龍舟。」

「海寇犯鎮江。有《江上》詩。」

「海寧陳相國謫戍遼陽，有《贈遷左故人》詩。」

「哭蒼雪法師，有詩。」

「宛陵施愚山閏章提學山東，送之以詩。施閏章《夢想堂銘》曰。」云云。

「馬逢知為松江提督，有《葺城行》、《客談雲間帥坐中事》詩。董含《三岡識略》曰。」云云。

「約齋公舉鄉飲大賓，州守三韓白公登明遴邑中耆碩七人賓於庠，備養老之禮。云云。《白公尊禮婁東七老啟》。」云云。

「嗣母張太孺人卒於家。陳廷敬《先生墓表》：「嗣母之喪南，還上親賜丸葉，慰撫甚至。王崇簡《吳母張太孺人墓誌銘》曰。」云云。

詩文：

《送何蓉卷出守贛州》、《送何省齋》、《送舊總憲龔孝升以上林苑監出使山東》、《送程太史翼蒼謫姑蘇學博》、《送郭宮贊次菴謫官山西》、《送曹秋岳以少司農遷廣東左轄》、《送王藉茅學士按察浙江》、《送當湖馬觀揚備兵岢嵐》、《送王孝源備兵山西》。以上見顧《譜》。

案：《攀清湖》詩，本年秋作，顧《譜》繫之二年者，誤。說已見前。《送沈繹堂太史之官大梁》亦本年秋作。《葺城行》，公歸里時作。公歸在明年二月。七律《即事》十首蓋本年作。

明永曆十一年丁酉　　四十九歲
清順治十四年

顧《譜》：

「二月歸里，王隨菴《自訂年譜》：『先生《剡城曉發》詩。』」云云。

「州守三韓白公登明濬劉家河，先生為記。有《答撫臺開劉河書》。」

「《張敉菴黃門五十壽序》、《聖恩寺藏經閣記》。」

公《徐季重詩序》：「梅村之西徧曰舊學菴，余與同里諸子讀書詠詩其中。云云。世故牽輓，不克守匹夫之節。飄蓬勞苦，為別四年歸。而所謂舊學菴者，壞牆蔓草，諸子或窮或達，各以散去。」

案：「為別四年歸」者，其在本年乎？

公七律《夜宿蒙陰》、《剡城曉發》二詩，蓋同時作。《曉發》作在本年，則《蒙陰》亦必本年作。《蒙陰》云「訪俗春風百里天」，《曉發》云「他鄉已過故鄉遠，屈指歸期二月頭」，是知公是年正月在山東。

明永曆十二年戊戌　　　五十歲
清順治十五年

顧《譜》:「科場事發,吳漢槎、兆騫。孫赤崖、暘。陸子元慶增。俱貸死成邊,有《悲歌贈吳季子》、《贈陸生》、《吾谷行》。」程穆衡《鞏帨厄談》。云云。汪琬《堯峰文鈔》。云云。蔣良騏《東華錄》。云云。

詩文:

《壽房師李太虛先生》。《房師李太虛先生壽序》。《黃觀尺五十壽序》。《白封君六十壽序》。《贈奉直大夫戶部福建清吏司員外郎仲常費公墓誌銘》。《張母潘孺人暨金孺人墓誌銘》。《劉母耿淑人墓銘》。以上見顧《譜》。

案:《鄧讓墓誌銘》作於本年。

公《與子暻疏》:「吾五十無子,已立三房姪為嗣。」

案:三房姪謂季弟偉光之子乎?

朱太夫人及侯孺人共拜鄧尉藏經閣。

公《秦母侯孺人墓誌銘》曰:「吾母朱太夫人精心佛乘,構藏經閣於鄧尉山中,同心佽助,惟有於太君一人。江鄉百里之間,音聲相聞,信施雜及緇素之口,必以秦母、吳母為先。已而像設告成,二母之軒車並至,余家無主饋,故莫從。孺人鈴木氏謂侯氏。率其冢婦介婦贊姑於伊蒲之席,因以敘兩家世講,留仙在館閣,修少長之禮,而孺人亦緣高堂雁行,讓階而登。吾母歸而稱其賢,羨其盛,未嘗不為之三歎也。未二年,而孺人卒。又一年,吾母至於大故。」

案:二母共拜在是年。所謂「未二年」者,言順治十七年也;「又一年」者,言十八年也。

《貳臣陳之遴。傳》:「之遴,浙江海寧人。崇禎十年進士,授編修,遷中允。順治二年,投誠。十年,調任戶部尚書。十三年二月,授宏文院大學士,加少保,兼太子太保。依左都御史魏裔介、給事中王楨劾奏,下部,擬革職,永不敘用,以原官發遼陽居住。是年冬,令回京入旂。」又曰:「順治十五年,以賄結內監吳良輔,鞫訊得實,擬即處斬。得旨,姑免死,著革職流徙,家產籍沒。後死於徙所。」

案:公《贈遼左故人》七律,其第四首云:「兩拜中書再徙邊。」蓋之遴拜宏文院大學士,一在順治九年,一在十三年,所謂「兩拜中書」也。而其被劾徙居盛京,一在十三年,一在十五年,所謂「再徙」也。則此篇疑當作於順治十五年矣。顧《譜》繫之十三年者,誤。

明永曆十三年己亥　　五十一歲
清順治十六年

顧《譜》：「六月，鄭成功陷鎮江。七月，犯江寧，復犯崇明。春遊石公山。秋遊虞山。」

詩文：

《丁石萊七十壽序》。《少保大學士王文通公神道碑銘》。《太僕寺少卿席寧侯墓誌銘》。《謝天童孝廉墓誌銘》。以上見顧《譜》。

案：五古《送周子俶》四首，其第二首云：「京口正用兵」，必本年作。七古《遣悶》六首，吳本以為本年作。

公《沈文長雨過福源寺詩序》曰：「余以己亥春遊石公山，宿文長山館。」吳三桂駐鎮雲南。

案：《圓圓曲》末段「君不見館娃初起鴛鴦宿」以下，豫想三桂之叛滅。若果如靳說，則其作必在本年以後。

明永曆十四年庚子　　五十二歲
清順治十七年

顧《譜》：

「里居，以奏銷事議處。」

「八月，至無錫，訪同年吳永調，其馴。有《有感賦贈詩》、《哭亡女》、《亡女權厝誌》、《清涼山讚佛詩》、《七夕感事》、《七夕即事》、《送王子維夏以牽染北行》、《冒辟疆五十壽序》。」以上見顧《譜》。

案：《清河家法述》、《贈崑令王莘雲尊人杏翁》、《別維夏》，七律。並作於是年。

五月六日，仲女卒。見《亡女權厝誌》。

八月，侯孺人卒，年八十。見《侯孺人墓誌銘》。

明永曆十五年辛丑　　五十三歲
清順治十八年

顧《譜》：

「雲南平，四月，由榔死於雲南。有《滇池鐃吹》。」

「本生母朱太淑人卒。」虎注：年七十七。

「文學博歸，道病，沒於桃源縣。」

「送張玉甲憲長之官卭雅。」

案：七古《曡陽觀訪文學博介石兼讀蒼雪師舊跡有感》疑作於是年。

顧《行狀》：「未幾，朱太淑人沒，先生哀毀骨立，復以奏銷事，幾至破家，先生怡然安之。」

公《白母陳孺人墓誌銘》曰：「吾母朱太淑人奉佛受戒者三十餘年。白母年八十，吾母年亦七十有七。其終也，三子環侍，戒勿哭。吾母親見幡幢前導，諸佛受記而去。具載《往生錄》中。」又曰：「此〔註7〕蒙恩歸里，再奉吾母匕箸者五年，親視飯含。」云云。

案：歸里指十四年。

公《與子暻疏》：「吾五十無子，已立三房姪為嗣。五十三生子，而後令歸宗。」

案：生子謂康熙元年暻生也。今稱「五十三」者，誤記耳。

清康熙元年壬寅　　五十四歲

顧《譜》：

「巡撫韓公世琦。請撤蘇州駐防兵，先生九月有韓公壽詩。《蘇州府志·名宦》：『韓世琦，字心康，本蒲州人。』」云云。

「子暻生。字元朗，號西齋。《太倉州志》：『吳駿公律業連舉十三女，而子暻始生。時唐東江孫華為名諸生，年已及強立矣，赴湯餅宴，居上坐。駿公戲曰：是子當與君為同年。唐意怫。後戊辰，暻舉禮部，唐果同榜。』」

詩文：

《贈蘇郡副守涪陵陳三石》。《贈松郡司李內江王擔四》。《贈彭郡丞益甫》。《敕贈大中大夫盧公神道碑銘》。以上見顧《譜》。

案：《贈松江郡侯張升衢》亦本年作。

康熙二年癸卯　　五十五歲

顧《譜》：

「本生父約齋公卒。」

「子暾生。」字中麗。能詩。早卒。

白漊沈公受宏受詩法於先生。見外高祖《白漊詩集》自注。

詩文：

〔註7〕「此」，鈴木虎雄《年譜》原作「匕」。

《僉憲梁公西韓先生墓誌銘》。見顧《譜》。

案：《西韓墓誌銘》云：「余投老荒江六年。」若據顧《譜》，順治十四年二月歸里，則至此正七年矣。

康熙三年甲辰　　五十六歲

顧《譜》：「子暄生。」字少融。玫先生三子俱側室朱安人出。

詩文：

顧《譜》所載者：

《顧西巘侍御》。《同沈友聖虎丘即事》。《西巘顧侍御同沈山人友聖虎丘夜集作圖記事因賦長句》。《香山白馬寺巨冶禪師教公塔銘》。《顧母陳孺人八十壽序》。以上見顧《譜》

顧《行狀》：「先生初未有子，年五十後，連舉三子：暤、暽、暄，側室朱氏出也。女九人，淑人虎注：郁氏。出者四，浦氏出二，朱氏出三。」

康熙四年乙巳　　五十七歲

顧《譜》所載詩文：

《錢臣辰五十壽序》。《監察都史王君慕吉墓誌銘》。以上見顧《譜》。

案：《梁宮保壯猷紀》蓋本年作。

康熙五年丙午　　五十八歲

顧《譜》所載詩文：

《魯謙菴使君以雲間山人陸天乙所畫虞山圖索歌成二十七韻》。《江西巡撫韓公奏議序》。《兵科給事中天愚謝公墓誌銘》。

案：《王範墓誌銘》是年作。《徐開法墓誌銘》疑亦作於是年。

康熙六年丁未　　五十九歲

顧《譜》所載詩文：

《三月二十四日從山後過湖宿福源精舍》。《二十五日偕穆苑先孫洗心葉子問允文遊石公山盤龍石梁寂光歸雲諸勝》。《遊石公歸是夜驟雨明晨微霽同諸君天王寺看牡丹》。《沈文長雨過福源寺》。

案：公《沈文長雨過福源寺》詩序云：「余以己亥春遊石公山，宿文長山館。丁未，復至，石公水涸，抉奇呈異，遠過舊遊。」云云。石公山，林屋洞之外峰，在吳縣西南一百二十里。福源寺在西洞庭攢雲嶺。

康熙七年戊申　　六十歲

春往吳興，又編詩文集四十卷成。

顧《譜》：「吳固次綺以書招先生，先生之吳興。」

詩文：

《上巳過吳興家園次太守招飲郡圃之愛山臺坐客十人同修禊事余分韻得苔字》、《立夏日陪園次郡伯過孫山人太白亭落或置酒分韻得人字》、《贈湖州守家園次五十韻》、《修孫山人墓記》、《雲起樓記》、《湖州峴山九賢祠碑記》、《席處士允來墓誌銘》、《蔣母陳安人墓誌銘》、《靈隱具德和尚塔銘》。以上見顧《譜》。

顧《譜》：「編詩文集四十卷成，同里周子俶肇、王維夏昊、許九日旭、顧伊人湄校讎付梓，陳確菴期〔註8〕為之序。《御製題吳梅村集》七律。云云。《欽定四庫全書總目提要》：《梅村集》四十卷。云云。凡詩十八卷，詩餘二卷，文二十卷。」按：先生詩有程穆衡《吳詩箋》七卷、靳榮藩《吳詩集覽》二十卷、吳翌鳳《吳詩箋注》十八卷。

康熙八年己酉　　六十一歲

顧《譜》：「楚蘄水盧紘為先生丙子典試所取士，來為蘇松常政參政，及門諸子屬序先生詩文集。沈德潛《書梅村集後》七絕。云云。吳祖修《書梅村詩後》七律。云云。《婁東耆舊傳》。云云。顧思義攷。云云。」

康熙九年庚戌　　六十二歲

顧《譜》：「探梅鄧尉，有《梅信日雨過鄧尉哭剖石和尚遇大雪夜宿還元閣詩》、《京江送遠圖歌》、《龔芝麓詩序》、《吳郡唐君合葬墓誌銘》、《太學張君季繁墓誌銘》、《封徵仕郎翰林院檢討端湯孫公暨鄒孺人合葬墓誌銘》。」

十一月，至鄧尉。

公《張介祉墓誌銘》曰：「君生己酉六月之三日，卒庚戌十月之十三日，遺言以踰月葬，禮也。諸子遵而行之。墓在彈山之麓，具區之滸，去鄧尉先隴不五里。吳人之俗，歲於山中探梅信，傾城出遊，張氏兩墓，深淺皆直其勝。君之葬也，余越疆而弔，見墓門有垂垂欲發者。其親故人醼酒花下而後去。」

康熙十年辛亥　　六十三歲

陳《墓表》：「康熙辛亥卒，年六十三。」

〔註8〕「期」鈴木虎雄《年譜》作「瑚」，是。

顧《行狀》：「卒於今康熙辛亥十二月二十四日，享年六十有三。」

《貳臣傳》：「康熙十年卒。」

陳《墓表》：「先生令子給事中暻以詩世其家。甲申，虎注：康熙四十三年。余為薦於朝，遊余門，與論詩相得也。丙戌康熙四十五年。冬，丁其生母朱安人艱。將合葬，泣而來請曰：『先生治命云：吾詩雖不足以傳遠，而是中之寄託良苦，後世讀吾詩而知吾心，則吾不死矣。吾性愛山水，葬吾於靈巖、鄧尉間，碣曰詩人吳梅村之墓，足矣。不者且不孝。暻不忍違先志，敢請一言以表之。』」

顧《行狀》：「先生屬疾時，作令書，鈴木氏謂即《與子暻疏》。辛亥十一月二十八日書。乃自敘事略曰：『吾一生遭際，萬事憂危，無一刻不歷艱難，無一境不嘗辛苦，實為天下大苦人。吾死後，斂以僧裝，葬吾於鄧尉、靈巖相近，墓前立一圓石，題曰詩人吳梅村之墓。勿作祠堂，勿乞銘於人。』又敕三子：『若能效陳鄭累世同居之義，吾死且瞑目。』」

又曰：「是歲正月旦，先生夢至一公府，主者王侯冠服，降階迎揖，出片紙，非世間文守，不可識。謂先生曰：『此位屬公矣。』十二月朔，復夢數人來迎先生，書期日示之，故豫知時日，竟不爽。」

顧《譜》：

「《感舊贈蕭明府》。十二月二十四日，先生卒，門人顧湄譔《行狀》。」

「王士禎《池北偶談》：『吳峻公病革，有《絕命辭》云：忍死偷生廿載餘，而今罪孽怎消除。受恩欠債須填補，縱比鴻毛也不如。』」

「先生《病中有感》詞：調寄《賀新涼》。『萬事催華髮，論龔生、天年竟夭，高名難沒。吾病難將醫藥治，耿耿胸中熱血，特灑向、西風殘月。剖卻心肝今置地，問華陀、解我腸千結。追往事，倍淒咽。故人慷慨多奇節，為當年、沉吟不斷，草間偷活。艾炙眉頭瓜噴鼻，今日須難訣絕，早患苦重來千疊。脫屣妻孥非易事，竟成一錢不值何須說。人世事，幾完缺。』」鈴木氏謂：「往事」，一作「往恨」。

康熙四十三年甲申

陳廷敬《墓表》：「先生令子給事中暻以詩世其家。甲申，余為薦於朝，遊余門，與論詩相得也。」

案：暻戊辰康熙二十七年。舉禮部。已見顧《譜》。

康熙四十五年丙戌

陳《墓表》:「元配郁氏先卒。鈴木氏謂卒在順治四年。子三:暻、瞵、暄,皆朱安人出。女子九人。朱安人以康熙四十五年丙戌七月二十六日卒,與郁夫人皆附葬於先生之墓。」

陳《墓表》:「丙戌冬,丁其鈴木氏謂:指暻而言。生母朱安人艱,將合葬,泣而來請曰。」云云。虎曰:陳文未妥。朱安人七月二十六日卒。丙戌冬,指將合併來請之時,不指丁艱時也。

康熙五十二年癸巳

顧《譜》:「葬蘇州郡治西南二十里西山之麓,澤州陳廷敬譔《墓表》。《蘇州府志》:『國朝祭酒吳偉業墓在靈巖山麓。』」注:按,墓在蘇州府吳縣元墓山之北。

陳《墓表》:「蘇州郡治西南三十里西山之麓有壙窒如者,詩人吳梅村先生之墓也。先生官達矣,行事卓卓著於官,而以詩人表其墓者,從先生志也。」

五、梅村著述

一、《梅村集》四十卷。

一、《春秋地理志》十六卷。又見顧《譜》。

一、《春秋氏族志》二十四卷。又見顧《譜》。

一、《綏寇紀略》十二卷。

一、《樂府雜劇》三卷。

　　右見於顧湄所撰《行狀》。

一、《綏靖紀聞》。

一、《復社紀事》。

一、《鹿樵紀聞》。

一、《梅村詩話》。

一、《秣陵春樂府》。一名《雙影記》。

一、《臨春閣樂府》。

一、《通天臺樂府》。

　　右見於顧氏《年譜》。

　　《樂府》又見楊坦園《詞餘叢話》。

　　《通天臺》又見王士禛《帶經堂詩話》卷二十八。

　　《秣陵春》見《曲海總目》國朝傳奇中。

詩文集：

一、《吳梅村全集》四十卷。康熙八年盧絃序。《四庫》著錄本。

一、《吳梅村文集》二十卷。風雨樓本。

一、《梅村家藏稿》五十八卷、補一卷、《年譜》四卷。宣統辛亥（三年）武進董康序刻。

附詩注

一、程穆衡迃亭《吳詩箋》七卷。（未見。）

一、靳榮藩《吳詩集覽》二十卷。乾隆上章攝格（庚寅三十五年）閏五月序。

一、吳翌鳳《吳詩箋注》十八卷。嘉慶甲戌（一十九年）八月滄浪吟榭主人嚴榮序。翌鳳《凡例》云：「是編創始乾隆甲申、乙酉（二十九、三十年）間。」又云：「嘉慶甲戌二月開雕，至歲暮畢工。」

附錄二：評論資料

（清）周中孚《鄭堂讀書記》[註1]

《梅村詩集箋注》十八卷　滄浪吟榭刊本

　　國朝吳翌鳳撰。翌鳳號枚庵，長洲人。案：《吳梅村集》原刻四十卷，首古今體詩十八卷，枚庵以其詩向無注本，因刱為之，仍依原編分體，而不編年，以原編於分體之中仍寓編年之意也。考訂詳密，繁簡得當，誠不枉其五十年之精力矣。然同時黎城靳綠溪先有《吳詩集覽》之刻，是注僅摘採其數十條，蓋兩書體例，本各不同，大略有四：靳注於全詩逐段為注，或逐句為注，枚庵以其斷續破碎，不便吟詠，因總附於本詩之後，注中仍用大字標目，一也；靳注每字必詳出處，而於引用史傳反寥寥一二語，枚庵深矯其弊，詳略得宜，二也；靳注於其事未明，輒以己意箋釋，反覆數十百言，枚庵則一埽而空之，以免傅會穿鑿之病，三也；靳注於詩後多加評跋，頗落時文蹊徑，枚庵亦悉加刊落，俾讀者自能會心，四也。窺其用意，蓋深不滿其書，而自信為駕乎其上焉。其實兩書各有不可磨滅之處，並存之以待學者之參看可也。況婁東程迓亭又有編年之注，後人正可合三家注為一書，如馮氏之於蘇詩矣。又考靳注兼及詩餘二卷，此編則俟補注嗣出云。卷首冠以原集《提要》，次以顧氏《行狀》、陳氏《墓表》及自撰《凡例》。嘉慶甲戌，吳縣嚴少峯榮取以付梓，並為《弁言》，而所列參閱姓氏至七十人之多，其中容有虛列其姓氏者，不免蹈明人之習氣矣。

〔註 1〕（清）周中孚《鄭堂讀書記》卷七十，上海書店出版社 2009 年版，第 1134 頁。

李慈銘批註〔註2〕

吳梅村詩集箋注（清嘉慶甲戌滄浪吟榭刊本。殘存卷一之七，共七卷）

清嚴榮撰

題詞

余自年十七誦梅邨詩，愛之，時初學為古近體，多所橅放，其後詩格屢變，二十四五時，五言非鮑、謝，七言非杜、韓弗為，而於是集獨時時不去心，然置案頭而不觀者，亦幾十年。己未入都，攜以自隨，終未一展閱。去冬，偶理行篋，始取出之，磊砢蠟鳳，嗜好所在，研朱點閱，以志昔緣。同治癸亥三月三日，柯山子書於京師青廠相國邸中。

梅村擅場，自在七古，穠纖得中，哀婉赴拍，雖云取法長慶，實已上掩元、白。五古鬆軟，七律填砌，而佳者自不可掩。花月滄桑，湖山巾舄，政令後生恨不得見謝益壽風流耳。蕁客又記。

卷第一

《贈蒼雪》

「過江救諸苦。」

此句究嫌粗。

「徧蔭諸國土。」

土字兩押，究不宜。

「匡廬」注

案：《〈續漢書‧郡國志〉注》引慧遠《廬山記》：「有匡俗先生者，出殷、周之際，隱遯潛居其下，時謂所止為仙人之廬而命焉。」又引《豫章舊志》：「匡俗，字君平，夏禹之苗裔也。」

「亡其伍」注「無名氏《汰如塔銘》」云云。

凡此注中所引無名氏者，皆蒙叟語也。

「高座」注。

案：《世說新語‧言語門》：「高坐道人不作漢語。」注引《高坐別傳》曰：「和尚名尸黎密，西域人。」又，《賞譽門》：「王、劉聽林公講，王語劉曰：『向高坐者，故是凶物。』」注引《高逸沙門傳》曰：「王濛恒尋遁，遇祇恒寺中講，正在高坐上。」

〔註2〕（清）李慈銘著，王利器纂輯《越縵堂讀書簡端記》，天津人民出版社1980年版，第321～353頁。

《塗松曉發》

「孤月傍一村」四句。

起四語幽秀。

「漁因入浦喧，農或呼門懼。」

「漁因」二語弱。

「一帆今始遇。」

「一帆」語真。

《吳門遇劉雪舫》

此篇設以真、文、元、康、青、蒸、侵並押，此自古所無，梅村往往如此，亦是一病。敘述曲折，可當一篇小傳。中間波瀾起伏，語語老成，自是作家。

「吾父天家婚。」

天家婚，仍指孝純言，不過謂椒房之親耳。下注所引，俱非本旨。

「太廟奉睿容，流涕朝群臣。」

寫得悽麗。

「周侯累纖微」四句。

詩中又附傳他人，自是才力有餘。梅村此等題，固為獨步。

「今纔織母面」四句。

應上早失恃句，字字頓挫。

「烈烈鞏都尉」四句。

順手又帶出鞏永固、張世澤、李國楨三人。

「長安昔全盛」云云。

回寫一段，情事更濃至。

「君曰欲我談，清酒須三升。」

「君曰」二語，稍有江湖習氣。

「海淀李侯墅」云云。

又帶出李、郭、張三外戚。

《臨江參軍》

敘次亦周悉，而章法稍散亂，字句亦率率處，不及前作。

《避亂》其二

五古全用律詩平仄，此唐以來所無。

《西田詩》

四首俱清麗，似儲太祝。

「曲岸漁槎偏。」

偏字未妥。

其三

「魚藻如遊空。」

用《水經注》語，妙。

「良苗何雍容。」

湊韻。

「此綠詎可畫，變化陰晴中。」

「此綠」十字有妙悟。

其四

「蒼然一笠寒，能添夕陽色。」

「蒼然」十字，繪景入微。

卷第二

《讀史雜詩》

詩史詩，雖未逌古，而議論得間，實為可取。

《又詠古》

「蕭京尹」注「案：此仍指望之言」。

非也，望之賢者，豈得與梁冀並論？

其二

「時命苟不佑，千載無完人。」

此首殆梅邨自喻。

「入山山易淺，飲水水不清。」

二語拙弱。

《攀清湖並序》

序文清逸有佳語。

長篇敘次，如話如畫，首尾章法，皆極老成，最為難得。

「兔園一老生」云云。

陸世鑰以一諸生建義起兵，死有餘烈，以視少年巍科、清華侍從，而俛首新命，褱媿腼下者，相去奚啻霄壤。乃反詆之，謂欲坐擁專城，其亦值矣。

卷第三

《清涼山讚佛詩》

其四

以上三首，甚可推見本事。此一首語淺思腐，殊近無謂。

卷第四

《永和宮詞》

清豔哀綺，極致盡妍，千古佳製。非此詩不足稱此題，《連昌》失步，《長恨》
僵走矣。

「舊宅江都飛燕井。」

累句。

「舊宅」七字，雜湊不倫。

「貴妃明慧獨承恩」云云。

敘貴妃承恩處，旖旎而不媒，雖思陵與明皇情事不同，然樂天「芙蓉帳煖」及
「洗凝脂」、「嬌無力」等語，抑何其蠢拙褻俗耶！

「雖云樊嬺能辭令」云云。

纏綿蘊藉，敘次如話，誦之感心娛目，廻腸結氣。

「涕泣微聞椒殿詔。」

「詔」當作「語」。

「聞道群臣譽定陶，獨將多病憐如意。」

定陶、如意，用事未倂。

「已報河南失數州」云云。

字字嗚咽。

「薤歌無異葬同昌。」

同昌句亦不倫。

「頭白宮娥暗顰蹙，庸知朝露非為福」云云。

意迸語警，有繁絃急管之音。

「窮泉相見痛倉黃，還向官家問永王」云云。

一轉一波，一波一折，自是梅邨獨絕之文。

「漢家伏后知同恨，止少當年一貴人。」

用伏后事尤不合，語意亦晦拙。

《琵琶行並序》

「當其妙處，不覺拊掌」云云。

姿致頓挫，小文佳境。

「家住通州好尋覓。」

嫩。

「好尋覓」三字湊。

「其時月黑花茫茫。」

七字有神，為通篇筋脈。

「坐中有客淚如霰」云云。

陡起穠至。

「前輩風流最堪羨」云云。

挽前更哀警。

「獨有風塵潦倒人」四句。

真、侵並押，亦非。

《雒陽行》

「神皇倚瑟楚歌時」云云。

敘述情事，曲折淒暢，不僅以穠至為工。

「我朝家法踵前制。」

提掇警聳。

「廷論鑠來貴佞夫。」

「貴」當作「責」。

《宮扇》

全首章法深穩。

《宣宗御用餤金蟋蟀盆歌》

「餤金髹漆隱雙龍。」

「髹」當作「髤」。

《聽女道士卞玉京彈琴歌》

「歸來女伴洗紅粧」云云。

三句終不入律。

「盡道當前黃屋尊」云云。

悽怨幽縟，字字當家。

「我輩漂零何足數。」

兜轉作結，筆力千鈞。

《後東皋草堂歌》

《汲古閣歌》

詩格清穩，尤資掌故。

　　「縅來斯事推趙宋，歐虞楷法看飛動」云云。

「宋」與「動」、「重」，去上並押，大誤。

　　「高齋學士費湌錢。」

「湌」當作「餐」，《說文》：「吞也，或從水作湌。」《漢書》亦作「餐」，錢注引應劭曰「餐與湌同」。亦從水不從冫也。餐與飧字異，飧者，夕食也。

　　「史家編輯過神堯。」

堯號神宗，故曰神堯。《尚書·大禹謨》蔡《傳》、《路史》亦云：「神宗一曰堯也。」此詩注以為「借用唐高祖謚」者非。

　　「邢家小兒徒碌碌。」

案：此是翻用邢劭「誤書思之，更是一適」語，下注但言邢家小兒出處，而不戴邵此語，便失詩旨。

《送志行入蜀》

　　「秋山春山何處可為別」四句。

梅村詩，此類實為拙弱。

　　「人影將分花影稀。」

嫩穉。

　　「崩剝蒼崖化跡勞。」

搭湊。

《清風使節圖》

　　「歲久蟠根造物功。」

音調不合，句亦拙滯。

　　「今皇命使臨江右綵旛人織中丞後。」

左右之右，前後之後，上聲；左之右之之右，先之後之之後，去聲。此用「江右」、「中丞後」，皆實字上聲也，與「瘦」同押，大誤。

　　「嶰谷千尋鸑鷟呼，彭城一派雨風多。」

多字，古音可入魚、虞，以歌、戈、魚、虞、模皆通轉也。從多之偏旁，字多入支部，故歌亦轉支，然非七古，則不宜通押。

卷第五

《東萊行》

味通首語氣，似嵩贈姜如須。

「漢王策土天人畢，二月東巡臨碣石。」

起二句似無著。

通篇婉曲遒麗。

「同時里人官侍從，左徒宋玉君王重。」

附傳左、宋二公。

「左氏聯名照汗青」四句。

又帶出左懋太。

「丈夫淪落有時命」四句。

結得散率不稱。

《鴛湖曲》

清綺幽咽，長慶體之極當行者。

「煙雨迷離不知處」云云。

閒閒發起，有柔曼嘽緩之音。

「寧使當時沒縣官，不堪朝市都非故。」

二語中含情悽斷。

《送徐次桓歸胥江草堂》

「坐中搖筆煙霞收。」

不穩。

「裝隨到我海濱去。」

不成句。

「乃父淒涼讀書處。」

更不成句。

「我是故人同季子。」

不成語。

「只今孺子飄零客。」

不成語。

「掛劍雖存舊業非，吹簫未遇吾徒惜。」

拙劣。

《畫蘭曲》

此首極多累句。

「腕輕染黛添芽易，劍重舒衫放葉難。」

二語寫畫蘭女子自佳，然是詞曲中語。

「花亦如人吐猶未。」

句拙。

「看人只道儂家媚。」

句太纖。

「漫攏輕調似花弱。」

「似花弱」三字湊。

「席中回眸惜雁箏」云云。

四句敘致，極得深情。

「好將獨語遇黃昏，誰堪幽夢牽羅袖。」

二語亦微嫌拙率。

「何似杜陵春禊飲，樂遊原上採蘭人。」

結泛映蘭字，亦太散漫。

《送杜公弢武歸浦口》

「當時海內稱劉杜。」

坿傳劉氏、李氏二家，此等手法，是梅村獨出古今者。

「都護防秋杖節同。」

「仗」俗字，古衹作「杖」。

「謂結婚姻商不朽。」

庸語。

「自恨愆期負若翁。」

不妥。

《題志衍所畫山水》

通首清麗，結尤蕭淡黯蓄。

《題蘇門高士圖贈孫徵君鍾元》

柏梁體能如此清老便佳，其中亦多雋句。

「蘇門山水天下殊。」

起勢蕭爽。

　　　　「幽州臺上為歡娛。」

「為歡娛」三字弱。

　　　　「檀楠榛栗松杉儲。」

「儲」當作「橀」。

《壽總憲龔公芝麓》

　　　　「別後相思隔江水」四句。

紙、霽並押，不宜。

《王郎曲》

此首冗弱淺拙，梅村長歌中最下者，以題固難著筆，作歌行尤不宜。

　　　　「風流前輩醉人狂。」

七字湊。

　　　　「眼看欲化愁應嬾。」

率劣。

　　　　「不須重把昭文痛。」

句弱而率。

　　　　「博徒酒伴貪歡謔。」

率劣。

　　　　「盛名肯放優閒多，王郎王郎奈爾何。」

結得無謂。

歌、虞並葉，雖古音，自不相宜，祇可為吳趨人誦耳。

《楚兩生歌》

　　　　「絕調空隨流水聲。」

拙率。

　　　　「洗出元音傾老輩。」

庸氣。

　　　　「羈棲孤館伴斜曛。」

「伴斜曛」三字湊。

　　　　「鶡弦屢換尊前舞，鼉鼓誰開江上軍。」

鼉鼓對鶡弦，陋。

　　　　「寄爾新詩同一首。」

語率。

「姑蘇臺畔東風柳。」

稚拙落小家。

《茸城行》

此首篇法弛慢，少警策。

「代有文章占數公」云云。

此等俱敷衍無味。

《蕭史青門曲》

此與《永和宮詞》，皆千古必傳之作。

「嗚呼先皇寡兄弟。」

兄弟之弟上聲，在八薺；孝悌之弟去聲，在八霽。古人本不分。然自六朝以後則劃然矣，此誤押。

「奉車都尉誰最賢，鞏公才地如王濟。」

坿傳鞏都尉。

「公」字易「侯」便佳。

「讀書妙得公卿譽」云云。

演、御並叶，尤不合，古音亦非同部。長歌中自以選音為要。

「大內傾宮嫁樂安。」

附傳樂安公主。

「先是朝廷啟未央」云云。

「先是」二語，是文章家倒入法。

「外家肺腑數尊親，神廟榮昌主尚存」云云。

坿傳榮昌公主。

此段敘次，穠至哀艷，極才人之能。

「慷慨難從鞏公死，亂離怕與劉郎別。」

此處雖宜可結鞏公，然以兩語硬為消納，終覺牽強不倫。

「公死」二字，擬易為「尉焚」。

「苦憶先皇涕淚漣，長平嬌小最堪憐。」

坿傳長平公主。

「盡歡周郎曾入選。」

「曾」當作「仍」。

卷第六

《送沈繹堂太史之官大梁》

通首清穩，乏警策。

「臚唱」注「東西旅占」。

案：「東西」當作「東面」。

《舊總憲龔孝升以上林監出使廣東》。

此篇清婉有情致，稍嫌平弱。

「我持半勺君一斗，我吟一篇君百首。」

此等句調，最易入俗。

《雁門尚書行並序》

明季督師功烈最著者惟孫公及宜興盧忠烈公。盧公有邵子湘所作傳甚佳，惜
更不得梅邨詩傳之。予曾賦《讀盧公傳》七古一首，在《越縵堂詩甲集》中。
〔註3〕

「名元柱，定襄人。」

「名」字上當有一「喬」字。

「雁門尚書」注「趙吉士盧宜《續表忠記》：賊大懼，謀降。」

案：言城大懼謀降者，增飾之詞，非其實也。時自成勢已甚盛盛，郟之一戰小
失利，何遽至此。近人作《明通鑑》者取之，非是。

同注「賊追至南陽」云云。

案：《明史》諸書，皆云「追至南陽」。然傳庭由郟縣西還迎糧，何得南走南陽？
既至南陽而敗，何得復追奔至孟津渡河入晉乎？疑「南陽」是「伊陽」之誤，
伊陽在汝州西，北接洛陽界，既敗不得復西，乃北渡孟津耳。

〔註3〕按：李慈銘《讀〈明史・盧象昇傳〉》：「有明季年黨禍亟，朝廷甚於河北賊。
　　　　國有賢者孫與盧，權奸所忌陷之敵。忠定勤勞擅邊事，忠烈桓桓眾尤特。書
　　　　生三十臨元戎，文武七州得專制。雷公白騎一蹶僵，持隔逸賊賊復張。驍將
　　　　橫刀躍馬返，頭顱一顆高迎祥。彼哉亨九亦持鉞，公偉常為義真屈。指蹤獮
　　　　薙清中原，邊吹神兵蹋牆入。十烽連報陰山破，急移韋虎當關臥。宣雲屹屹
　　　　長城孤，東南群盜酌酒賀。黃麾下瞰甘泉宮，墨絰倉皇對殿中。九重不憚要
　　　　人怨，盡收貔虎歸軍容。五千見卒奮卷出，大評決戰賈莊驛。鐵驃四麾煙塵
　　　　昏，梨折屍僵滿袍血。緣麻襯甲靴藏刀，舐面風前慟故僚。一死君親名義盡，
　　　　兩河人鬼哭聲高。百計誣降結中豎，部曲傷殘責對簿。戴就燒鍋獄不移，馬
　　　　嚴連索君猶怒。樞臣亦是功名流，爭功乃與公為仇。上方賜劍不汝齒，明年
　　　　送汝裏王頭。嗚呼！高陽繼死漳州虜，城社淒涼散狐鼠。誰遣中流自壞船，
　　　　至今淚濕思陵土。」

「忽傳使者上都來」云云。

陟然而起，便有風雨迸集之勢。

「尚書得詔初沉吟」云云。

敘次委曲盡情。

「六月炎烝驅萬馬。」

案：忠靖以七月出師，其敗在九月二十一日，此「六月炎蒸」語非事實。

「此地乘高足萬全，只今天險嗟何及。」

二語何限低徊。

「回首潼關廢壘高，知公於此葬蓬蒿。」

逆挽更曲至。

「尚書養士三十載」三句。

結亦有力。

《雕橋莊歌並序》

「公曾過我讀書處。」

此段敘述情事最委婉。

「每思此語輒泫然。」

泫讀平。

「鈞黨幾家傳舊業，干戈何地著平泉。」

二句起來自然。

《海戶曲》

通首洮洮清便轉新。

「不知占籍始何年」四句。

起落俱極嘽緩諧婉之致。

「蓬萊樓閣雲霞變」云云。

從元代說起，為國朝作影子，前後映合，別有深情。

《退谷歌》

此詩學李白，雖老到而多傖氣。

「後來高臥不可得」四句。

四語梅村自為解嘲，其實將誰欺乎？

「庭草彷彿江南綠，客心歷亂登高目。」

「庭草」二語，音節促迫，近曲中仄調矣。

《畫中九友歌》

「阿雙北固持雙矛」云云。

四語有言外之意。

龍友殉節衢州，頗懍懍有生氣，其人亦風流可愛，惜為馬、阮所累，致乾隆間賜諡勝國殉節諸臣，其同時參佐，俱已徧及，而龍友獨不得諡，廷論黜之也。

「一犁黃海鳴春鳩，長笛倒騎烏牸牛。」

秀語。

《銀泉山》

「銀泉山下行人稀」云云。

起四語幽警有鬼氣。

「聲聲為怨驪姬訴。」

「驪姬訴」三字未妥。

「只今雲母似平生，皓齒明眸向誰妒。」

二語可謂醜詆，然讀之似醞藉，由其筆意婉約，故不傷直盡。

「路人尚說東西字。」

此短章耳，乃猶附見李選侍，並附見東李，妙仍關合鄭貴妃，自推梅村絕技。

王漁洋《池北偶談》謂「李選侍順治間尚存」，觀此則知其謬。

《田家鐵獅歌》

「第令監奴閃爍」四句。

加倍寫法，語帶嬉笑。

《題崔青蚓洗象圖》

「嗚呼顧陸不可作」六句。

有波瀾起伏之妙。

「嗟嗟崔生餓死長安陌」四句。

四語收束稍率。

「古來畫家致身或將相，丹青慘澹誰千年。」

結亦嫌散弱，其實節去二語便得。

二句實為蛇足，不如節去。（旁注）

《松山哀》

「豈無遭際異，變化須臾間」六句。

數語令洪文襄千載入地，惜出於梅村之言耳。

《臨淮老妓行》

「不鬭身強鬭歌舞。」

七字提掇全篇。

「妾是劉家舊主謳，冬兒小字唱梁州」云云。

以下皆入口氣，排場絕好。

「暗穿敵量過侯家」八句。

詩中敘事，全以古文法為波瀾。

《殿上行》

此詩自為黃石齋作，蓋無可疑。

「夾城日移對便殿。」

夾城句用李空同「夾城日高未下殿」語，錢牧齋嘗引《唐書》夾城事駁之，謂明無此制也。

「黃絲歷亂朱絲直，秋蟲踽曲秋雕起。」

「黃絲」二句，是傖父語。「秋蟲」句尤拙。

《過錦樹林玉京道人墓並序》

序

此序風致，絕似李玉溪小文。

「過禍」注「海寇破鎮江」云云。

案：海寇者，鄭成功也。大受以兩廣監軍道家居，素凶狡，欲以通賊，盡殺邑人之不附己者，為知縣任體坤所陷，提督哈哈力羅織之，遂與紳等六十餘人騈斬於市，事見姚氏文田《邃雅堂集》。

「龍山山下茱萸節」云云。

此詩設色穠艷，含情綺靡，乃玉臺之正格，非長慶之沿流。

《打冰詞》

「殊耐鞭杖非窮民。」

不成語。

「只話篙師義手坐。」

不成語。

《雪中遇獵》

通首警麗老成。

卷第七

《疊陽觀訪文學傅介石兼讀蒼雪師舊蹟有感》（一頁上殘）

「吾州城南祀仙子」四句。

詭辭變調，託寄不凡。

《吾谷行》

此首託意比興，夾敘孫氏兄弟，而又帶敘嚴貽吉事，宛轉妥帖，淒怨濃至，此梅邨獨擅場處，古今無二手也。後生不學，膚竊一二杜語，全不知詩有鋪陳排比之法，而輕訾梅邨，輒以長慶體卑之，此少陵所謂輕薄爾曹，何足與語斯道耶！

《圓圓曲》

此在吳逆鎮陝西時作，相傳吳逆見此詩，以千金為壽，乞改篇中「慟哭」一聯，「妻子」聯，梅邨不可。

此篇穠麗細密，言下有不盡之意。

「相見初經田竇家。」

接法深得古樂府意。

「圓圓」注「陸次雲《圓圓傳》」云云。

案：此傳皆無稽之辭。田貴妃薨於壬午，田弘遇亦於次年卒，吳三桂亦未有甲申春入覲之事，李自成久僭帝號，安得稱之曰大王？文士點飾，都無足據。至三桂始受偽命，繼聞圓圓被虜，而背父乞師，稗史中多如此說，要皆惡而甚之之辭。三桂罪惡滔天，死不足贖，而乞師本末，則未必盡然也。圓圓之入宮，亦當從《觚賸》言由嘉定伯者為是。

《悲歌贈吳季子》

哀音促節，簡絜為工，其後漢槎以顧梁汾、成容若極力周旋，徐健菴為納贖鍰，故太傅明珠主其事，竟得放還，梅邨已不及見矣。而董潮《東皋雜鈔》云：「漢槎赦歸，未至家溺死，為文人之奇厄。」然它書未有言者，當再考。

《詠拙政園山茶花並引》

「拙政園內山茶花」云云

鋪述平妥，不及《湖海樓集》中作。

「斧斤勿翦鶯簧喜。」

湊語。

「折取一枝還供佛，征人消息幾時歸。」

供佛二字，映帶獨細。

薛英《〈越縵堂讀書簡端記〉補》〔註4〕

　　清李慈銘批《吳梅村詩集箋注》今見有兩種，其所用底本均為嘉慶十九年（1814 年甲戌）嚴榮滄浪吟榭校定本。李氏第一次批語寫於同治二年（1863年癸亥），此書後為人借失數冊。第二次批語寫於光緒十四年（1888 年戊子）距前已是二十五年了。1980 年 12 月天津人民出版社出版了王利器先生纂輯的《越鰻堂讀書簡端記》，其中僅收了李氏的第一次批語，（今按：此書目錄及正文《吳梅村詩集箋注》下均題清嚴榮撰，似不妥，應作清吳翌鳳撰）。但未收李氏光緒十四年第二次批語。今據北京圖書館收藏李氏原書錄出，權作王利器先生之補遺，對照參閱，亦可為研究李慈銘之資料。

　　一、對顧湄（伊人）所撰《吳梅村先生行狀》之批語。這一類共四條，主要是對《行狀》中顧氏之「用詞不當」，「表達不周」處，提出應如何修改才合適的意見。

　　1.「本朝」。批云：

本朝不辭，當稱國朝。陳誌（今按：指本書卷首所收陳廷敬所撰《吳梅村先生墓表》）亦作本朝，蓋國初人不明唐以前人稱本朝之義。

　　2.「奉嗣母之喪南還」。批云：

前來云有嗣父母，此處突出嗣母，便不合法。《陳誌》亦如是。

　　3.「嘉議公八十而逝，有幼女，先生為嫁」。批云：

嫁幼妹何足稱，且亦不當云嘉議公有幼女。

　　4.「浦氏出二」。批云：

浦氏當是妾，僅云浦氏，是何人耶？

　　二、關於寫這些批語時的情況，僅一條，書於卷七之後。從這一條中，可以知道這些批語寫作的絕對年代及評論吳詩的範圍，是直接根據的資料。全文如下：

　　余於八歲，始得梅村此集，讀之，愛其長歌婉麗，古今獨絕。自後奔走南北，常攜以自隨。中間為人借失兩冊，以少時精神所寄，有不忘簪簪踦履之意，每耿耿於中。歲辛巳（今按：光緒七年）於廠肆購得是書，校課匆匆，未嘗展

〔註 4〕載《文獻》1983 第 3 期。

卷。今歲在戊子,(今按:光緒十四年)九月之望,朔吹甚嚴,寒過三九,燈下偶取此,略用朱圍識其五七古之尤者,以授嗣子。青氈蠅炬,無異少時,愛玩之殷,意境無改,而余年已六十矣!回首家居,滄桑數變,機聲燈影,不音夢中。較之梅村,家國之感,異境同悲矣。越縵老人識。

三、對詩的評語。這是主要部分,共 51 條。除對吳詩評價外,尚有補吳氏箋注之未明及糾正箋注之不當者。個別誤字,亦有校勘。對吳詩之批語有長有短,雖均似出以傳統之評法,然亦有可觀者。現按嚴刻本之卷次,逐條轉錄於後,為了閱讀方便,摘錄了批語所指的詩句,每條亦均標明了頁碼,以便檢索對照。A 表一頁之前面,B 表一頁之後面。

1. 卷一((P.13A)《吳門遇劉雪舫》

〔批云〕此詩敘述思陵之孝友,劉氏之盛衰,兼及同時國戚之賢否,滄桑百變,俯仰千端,一氣銜接,章法自然。而聲調哀怨,色彩濃至,自是古今獨步。雖用韻太雜,然樂府音節有不得以部分繩者。氓謠禪偈,正亦如是,毋以泛濫譏之。

2. 同上詩(P.14B)吳箋《天家婚》條

〔批云〕案詩云吾父,則非指文炳、文耀。(今案:原詩為「吾父天家婚。」)

3. 卷一(P.17B)《臨江參軍》

〔批云〕此首雖慷慨激烈,而中多累句。

4. 同上詩(P.18B)「作書與兒子,勿復收吾骨」兩句上

〔批云〕此段敘忠肅死事,筆法亦極老成,而未見濃至,便覺減色。

5. 卷二(P.IA)原分類標題五言古詩上

〔批云〕祭酒古詩,用韻太雜,甚至有去上同押者。其句法貪用典故,往往一句之中,字近雜湊。如:「歸宅江都飛燕井」、「烽火名園竄狐兔」之類,不勝縷指。七律尤多此病。枚庵以博雅稱,平生鈔書甚多,而此注未見傑出,其所引據,多取之類書小品,不能窮源竟委。至祭酒詩多涉時事,正以詩史見長,靳氏《集覽》(今按:指靳榮藩之(吳詩集覽))雖或間近附會,而大旨十得八九,枚庵一概去之,尤為無識。(今按:此指吳箋凡例中所云:靳氏《集覽》每字必詳出處,繁瑣無當,而於引用史傳反寥寥一二語,略無端緒,余故深矯其弊,庶乎詳略得宜。)

6. 卷二(P.IA)《讀史雜詩》中「追王故長秋,無須而配帝,鉤黨諸名賢,子孫為皁隸」四句上

〔批云〕君子有不幸而無幸，小人有幸而無不幸，古今不平事大率如是，可勝歎哉！

7. 卷二（P.11B）《遇南廂園叟感賦八十韻》

〔批云〕此首敘次盛衰，字字老成，卓然名作。

8. 卷三（P.IA）《清涼山讚佛詩》

〔批云〕四首寄託彌遠，得微顯志晦之義，詩亦極蒼秀沉鬱，無一支語。

9. 同上詩（P.IA）

〔批云〕起得飄渺。（今按：指原詩起句「西北有高山，云是文殊臺」。）

10. 卷七（P.7B）《圓圓曲》中「……電掃黃巾定黑山，哭罷君親再相見。相見初經田竇家，侯門歌舞出如花」數句上

〔批云〕梅村歌行，每以此等接法見奇，鋪敘排場，亦有章法。

11. 卷九（P.7B）《送天台何石湖之官臨晉兼東蒲州道嚴方公》，箋注「若逢嚴夫子」條上

〔批云〕孝侯見士衡始折節就學，事不足信。孝侯在吳早領兵作督，其年輩先於士衡。《晉書》雜採小說所序，按之歲月，多見乖異，不得因此謂師稱弟為夫子之證。

12. 卷十一（P.IB）《王煙客招往西田同黃二攝六王大子彥及家舅氏朱昭芭李爾公賓侯兄弟賞菊》七律中「花似踢排兼賜紫，人曾衣白對衣黃」一聯上

〔批云〕俗調。

13. 同上詩（P.ZA）其二

〔批云〕梅村七律，一題數首，故多近數衍。

14. 同上詩中「坐來豔質同杯泛，老去孤根幸瓦全」句

〔批云〕拙。

15. 卷十一（P.ZB）《和王太常西田雜興韻》中「驟來賓客看人圍」句。

〔批云〕拙語。

16. 同上詩（P.3A）其二「罷棋人簇畫圖圍」句

〔批云〕亦拙。

17. 同上詩（P.3B）其四「漁父磯邊矣欠乃微」「微」字旁句。

〔批云〕湊韻。

18. 同上詩（P.SA）其八「僧住一完鐘磬微」句。

〔批云〕鐘磬下無聲字安得云微。

19. 卷十一（P.7B）《姜如須從越中寄詩次韻》中「越絕編年紀赤城」句旁
〔批云〕亦湊。

20. 卷十一（P.10B）《與友人譚遺事》中「一自羽書飛紫塞，長教征鼓恨黃巾。孤臣流涕青門外，徒使田橫客笑人」四句上
〔批云〕沉摯仍出以流麗，逼真義山學杜之作。

21. 卷十一（P.13B）《登數峰閣禮浙中死事六君子》中「孤忠日月表層樓」句中「表層樓」旁
〔批云〕三字搭。

22. 卷十一（P.14B）《題西冷閨詠並序》
〔批云〕四詩俱極娟麗。

23. 卷十二（P.IA）《題鴛湖閨詠》
〔批云〕此詩極姸麗，然中四句律法欠細。
（今按：中四句即「粉本留香泥峽蝶，錦囊添線繡鴛鴦。秋風搗素描長卷，春日鳴箏制短章」。）

24. 同上詩（P.ZA）其三，吳箋《女伴》條
〔批云〕錢謙益詩文，乾隆中有旨毀除，若其姓名見於記述，例所不禁，此注多用某字以避之，非體也。

25. 卷十二（P.4B）《過朱買臣墓》詩「是非難免三長史」中之「長」字
〔批云〕案長史之長上聲，無讀平聲者。此如用夫人之夫作去聲，皆梅村故意效唐人一十作平之例，然實非也。

26. 卷十二（P.11A）《自歎》
〔批云〕以下十首（今按：《自歎》及《登上方橋有感》等十首）皆滄桑之感甚深，詩多沉痛可讀。

27. 卷十二（P.12B）《臺城》
〔批云〕此詩沈摰蒼涼，包括有明三百年事，絕似遺山國變後諸作。

28. 卷十二（P.13B）《觀象臺》詩，吳箋云：赤烏句未詳。（今按：原句是「赤烏還復紀東風。」
〔批云〕赤烏用相風烏及杜牧詩「東風不與周郎便」語，赤烏為吳大帝年一號，皆藉以寓南渡之感耳。

29. 卷十二（P.22B）《揚州》
〔批云〕此感弘光事也，福王由揚州迎奉入南都。

30. 同上詩（P.24A）其三「北去深源有盛名」句

〔批云〕史道鄰有佐器而無將略，故以深源為比，非貶之也。

31. 卷十四（P.6A）《贈遼左故人》

〔批云〕六首盡沉鬱。

32. 卷卜五（P.19B）《觀〈蜀鵑啼〉劍有感・並序》中之「瞻望兄兮猶來，思悲翁而不見」兩句

〔批云〕湊雜不成句法。

33. 卷十五（P.35A）《送許堯文之官莆陽》中之「路經鶴嶺還龍嶺，符剖鴛湖更鯉湖」兩句

〔秘云〕俗調。

34. 卷十六（P.9A）《思陵長公主輓詩》中之「仁壽涕徬徨」句

〔批云〕仁壽何不易以長信。

35. 同上詩（(P.9A)「住急詢貂擋」中之「詢」字旁，朱筆校改為「詗」字

〔批云〕詗音侯，罵也。《左傳》「投龜詢天」，《釋文》，垢本亦作詗，呼豆反。若詢是平聲。

36. 同上詩（(P.11A)「英聲超北地」句

〔林云〕「英聲超北地」句回應上「冑子除華級」八句，凡長篇必須有歸宿也。

37. 同上詩（P.16A）吳箋《臨海》條引《晉中興書)》云：「臨海公主惠帝第四女，羊皇后生。」

〔批云〕案《晉書》賈后傳言是賈后女。

38. 同上詩（P.16A）吳箋同條「溫以送女」句

〔批云〕《晉書》作元帝鎮建鄴，主訪帝自言。

39. 同上詩（P.16A）《北地》條，吳箋云：「未詳。」

〔批云〕北地指太子二王也，即用蜀漢北地王湛事。太子二王見自成不屈，故以為此。

40. 卷十八（P.16A）《口占贈蘇昆生》其三，吳箋《岳侯墳》條

〔批云〕詩云「亂山何處葬將軍」，明言岳侯有墳而良玉無葬地也，何至疑良玉葬杭州乎？（今按：此是對吳箋之按語而發）

41. 卷十八（P.16A）《讀史有感》

〔批云〕此八首與《清涼山讚佛詩》旨同。

42. 同上詩（（P.16A）第一首

〔批云〕案此詩謂章皇帝十七年已有詔幸五臺，若果命駕，董貴妃必從行也。（今按：原詩為七絕，「彈罷薰弦便燕歌，南巡翻似為湘娥。當時早命雲中駕，誰哭蒼梧淚點多。」）

43. 同上詩（P.17A）其四

〔批云〕此首未能強解，或謂董貴妃本冒辟疆妾董小宛之姊妹，似非無謂。（今按：原詩為七絕，「茂陵芳草惜羅裙，青鳥殷勤日暮雲。從此相如羞薄倖，錦襲長守卓文君。」）

44. 卷十八（P.18B）《偶得》其一中之「只因程鄭吹求盡，卻把黔婁作富人」兩句

〔批云〕此為順治十四年江南奏銷案發也。

45. 同上詩（P.19A）其三

〔批云〕此亦有本事。

46. 卷十八（P.21A）《王殉故宅》中之「即今誰令桓公喜」之「令」字

〔批云〕使令之令本平聲，然古音卻不分別，命令猶言使令也。

47. 卷十八（P.30A）《題冒辟疆名姬董白小像·並引》中之「苟君家免乎，勿復相顧；寧吾身死耳，逞恤其勞」四句

〔批云〕觀此四語，似董小宛為興平亂兵所掠，不知所終，未嘗以瘵死也。辟疆作《憶語》及張陳諸君作傳，蓋無聊之託詞耳。

48. 同上詩（P.33A）其七「高家兵馬在揚州」句

〔批云〕：此首言「高家兵馬在揚州」，下首即云「寒食東風杜宇魂」，明是兵間相失，託之夭逝耳！

49. 同上詩（P.33A）其八中之「墓門深更阻侯門」句

〔批云〕墓門七字亦微詞。

50. 卷十八（P.33B）《古意》

〔批云〕味此六首詞意，蓋為章皇帝崩後，有未被幸之殯御遣出宮者而作。

51. 同上詩（P.34A）「此生那得恨長門」句中之「得」字

〔批云〕「得」字疑當作「復」。

附錄三：朱太忙《吳梅村詩集箋注序》[註1]

　　梅村集有數種，黎城靳綠溪《吳詩集覽》注本，世稱詳洽。長洲枚菴氏取而增刪之為箋注，尤為精善。惟太倉程迂亭編年本，未見刊傳。嗚呼！梅村不幸，生於明季亂離之世，小人道長之秋，不克展厥懷抱，僅僅託於詩人，而又有貳臣之痛。今讀其詩，哀怨淒惻，無異寡婦夜哭，亦可悲已。然其仕於明也，疏劾奸黨，不畏強暴，數忤權貴，獎護忠直，此豈詩人所能出哉！此真詩人之本色也。吾知千古號為詩人者，有媿於梅村多已。其仕於清也，被逼而出，實為老母屈耳，豈夙好趨炎熱中，正未可與洪承疇、錢蒙叟等視。君子觀其前後事，而早能亮之，不過天欲憂危其身，艱苦其慮，以昌其詩耳。故梅村之不幸，仍為梅村之幸，原不足為梅村病也。

　　《觚賸》載梅村父蘊玉，與江右李太虛同飯太倉王氏，梅村隨課塾中，奇其文，卜為偉器。一日，太虛因被酒，碎其玉卮，王有訧言，憤怒去，蘊玉追而賠之。後李成進士，入詞館，梅村為李所薦，登南宮第一，可謂疏財敦友之報。是識梅村者，又有李太虛，不特一張西銘也。

　　今歲為大達社標點，重讀一過，摘所愛數聯於此，用志心得。如《送周子偁張青琱往河南學使者幕》云：「不謂斯文喪，終存萬古心。」《送沈友聖漢川哭友》詩云：「士有一知己，無預更不平。」《曹秋岳龔芝麓分贈趙友沂得江州書三字》云：「浪跡愁偏劇，孤懷俠未降。」《梅村》云：「不好詣人貪客過，慣遲作答愛書來。」《虞兮》云：「博得美人心肯死，項王此處是英雄。」梅村

〔註 1〕 （清）吳翌鳳箋注，朱太忙標點《吳梅村詩集箋注》，大達圖書供應社 1935 年版，第 1～2 頁。

詩體平詞腴，音律諧和，沖曠簡遠，如其為人，讀之令人鄙吝頓消。工於詠物溫馨之作，尤擅其能。明朝處士最善盜虛聲，故《佘山》詩云：「處士盛名收不盡，至今山園佘將軍。」此蓋深譏陳眉公也。太倉顧師軾撰《梅村年譜》四卷，予曾閱之，知《茸城行》為松江提督馬逢知作，《客談雲間帥坐中事》詩亦係馬事。《三岡識略》云：「馬逢知初名進寶，起家群盜，由浙移鎮雲間。貪橫僭侈，百姓殷實者，械至倒懸之，以醋灌其鼻，人不堪，無不罄其所有，死者無算。後科臣成公肇特疏斜之，伏法東市，金銀百萬，無一存者，人皆快之。」此等即所謂詩史也。夫詩而可稱為史，方不愧為詩人之詩；詩人而不樂於仕官，不肯附權貴，方不愧於詩人之目。噫！千古真可目為詩人如梅村者，曾有幾人耶？

民國廿四年三月下瀚，南匯朱太忙撰序。

附錄四：吳翌鳳傳記資料

（清）潘曾沂《枚庵詩老吳先生事略》[註1]

  吳先生諱翌鳳，初名鳳鳴，字伊仲，晚自號枚庵漫叟。先世新安人，宋高宗朝文肅公徽為安撫使，有文名，十一世孫盧始遷吳。高祖某，曾祖某，父西谷公諱坤，母沈，繼母陶。西谷公好讀書，喜交遊，同輩裘布衣肇鼎、謝徽君淞洲皆善與公言詩，先生甫就外傳，從旁輒心識之。徐孝廉伸居城中汲西里，公命往從之遊，其讀書處曰味瞻樓。先生私語同學曰：「瞻至苦而乃味之，非祥徵矣。」後數歲，果以羸疾不起。少穎悟，率類是。仁和杭編修世駿主教韓江，數來訪先生吳門，坐古歡堂烹茶，隨舉几上書問某事在某卷幾葉，以中否角勝負為戲。沈公德潛嘗謂人曰：「此子他日必蔽吾名，惜老矣，不及見其大成也。」二十五舉秀才，屬不合試官，遂絕意進取，館陶氏東齋者十八年。齋有花石，有樓可遠眺，與四五朋輩日吟詠其間，始識陳元基。既因元基識馬森，復因森識餘蕭客。四人者，出相從，入相比云。丁未秋，同郡姜晟巡撫湖北，屢招之往，不獲已而行，泊舟潯陽郭月赤嶼磯，於是始遠遊。姜內召入學使者吳省蘭幕，浩蕩江湘間，凡歷七郡，閱二十餘旬。布政使商丘陳淮召課其子，紹本遂遣僕迎母及妻子來鄂州。辛亥冬，陳巡撫貴州，紹本請為雪苑之行，風雪間關，斂隘萬狀。明年五月，紹本殀死。時故人王復令商丘，月率為會，相與優劣於章句間，杯酒落拓，歡出意表。自宋旋鄂，將如漳州，適陳移節江右，道出武昌，強以同住洪州。地卑下，水土非所宜，乃辭之而歸。甲寅春，姜來長沙，得盡室以行。明年，轉客瀏陽，掌南臺書院。俗好訟，有某私以事謁，

─────────────
〔註1〕（清）潘曾沂《東津館文集》卷三，清咸豐間刻本。

奉白金二千兩為壽，卻之。戊辰秋，將歸吳門，詩託陳元基卜宅，最後得老屋數椽於城南槐樹里。江湖樸被三十年，以有此屋廬，苦家貧。然終日吟事，清虛自如。詩多比興含蓄，體無定規，意盡即止。所居研石楚楚，一草一花，俱能留客。掛古琴壁間，行吟點墨以自娛。與後輩談論，藹然如春風。及其抽酌句律，騷嚴風緊，慘慘逼人。素健腰腳，一筇徒虛設。晨出獨步，任意所到。或情發乎中，則極思冥搜，神遊希夷。所詣少不會意，徑去不復留。道古心雄，發言不苟。近世文體澆漓，才調荒穢，稍稍作者，強名曰詩。南郭之竽，苟存於眾向，一名僅爾流播，輒自負欲發狂。聞先生之風，亦可以自愧矣。生平喜蓄卷帙，愛惜如護頭目。老見異書，雖病必強起殫力抄寫，夜盡一燭為率。精緻完整，冠諸收書家。同時袁枚、趙翼方以詩震耀海內，而先生隻身孤行其閒，約句準篇，力矯浮靡，不與人爭，而人亦莫能與之爭。惟一二復古自好之士，知江湖間有斯一人而已。少善布衣陳學海、虞敏。學海著雪蕉吟，持論獨斷斷唐宋之分，嘗取己作合先生詩，為《簡傳集》。敏工古文，筆意峭折，作詩不依傍門戶，而神理畢合。敏、學海皆奇士，然世無有道其人者。既且相繼死，先生作詩哭之云：「去年雪蕉亡，今年雨蕉死。平生幾知己，死亡略盡矣。」雨蕉，敏自號也。感念舊遊，淒悢欲絕，取五十年來所錄師友之作，刊落而補綴之，成《懷舊集》二十卷。獨學積行淹沒潦倒之士，賴斯以傳。經術深湛，言言事事，必有據依。與余蕭客往復論經，駁鄭氏之說數條，雖專門名家有不逮。居家八年，白頭奉親，口不稱老。己卯六月，病腹而癉之，遂不起。先生生於乾隆七年六月二十四日，卒於嘉慶二十四年七月三日，年七十有八。配沈氏，前卒。子男二：寶彤、寶蒂。女三：朱鼎銘、唐元弼、顧紹韓，其壻也。孫男一，之慶，著有《與稽齋叢稿》十八卷、《文集》八卷、《襏襫書》二十九種，凡四百八十六卷，藏於家。

　　丁丑四月，下榻戚侍講寓廬，獲觀佚存叢書中《唐才子傳》，愛其語妙。此文後半，論詩處多採用其成句。原稿太繁，節去百數十言存之。乙巳仲夏，小浮山人自記。

（清）石韞玉《吳枚菴墓誌銘並序》〔註2〕

　　嗚呼！世無處士久矣。今之人束髮讀書，達則為公卿大夫，否則困於科舉

〔註2〕（清）石韞玉《獨學廬四稿》文卷五，董粉和點校《獨學廬文稿》，上海古籍出版社 2020 年版，第 640～641 頁。

之業，孜孜矻矻以終其身，欲求夫修學好古，蟬脫聲利之外，簪笏不動其心，簞瓢不改其樂者，實難其人。若枚菴吳先生，其庶乎！

先生諱翌鳳，字伊仲，初號枚菴，晚歲又自號漫叟，江南吳縣人。少稟異姿，讀書五行俱下。既冠，以試院《旭升樓賦》，受知於學使曹秀先祭酒，食餼於庠，貢入成均。所交皆一時知名士，聲華籍籍菰林，先生視青紫若敝屣也。年四十，即絕意於干祿之學，惟仰屋著書，獲一未見書，必手鈔。所鈔書盈笥篋，皆讎校精覈，無一譌字。詩宗唐賢三昧，書法董香光。善寫生，草蟲花木，落落縱筆，入徐熙之室。工篆刻，古雅有法。所蓄金石文甚富，一一能道其存亡真偽。間作山水，亦高簡無俗韻。故尚書姜公晟之巡撫湖北也，遠致羔鴈，延課其子，先生遂作楚遊。姜公既去楚，先生為楚中士大夫所扳，留坐臯比，教授諸生。凡往來於楚之南北者二十七年，然後歸老於故土。嘉慶二十四年夏，偶感暑瘧，既愈又發，遂不起，以七月初三日卒，春秋七十有八。父坤，字載寧，以善畫名於世。其歿也，先生哭之過其節，左目遂失明。母沈氏，早故。繼母陶氏，尚存。配沈氏，先卒。子三：寶彤、寶荺、寶紳，殤其二，惟中男僅存。孫一：之慶。先生性樂閒靜，外通內介，家無擔石儲，而口不言貧。後生從之遊，視若和易近人，至非義之為，則凜乎不可干也。所著書有《與稽齋叢稿》、《吳梅村詩注》、《唐宋金元詩選》、《懷舊》、《卭須》二集，皆已刻行世。其未刻者尚有二十餘種，世未及見也。孤子寶荺以次年三月初八日葬先生於太倉山之原，先期乞銘。銘曰：

儒家者流，賢聖為伍。勵志詩書，抗心鄒魯。矯矯先生，性厭華膴。讀書萬卷，圭璋在府。蔚為文章，弗憚及古。誘掖後生，若被時雨。行必踐繩，言必執矩。哲人云亡，斯文焉取。

（清）錢泳《履園叢話》卷六《耆舊枚菴先生》

吳枚菴先生名翌鳳，長洲人。少為諸生，工詩，家甚貧，以館穀自給，嘗手抄秘書至數十百卷無倦色。乾隆五十年，吳中大饑，乃攜其母夫人暨妻子出遊，歷湖北、湖南、廣東、江西諸省，凡二十餘年無所遇，母已百歲，枚菴亦七十餘矣。余嘗書楹帖贈之云：「賣賦卅年惟奉母，浪遊千里為尋詩。」晚年家居，仿漁洋《感舊集》之例，選平生交遊之詩曰《懷舊集》十八卷，又《卭須集》十八卷、《吳梅村詩集箋注》二十卷。

佚名《清史列傳》〔註3〕

吳翌鳳，初名鳳鳴，字伊仲，江蘇吳縣人。諸生。博雅，工詩文。少寓陶氏東齋，寢饋書史，積二十年。中歲遊楚南，徧歷匡廬、嶽麓、洞庭諸勝，垂老始返，卜居城南，著書奉母，題其室曰歸雲舫。一時文士，多從之遊。詩工五言，嘗輯有《懷舊》、《卬須》二集，注吳偉業詩。生平不喜空談心性及二氏之學，又謂考據之文，易於傷氣。所輯《國朝文徵》四十卷，自順治至嘉慶二百餘年，凡忠孝、節義，有關風化，或遺文佚事，可備掌故者，登之，皆有裨於學問經濟。著有《稽齋叢稿》。

（清）劉嗣綰《答吳枚庵書》〔（清）劉嗣綰《尚絅堂文集》卷一，清道光六年大樹園刻本。〕

甲寅春，辱手告，知足下主講瀏陽。旋以楚境少寧，音書不嗣。足下寄家烽火之外，旅食瀟湘之南。無官可居，乃為長沙之謫；無米可乞，更值春陵之饑。盡室播遷，重以身累。計違鄉國，綿歷十年。昔景真係懷於倫好，孝穆眷眷於宗室。博昌父老之晝，不忘墟裏；襄陽耆舊之傳，因感山丘。況在羈孤，能無動念？僕以乙卯之冬，銜哀歸里。塵事多慮，饑驅遂迫。比發豫章，言留鳩茲。瀧岡之阡，日月未卜。輒思買山十笏，廬墓數椽。魚菽以祀先人，雞黍以奉吾母。敦勗子弟，弗墜前業；周旋鄰里，克繼世好。所願止此，亦復不奢。而債臺久居，舊產盡蕩。魯人之田，假而不歸；薛公之券，積而難返。坐此怏怏，靡有寧日。《遯》之上九曰：「肥遯，？不利。」嗟乎！今之遯者，難乎其肥矣。曩者漢上之遊，敷衽論心，同舟申款，願言偕隱，遐思卜居，笑展君圖，以盟息壤。君好曼聲，故多逸趣。微吟芳草，託興湘波。未敢盡其古歡，竊欲圖其後會。迺尺電不留，英年颷忽。津梁異軌，關隴殊塗。水有東西之流，星有參商之隔。昔年遊好，歡若平生，首路風波，幾無歸櫂，能不悲哉！僕別後得詩可十餘卷，頗悔少作，痛自改創。顧學植淺，力苦不逮，暇日當錄一本，質之足下。昔微之之集，待傳於白傅；敬禮之文，求定於陳思。每一念及，此心怦然，則不欲更緩也。宋、金、元三朝詩選，鍊精存液，可砭俗尚。《梅邨詩注》刻竣否？本朝詞選尤宜付梓，以公諸世，近時實無善本也。固結之私，聊復縷縷。衡陽雁回，有以復我。

另外，王幼敏《吳翌鳳研究——乾嘉姑蘇學界考略》（上海文藝出版社2008年版）附錄一為《吳翌鳳年譜》。

〔註 3〕 王鍾翰整理《清史列傳》卷七十三《文苑傳四》，中華書局 1987 年版，第 6023 頁。

附錄五：雜俎

（清）王鐸《讀梅邨豔詩有感四首》（陳維崧輯《篋衍集》卷九）

上林珠樹集哯鳥，阿閣斜陽下碧梧。博局不成輸白帝，聘錢無藉賮黃姑。投壺玉女知天笑，竊藥姮娥為月孤。淒斷禁垣芳草地，滴殘清淚到蘼蕪。

靈璈森沉宮扇回，屬車歷碌殷輕雷。江長海闊欺魚素，地老天荒信鳩媒。袖上唾看成紺碧，懷中泣忍化瓊瑰。可憐銀燭風前淚，留取胡僧認劫灰。

撾鼓吹簫罷後庭，書帷別殿冷流螢。營衣蛺蜨晨風舉，畫帳梅花夜月停。銜壁金釭憐旖旎，翻階紅藥笑娉婷。水天閒話天家事，傳與人間總淚零。

銀漢依然戒玉清，竹宮香爐露盤傾。石碑衕口誰能語，棋局中心自不平。禊日更衣成故事，秋風紈扇憶前生。寒牕擁髻悲哯夜，暮雨殘燈識此情。

（清）陳文述《頤道堂集》詩選卷一《讀吳梅村詩集因題長句》

賈園花木娶江水，天荒地老悲風起。千秋哀怨託騷人，一代興亡八詩史。復社聲華孰最賢，南宮甲第快蟬聯。陸機詞賦江東重，蘇軾文章海內傳。華年歸娶人如玉，催妝詩刻金蓮燭。閨房兒女最情深，定知譜出房中曲。國事當年已可哀，紛紛鈞軸鳩為媒。一函正本清源疏，原是升平濟世才。里居山水鄰圓泖，烽煙北望憂心悄。彭澤殷憂晉義熙，杜陵感遇唐天寶。慘澹乾坤大可憐，傷心最是甲申年。侍臣空有攀髯慟，一樹紅棠泣杜鵑。沈憂慷慨悲無告，不幸才人丁未造。白頭堂上有衰親，兼全難得惟忠孝。倉皇南渡小朝廷，流涕江山望中興。一月登朝歸計決，比肩馬阮肯同升。燕子春燈悲主貨，橫江轉眼南都破。翠鈿零落感中山，一曲青琴彈楚些。西田煙水接鬔清，世外桃源可避兵。

潔白蘭陔吟束皙,願從江海匄餘生。豈知事不如人意,文人畢竟聲華累。空山
那許老柴荊,薦函繹絡徵書至。十載巢由臥盛時,堅辭徵辟爾何詞。老親雪涕
相敦迫,當日憂危世不知。重入春明初願拂,豈為縈情戀簪紱。詔書本異白衣
宣,君恩敢作黃冠乞。故宮離黍百憂生,依舊圜橋講席橫。天水蒼涼趙松雪,
江關蕭瑟庾蘭成。經年奉諱顏枯槁,放歸從此江湖老。託將樂府寫離憂,通天
臺下初明表。長慶詩成古調彈,歸來江左領騷壇。偷生終負遺民願,忍死誰憐
孝子難。半生鬱鬱中心恫,異兆先徵元旦夢。墓門圓石署詩人,淮南雞犬餘深
痛。嗚呼!滄桑之際那堪說,玉碎珠沈干將折。虞山垂暮定山妖,名流幾箇矜
完節。如君遭際最淒涼,一代詩名獨擅場。不與兩家消劫火,品題御墨寫琳琅。
江南花月今無恙,長吟奇氣矜豪宕。絕調應教世共傳,苦心定有人能諒。難得
黎城細意牋,沉吟騷雅寶遺編。尊前一瓣心香在,我欲黃金鑄浪仙。

(清)鄧廷楨《雙硯齋詩鈔》卷八《讀吳梅村詩書後》

開卷先編行路難,斯人心事露毫端。興亡易局留雙管,生死含愁誤一官。
差比虞山多晚蓋,已先蠶尾冠騷壇。表阡尚有高文在,先太史公與先生交最深,考
妣墓誌皆先生作。挑盡秋鐙不忍看。

(清)畢沅《靈巖集》卷十九《讀吳梅村先生集書後四首》

蓬萊紫海又揚塵,淒絕金門舊侍臣。浣女不知香草怨,隔江還唱秣陵春。
白頭祭酒意無聊,淚灑銅駝滿棘蒿。忍遇東廂舊園叟,夕陽菜圃話前朝。
草間偷活為衰親,絕命辭成飲恨新。香海一抔埋骨後,梅花窟裏弔詩人。
墓在鄧尉山下前,豎圓石,書詩人吳梅村墓。此先生遺命也。

(清)蔣敦復《嘯古堂詩集》卷三《題梅村集》

賀老琵琶夜語涼,茫茫花月又滄桑。才人樂府傷心史,黨籍風流選佛場。
豈意乾坤成末路,難逃江海為高堂。先生祇被聲華誤,重插朝簪鬢有霜。

(清)李于陽《即園詩鈔》卷十一《蒼華二集·題吳梅村集》

風人天性本溫柔,譜出長歌段段愁。一代才華堪屈指,百年生死忍回頭。
空門託足各心盡,故國傷春老□□。剩得草閒求活句,荒墳鬼唱可憐秋。
六代繁華一旦空,天留詞客老江東。新聲花月酬名□,故國江山問史公。
富貴情移當局處,興亡說盡小朝□。絳雲樓下尋知己,腸斷庭前豆子心。

《再題梅村集》

白髮飄零舊史臣，曲中哀怨不勝春。餘情為愛江南好，唱著新聲誤後人。吟成字字總悲秋，故國淒涼感白頭。誰使夷門負公子，青山佳傳讓人留。生死無端一念輕，鶯花跌宕太多情。可憐名士成焦尾，轉把琴心負玉京。

把卷閒吟對夕曛，哀歌一曲遏行雲。青門貴主中山女，替說傷心幸有君。

（民國）唐晏《唐晏集·書吳梅村集後》

蚤歲聲名動九州，吳郎詩卷古今愁。當時小作迴翔勢，勝國遺民第一流。草間偷活亦何妨，頗怪梅村失忖量。身到仙源翻出去，桃花不負負漁郎。兒時頻過廓然堂，松竹前賢手澤長。誰料午橋觴詠地，轉頭又見小滄桑。作賦蘭成鬢已絲，半生家國恨誰知。松山哀曲堪千古，多事清涼讚佛詩。

（民國）林紓《書吳梅村集後》（孫雄輯《道咸同光四朝詩史》甲集卷五）

賜斷宣南舊直廬，巢由迎拜侍臣車。咎心忠孝生低首，嚼蠟功名老著書。講院春風殘淚在，夷門秋月舊盟虛。宦情輸與錢龔老，華省官袍照佩魚。

（民國）孫雄《詩史閣詩話》

吳梅村《清涼山讚佛詩》，實暗指董妃逝世，有清世祖傷感去國，遁五臺山為僧，語頗明顯。董妃相傳即係冒辟疆姬人董小宛，亦有佐證。近陳石遺（衍）、羅癭公（敦曧）咸有紀述，茲節錄數則於後，以供研索。陳石遺云：「第一首『王母攜雙成，綠蓋雲中來』，第二首『可憐千里草，萎落無顏色』，均明言董姓。第三首『中坐一天人，吐氣如旃檀。寄語漢皇帝，何苦留人間』，更明言皇帝出家，脫屣萬乘矣。然滿洲、蒙古無董姓，於是有以《董貴妃行狀》與《影梅庵憶語》相連刊印者；有謂《紅樓夢》說部雖寓康熙間朝局，其言賈寶玉因林黛玉死而出家，即隱寓此事者。《紅樓夢》中諸閨秀結詩社，各起別號，獨黛玉以『瀟湘妃子』稱。冒辟疆《寒碧孤吟》為小宛而作，多言生離，而序言『太白之才，明皇能憐之，貴妃可侍，巨可奴』，末又言『旦夕醉倚沉香，詔賦名花傾國。當此捧硯脫靴時，猶然憶寒碧樓否耶？』《憶語》則既有『與姬決捨』之議，又有『獨不見姬，與數人強去』之夢，恐其言皆非無因矣。」

羅癭公云：「清聖祖四幸五臺，前三次皆省覲世祖，每至必屏侍從，獨造高峰叩謁。末次則世祖已殂，有霜露之感。故第四次幸清涼山詩云：『又到清

涼境，巖卷復垂。勞心愧自省，瘦骨久鳴悲。膏雨隨芳節，寒霜惜大時。文殊色相在，惟願鬼神知。』所感固甚深矣。冒辟疆《亡妾董小宛哀辭序》云：『小宛自壬午歸副室，與余形影交儷者九年，今辛卯獻歲二日長逝。』張公亮（明弼）《董小宛傳》云：『年僅二十七歲，以勞瘁卒。其致疾之由與久病之狀，並隱微難悉。』蓋當時被掠於北兵，輾轉入宮，大被寵眷。用滿洲姓稱『董鄂氏』。辟疆即以其被掠之日為其亡日也。非甚不得已，何至其致疾之由與久病之狀隱微難悉哉！《憶語》最後一則云：『三月之杪，余復移寓。久居懷家正劇。晚霽，襲奉常偕於皇、園次過慰，留飲。限韻作詩四首，不知何故，詩中咸有商音。三鼓別去，余甫著枕，便夢還家，舉室皆見，獨不見姬。急詢荊人，背余下淚。余夢中大呼曰：「豈死耶？」一慟而醒。』又云：『姬前亦於是夜夢數人強之去，匿之，幸脫。其人尚信猖不休也。詎知夢真而詩讖，咸來先告哉！』按此當是實事，諱以為夢耳。《憶語》止於此，以後蓋不敢見諸文字也。」

瘦公又云：「梅村《題董白小像》詩第七首云：『亂梳雲髻下妝樓，盡室倉皇過渡頭。鈿合金釵渾棄卻，高家兵馬在揚州。』蓋指高傑之禍也。第八首云：『江城細雨碧桃村，寒食束風杜宇魂。欲弔薛濤憐夢斷，墓門深更阻侯門。』若小宛真病歿，則『侯門』作何解耶？豈有人家姬人之墓，謂其『深阻侯門』者乎？又梅村《題董君畫扇》詩，列《題像》詩後，即接以《古意》六首，詞意甚明，編詩時具有深意。第二首云：『可憐同望西陵哭，不在分香賣履中。』第四首云：『手把定情金合子，九原相見尚低頭。』蓋謂姬自傷改節，愧對辟疆也。第六首云：『珍珠十斛賣琵琶，金谷堂深護絳紗。掌上珊瑚憐不得，卻教移作上陽花。』則意更明顯矣。向讀梅村此詩，多謂為梅村自傷之作，詞意多不可通，無寧謂指小宛之為近也。龔芝麓《題影梅庵憶語·賀新郎》詞，下闋云：『碧海青天何限事，難倩附書黃犬。藉棋日酒年寬免。搔首涼宵風露下，羨煙霄破鏡猶堪展。雙鳳帶，再生翦。』所云『碧海青天』、『附書黃犬』、『破鏡堪展』皆生別語，非慰悼亡語也。董妃之為董小宛，證佐甚繁，自故老相傳已如此，近世惟冒鶴亭（廣生）辨之甚力。蓋鶴亭為水繪園舊主，不願使園中美人為他人所奪。然恐訟辨未必能勝耳。」

（清）謝章鋌《賭棋山莊詞話》卷八

吳梅村詞

蔣子宣曰：「吳梅村、龔芝麓、曹秋岳、梁蒼巖諸人詞，俱名家，然取冠

本朝，殊乖教忠之道，一概置而不錄，於體為宜。」其說甚正，然譚藝非講學比也。諸公在國初實開宗風，不獨提倡之功不可忘，而流派之考更不可沒。夫錢文僖詞載於宋，趙文敏詞登於元，昔人不以為非，編次之例應爾。信如子宣之言，則諸公之作，將附於勝國乎，抑另編一集乎。況五代十國詞家，率多身更兩姓，非付之秦火不可。而西河西堂輩，名掛前朝學籍，推類至盡，亦不宜選矣。進退之間，動多窒礙，乃知高論，非通例也。若周篔、賀裳、張綱孫、錢光繡之徒，述庵廁之明末，蓋本於竹垞，以《明詩綜》證之，可見皆遺老也。子宣採取，亦殊失真。至梅村淮南雞犬，眷戀故君，其《賀新涼·病中有感》云：「萬事催華髮。論龔生、天年竟夭，高名難沒。吾病難將醫藥洽，耿耿胸中熱血。待灑向、西風殘月。剖卻心肝今置地，問華陀、解我腸千結。追往事，倍淒咽。　故人慷慨多奇節。為當年、沉吟不斷，草間偷活。艾灸眉頭瓜噴鼻，今日須難訣絕。早患苦、重來千疊。脫屣妻孥非易事，竟一錢不值、何須說。人世事，幾圓缺。」不作一毫矯飾，足見此老良心。遭逢不幸，讀之鼻涕下一尺，述庵奈何竟置此詞於不選乎。此詞關係於梅村大矣，述庵其未講知人論世之學哉！梅村《秣陵春》傳奇，有聲梨園間，集中《觀演秣陵春·金人捧露盤》云：「喜新詞初填就，無限恨，斷人腸。為知音仔細思量。」蕪城之賦，夢華之錄，蓋別有傷心矣。阮亭詩「白髮填詞吳祭酒」，非虛美也。梅村歿為泰山府君，見阮亭《池北偶談》。

佚名《慧因室雜綴》

詠吳梅村詩句

吳梅村之入清再仕也，侯朝宗曾遺書力阻，故吳後弔朝宗詩云：「死生總負侯嬴諾。」臨沒時，賀新一闋云：「論龔生夭年，竟夭高，名難沒。」又云：「為當年沉吟不斷，草間偷活。」又云：「竟一錢不值。」怨艾之意深矣。遺命以僧服殮，題碣曰「詩人吳梅村之墓。」心事昭然。此《郎潛紀聞》所以云吳梅村有難言之隱也。顧其所為詩，多隱寓時政，後世稱為「詩史」。梅村亦自云：「吾詩雖不足以傳遠，而是中之寄託良苦。後世讀吾詩而知吾心，則吾不死矣。」其殆欲以一卷之詩，贖前愆而圖晚蓋，求恕於清議耶？讀梅村詩者，題詠極多，惟定金繩武云：「兩代詩名元好問，畢生心事沈初明。」吳江王載揚云：「百首淋漓長慶體，一生慚愧義熙民。」最為精嚴確當。趙雲崧《詠元遺山》曰：「無官未害餐周粟，有史深愁失楚弓。」梅村出處，較之遺山固遜一籌矣。

（清）袁昶《袁昶日記》

辛卯六月（光緒十七年，1891）

梅村《詠史》詩：「蕭何虛上座，故侯城門東。曹參避正堂，屈己事蓋公。咄咄兩布衣，不事隆準翁。其術總黃老，閱世浮沉中。所以輔兩人，俱以功名終。」道污從污，與時消息，避世之術，固非柱下不為工歟。又云：「進固非伊周，退亦無箕潁。薄祿從下僚，末俗居中品。寂寥子雲戟，從容步兵飲。」此《孟子》所以審抱關之宜而衛之，伶官所謂寓興於簡兮也。《晉書·孫綽傳》：「山濤吏非吏，隱非隱。」

讀《吳梅村集》。國初作者，公與漁洋、竹垞三家鼎峙，視餘子皆培，而要以東磵《初學》《有學》二集為之祖峰，後有知人論世者，當以鄙言為然。

國朝詩家以虞山、梅村為開山二祖，南朱北王皆衍其宗風者。朱近祭酒，王則不取西崑、江西家數，專從虞山所得之門徑入手。計東曰：「虞山之言曰，梅村之詩，殆可學而不可能，而又非可以不學而能者也。」其秤量乎才與法之間，亦微矣。姚惜抱云：「所以行吾法者才也，而所以廣才者法也。」虞山又謂：「讀梅村詩，非積求於杜韓兩家，吸取其神髓，而佽助之眉山、劍南，斷斷乎不能窺其籬落、識其阡陌也。」夫虞山暮年之詩，心摹手追於眉山、劍南之間，顧轉述梅村，幾自遜為不如，如此誠非今之驕己凌物者可及也。又梅村彌留之際語顧伊人，自論其詩云：「吾於此道，雖為世士所宗，然鏤金錯采，未到古人自然高妙之極地。」人工奪天巧，則其天不全，亦是一病。姜白石有四種高妙之說。疑其不足以傳兩公所言利病如此，皆適獨坐之論也。

（民國）沈其光《瓶粟齋詩話四編》下卷

長洲吳翊鳳箋注《吳梅村詩集》，徵引書籍略不剪裁，頗嫌繁冗。亦有作者原用甲事，而注則誤引乙事者；有習見不必注而反見，隱僻當注而反不見者，非善本也。惟《清涼山讚佛》五首，為詩中疑案，而獨不注來歷，省卻多少葛藤，尚為有見。此詩世多謂為清代章皇帝悼念董妃而作，或謂滿蒙無漢姓，因又謂董妃即秦淮名姬董小宛者。然董鄂為滿湘一部落，「董」亦作「揀」。《皇朝文獻通考》載：「孝獻皇后揀鄂氏，內大臣鄂碩女，順治十三年十二月封皇貴妃，十七年八月薨，追封皇后，謚曰孝獻。」則董疑即揀鄂氏。至小宛歸如皋冒襄為姬，張明弼《董小宛傳》云在壬午春，崇禎十五年也。余懷《板橋雜記》：「小宛事辟疆九年而沒。」則在順治七年。辟疆作《影梅庵憶語》哭之。

小說家以小宛入京屬之順治十四年，徵之諸家記載，小宛固前卒矣。然讀者終當多間闕疑可也。全集四十卷，詩集十八卷，嘉慶甲戌吳中嚴氏刻，光緒十年湖北官書局重刻，首列嚴氏原序，次為太倉顧湄、澤州陳廷敬《梅村先生行狀》與《墓表》，雕槧極精。惜編製體裁甚俗，且注者姓名下不曰某某箋，而曰某某撰，亦未合也。

梅村乃館閣中一名手耳，若必謂之詩人，則未也。梅村於唐宋金元諸名大家集未嘗下苦功，《四庫提要》謂其「歌行一體，尤所擅長」，亦止描畫沈宋、四傑之眉角，而「此時」、「此日」、「誰家」、「何處」等套語，殊厭其煩。其所取材，《南》、《北史》稗官之說而已，甲、丙兩部之書未嘗用也。其詩在同時介乎秋笳、秋華之間，未足與雲間諸子抗手。古詩累於鋪，無多大論議。如《雁門太守行》為孫傳庭作，夫潼關之敗，文武吏民皆奪氣，關以內遂無堅城，此關係明之存亡甚大，乃僅曰「沙沈白骨」、「雨洗金創」，與尋常哀挽何以異乎？因歎陳濤青阪之悲篇幅無多，而都人敵愾之心、官軍輕進之罪，是非得失，千載昭然。作者手段高下，固不可同日語矣！即《陳圓圓》一曲，為世所膾炙，起二語便不貫串。凡詩句每換一意必立一主詞，如「漢家塵煙在東北，漢將辭家破殘賊」，「漢家」、「漢將」主辭也。此云「鼎湖當日去人間，破敵收京下玉關」，明明上句指思宗，下句指吳三桂，兩句兩意，只說得一個思宗，則「破敵收京」者何人耶？此詩不過「全家白骨成灰土，一代紅妝照汗青」二語最警策。集中如「枝上杜鵑啼碧血，路傍少婦泣羅裙」、「青衫憔悴卿憐我，紅粉飄零我憶卿」、《投馬督》曰「伏波家世本南征」、《贈嵇叔子》曰「風流中散舊家聲」、《贈耿青藜》曰「好時家聲指顧收」、《送曹秋岳》曰「江東才子漢平陽」等，俗套頗多。昔人譏青丘詩太熟，余謂梅村熟而兼俗，讀者尤須審辨，毋徒震其盛名，為所誤也。

《呈座主李太虛，南昌兵變，避亂廣陵》八首之六云：「世路長為客，家園況苦兵。酒偏今夜醒，笛豈去年聲。一病餘孤枕，千山送獨行。馬當風正緊，捩柁下湓城。」通體沉鬱；《梅村》云：「枳籬茅舍掩蒼苔，乞竹分花手自栽。不好詣人貪客過，慣遲作答愛書來。閒窗聽雨攤詩卷，獨樹看雲上嘯臺。桑落酒香盧橘美，釣船斜繫草堂開。」通體瀏亮。二首為梅村集中之雋。《送林衡者歸閩》云：「五月關山樹影圓，送君吹篷柳陰船。征途鶪鴂愁中雨，故國椰榔夢裏天。夾潊草荒書滿屋，連江人去雁飛田。無諸臺上休南望，梅色秋風又一年。」調高響逸，何減何李。《丁未三月廿四日從山後過湖，宿福源精舍》：

「千林已暝色，一峰猶夕陽。拾級身漸高，樵徑何微茫。回看斷山口，樹抄浮湖光。松子向前落，道人開石房。橘租養心性，取足鬢眉蒼。清磬時一聲，流水穿深篁。我生亦何幸，暫憩支公。客夢入翠微，人事良可忘。」五言古尤非梅村所長，此詩先從上說下，省卻許多閒句，殊簡要。「橘租」十字謂資此為頤養耳，句未穩，可節。集中如此種累句尚多。其他佳聯如「老樹連書幌，孤村共酒瓢」、「無家忘別苦，多難愛書稀」、「山深惟杖策，雲盡卻聞鐘」、「遠帆看似定，獨樹去何遲」、「酒盡河聲合，燈殘劍影斜」、「支頤蒼鹿過，坦腹白雲流」、「濁酒一杯今夜醉，好花明日故園春」、「畫就煙雲連泰岱，詩成書札滿江湖」、「猿愁客倦晨投果，鶴喜人歸夜聽琴」、「北地詩名三輔少，西風客思五原多」。至俊偉之句，如「奇鷹出架雕弓動，稚覓登盤玉饅分」、「岱頂摩崖看日出，海邊吹角對秋清」、「雲生大漠龍方起，河出崑崙日正長」。又如「棧縈秦嶺千盤細，水落巴江萬里流」，則本杜「山連越巂蟠三蜀，水散巴渝下五溪」；「城高赤阪魚鹽棧，日落黃河鳥鼠秋」，則本杜「水落魚龍夜，山空鳥鼠秋」；「誰道盡提龍武將，翻教遠過閶闔城」，則本杜「豈謂盡煩回紇馬，翻然遠救朔方兵」；「月明函谷雞聲遠，木落蕭關塞馬肥」，則本青邱「函關月落聽雞度，華岳雲開立馬看」，均有摹擬痕跡。

梅村句「煙青入飛鳥」、「歸心入春雨」、「春夢入翠微」、「秋多入眾音」、「石門千鏡入」、「鷺遠入湖光」，皆本杜「決眥入歸鳥」句。

主要參考文獻

1. （清）吳偉業著，（清）程穆衡箋《吳梅村詩箋》，國家圖書館藏寶山樓抄本。

2. （清）吳偉業著，（清）程穆衡箋，（清）楊學沆補箋，張耕整理《吳梅村詩集箋注》，中華書局 2020 年版。

3. （清）吳偉業著，（清）靳榮藩注《吳詩集覽》，上海圖書館藏稿本。

4. （清）吳偉業著，（清）靳榮藩注《吳詩集覽》，天津圖書館藏刻本。

5. （清）吳偉業著，（清）靳榮藩注《吳詩集覽》，讀秀本。

6. （清）吳偉業著，（清）靳榮藩注《吳詩集覽》，哈佛燕京圖書館藏刻本。

7. （清）吳偉業著，（清）吳翌鳳注《吳梅村詩集箋注》，清嘉慶十九年（1814）滄浪吟榭刻本。

後　記

　　楊朱曰:「百年,壽之大齊。得百年者千無一焉。設有一者,孩
抱以逮昏老,幾居其半矣。夜眠之所弭,晝覺之所遺,又幾居其半
矣。痛疾哀苦,亡失憂懼,又幾居其半矣。量十數年之中,逌然而
自得亡介焉之慮者,亦亡一時之中爾。則人之生也奚為哉?奚樂哉?
為美厚爾,為聲色爾。而美厚復不可常厭足,聲色不可常玩聞。乃
復為刑賞之所禁勸,名法之所進退;遑遑爾競一時之虛譽,規死後
之餘榮;偊偊爾順耳目之觀聽,惜身意之是非;徒失當年之至樂,
不能自肆於一時。重囚累梏,何以異哉?太古之人知生之暫來,知
死之暫往,故從心而動,不違自然所好;當身之娛非所去也,故不
為名所勸。從性而遊,不逆萬物所好,死後之名非所取也,故不為
刑所及。名譽先後,年命多少,非所量也。」

　　　　　　　　　　　　　　　　　　　——《列子·楊朱第七》

　　食中山之酒,一醉千日。今世之昏昏逐逐,無一日不醉,無一
人不醉,趨名者醉於朝,趨利者醉於野,豪者醉於聲色車馬,而天
下竟為昏迷不醒之天下矣。

　　　　　　　　　　　　　——陸紹珩的《醉古堂劍掃·集醒第一》

一

　　再回首,2023 年就在不經意間已經成為了過去。在和朋友聊天的時候,
大家都覺得這一年過的特別快,前所未有的快。可能是成年人的世界,古井無
波,一年又一年,就那個鬼樣子吧!熟悉的東西,自然就感覺到快。也可能是

這一年剛好在三年疫情結束之後，無論是心理上，還是生理上，大家多少感到要輕鬆一些吧！

11月3日收到九月份在花木蘭出的四套書。11月6日偶然翻到《莊子通》的後記，看到那全民核酸的字眼兒，看到滿街都是「羊」的記錄，這才過了不到一年的時間，卻很有恍如隔世的感覺，我都有點不太相信自己曾經竟有過那樣的經歷。疫情三年，實在是太難了。再看看俄烏衝突、巴以衝突，還有年末的甘肅地震，新年第一天的日本地震和海嘯，這不能不讓人感慨，國家和平穩定，人民幸福安康真是無上的福報。

12月30日的午後，照例做了一個年終總結：

> 2023年將盡，今年釣魚貫穿全年，可能有200多天。除教學、養娃、休閒（追劇、聚餐）之外，蝸居終日，每天早睡早起，以校群籍。具體日程可參日記，今不復檢核，粗略記之，逐寫如下：
>
> 1. 年初新完成《詩學女為》。
> 2. 三月《〈曝書亭集詩注〉校證》《〈青學齋集〉校證》《陸繼輅集》《〈讀易述〉校證》四書出版。
> 3. 弄完舊稿《吳詩集覽》，後陸續完成各種附錄材料。
> 4. 弄完新稿《吳梅村詩箋》《吳梅村詩集箋注》，《梅村詩清人注三種》完成。
> 5. 校對《辟疆園杜詩注解》《葉八百易傳疏證》《莊子通（外三種）》《曝書亭詩錄箋注》四書，並於九月出版。
> 6. 校對《周易孔義集說》《讀易述》《周易玩辭困學記》《讀易紀聞》四書。
> 7. 弄完舊稿《左傳經世鈔》。
> 8. 弄完舊稿《周易引經通釋》，交華師審核。
> 9. 九月將《宋元明清文獻研究》交出版社，後校對清樣。
> 10. 新弄《沈欽韓注唐宋別集五種》，未完。
> 11. 新弄《杜詩論文》，未完。
> 12. 年末弄完舊稿《詳注昌黎先生文集》。
> 13. 年末受託校江西人民出版社《文廷式全集》之《純常子枝語》。
>
> 　　當玩則玩，盡興而玩；當學則學，潛心而學。如是而已。宣輔記於午後。

應該來講，這是豐富充實的一年，這是努力勤奮的一年，這也是收穫滿滿的一年。希望未來也能保持這樣一種狀態。

二

我曾在《〈曝書亭詩注〉校證》的後記裏梳理了一堆自己打算整理的古籍，並進而指出：

> 這些書裏最早令我心動的，是靳榮藩的《吳詩集覽》。昔年讀趙翼《甌北詩話》卷九《吳梅村詩》，對此書評價頗高，印象太過深刻，故不避繁瑣，引錄於下……梅村曲折的人生歷程，複雜的心境，加之靳注詳備的注釋，一下子吸引了我。摩拳擦掌、躍躍欲試了許久。但終於考慮到我對吳偉業沒有研究，以後從事相關研究的可能性也不大，幾經糾結之後，最終還是選擇了放棄。——這個放棄應該是暫時的，他日得閒，我還是想把它整理出來。

於是先行著手整理朱彝尊詩清人注，忙碌了一年，楊謙《曝書亭集詩注》、江浩然《曝書亭詩錄箋注》相繼完成並出版，孫銀槎《曝書亭集箋注》迄今還是一個遺憾。

翻檢日記：

> 2021.9.15.晴。四點多醒。六點起。上午錄批註，畢。補凡例一則。附錄補潘景鄭跋《曝書亭集》。（主體就這樣。只差個前言了。）外出吃拉麵。飯後推小寶自泰山中路北行至太湖路，西行至希望大道，自朗地英郡回。陪小寶，又不睡。三點方睡，始得閒，開始新東西，搞吳梅村。（吳詩有四家注：陸注、靳注、程注楊補、吳注。後三家最有名。程注楊補已由中華書局刊行。計劃搞吳詩比朱詩要早。如今朱詩已畢，那就搞吳。）孔網購臺版吳翌鳳《吳梅村詩集箋注》。打印靳注。（從四庫複製吳詩裸文二十卷，體量比朱詩少。注慢慢錄吧。計劃一年時間錄完。）

這就是《吳詩集覽》整理的開始。2022 年也是斷斷續續的進行，進展不是太快。主要是底本文字太小，加之自己錄入文字的速度也不算太快。2023 年在完成《詩學女為》之後，便集中於此書的錄入。緊趕慢趕，總算是完成了前八卷。在此基礎上，我又新開始了《吳梅村詩集箋注》，也搞完了前八卷。其後，《吳詩集覽》的卷九至卷十五是以作業的形式讓 21（2）班的同學錄入的，

我再加以校對。四月份的時候去過一次南京圖書館，赫然發現中國基本古籍庫裏面收錄了此書，還有楊謙的《曝書亭集詩注》。我辛辛苦苦錄了幾年的書，沒想到數據庫裏已經有了。於是迅速複製了《吳詩集覽》卷十六至卷二十。如果自己錄入的話，不知道又要耗費多少時間。唉！我又忍不住要感慨小地方資源匱乏的無奈和心酸了！這讓人要付出多少笨工夫。謝天謝地，總算還讓我抓住了一點小尾巴，趕上了一趟末班車。

然後又完成了吳翌鳳《吳梅村詩集箋注》剩下的部分。五月去無錫參加中國歷史文獻研究會第 44 屆年會，獲贈了一張古聯網的試用卡，回來便用它完成了程穆衡《吳梅村詩箋》的識別，也算是意外的收穫，省去了很多的氣力。

之後便是校對，還有附錄工作的錄入。此後在做別項工作的時候，也不時會有意想不到的運氣。比如 10 月 7 日「全球漢籍影像開放集成系統」開放，發現了一些《吳詩集覽》的版本；12 月 27 日上海圖書館古籍全庫流出，發現了《吳詩集覽》稿本、《梅村詞鈔箋注》。這也足以讓人興奮不已。

前後三年，《梅村詩清人注三種》終於弄完了，此事便算暫時了結。當然，也存在一些遺憾。比如《前言》中所說的：「靳榮藩徵引繁富，偶有失誤。著者曾仿傚《〈曝書亭詩注〉校證》，用史源學的方法逐條查考注文，也發現了一些錯訛。但一方面工作量太大，另一方面容易湮沒校記，故僅完成卷一至卷四上，其後則不復為之。」還有，民國時期，有一些文章是對梅村詩的考辨，本擬錄入，作為附錄，但限於精力和版權，終究未能完成，只能列目於此：

（1）陳子彝《吳梅村礬清湖詩考》（《江蘇省立蘇州圖書館年刊》，1936 年；《文藝捃華》，1936 年第 3 卷第 2 期）

（2）莫問《幾則有關吳梅村詩的補說》（《輔仁文苑》，1940 年第 4 期；《宇宙風》，1940 年第 33 期）

（3）秦佩珩《吳梅村江上詩考證》（《文學年報》，1940 年第 6 期）

（4）秦佩珩《吳偉業殿上行本事質疑》（附英文摘要）（《燕京學報》1941 年第 29 期）

（5）秦佩珩《吳梅村江上詩定話》（《公教學生》，1942 年第 2 卷第 2 期）

（6）夏敬觀《吳梅村畫中九友考》（《同聲月刊》，1945 年第 4 卷第 3 期）

（7）黃裳《鴛湖曲箋證：吳昌時事輯》（《文藝復興》1949 年）

（8）錢萼孫《吳梅村清涼山讚佛詩箋》（《東方文化》，1942；《真知學報》，1945；《夢苕盦論集》，1993）

（9）孟森《世祖出家事實考》（載《明清史論著集刊續編》）

（10）俞平伯《古槐書屋讀本〈蕭史青門曲〉》（載王元化主編《學術集林》卷9，上海遠東出版社，1996）

（11）〔日〕福本雅一撰，萬爽、陸蓓容譯《吳梅村與〈畫中九友歌〉》（范景中、曹意強、劉赦主編《美術史與觀念史ⅩⅠ》，南京師範大學出版社，2011）

（12）馮沅君《吳偉業〈圓圓曲〉與〈楚西生行〉的作期——讀詩質疑之一》（錢仲聯《夢苕盦專著二種》，中國社會科學出版社，1984）

今人的研究成果也很豐富，如宋謀瑒《吳梅村〈圓圓曲〉疏解》（《晉陽學刊》，1981年第1期），周天《〈圓圓曲〉箋釋》（載《〈長恨歌〉箋說稿》，陝西人民出版社，1983）等等。

另外，7788收藏網有一種乾隆凌雲亭版道光重刷本《吳詩集覽》20冊，前有跋語云云。孔網有掃葉山房刊本。此兩本未見，俟訪。

三

我讀高中時，有一位很有名的歌手叫刀郎，他的《2002年的第一場雪》、《衝動的懲罰》等響遍大街小巷。然而之後沈寂多年。7月19日，刀郎發行專輯《山歌寥哉》，一下子火遍全網。尤其是《羅剎海市》，更是以挾裹宇宙之勢，風靡全球，短短幾天時間，就創造了單曲播放量的吉尼斯紀錄。其魅力就在於歌詞內涵的豐富。歌詞是這樣的：

> 羅剎國向東兩萬六千里
> 過七沖越焦海三寸的黃泥地
> 只為那有一條一丘河
> 河水流過苟苟營
> 苟苟營當家的叉杆兒喚作馬戶
> 十里花場有渾名
> 她兩耳傍肩三孔鼻
> 未曾開言先轉腚
> 每一日蹲窩裏把蛋來臥
> 老粉嘴多半輩兒以為自己是隻雞
> 那馬戶不知道他是一頭驢
> 那又鳥不知道他是一隻雞

勾欄從來扮高雅

自古公公好戚名

打西邊來了一個小夥兒他叫馬驥

美丰姿少俉儅華夏的子弟

只為他人海泛舟搏風打浪

龍游險灘流落惡地

他見這羅剎國裏常顛倒

馬戶愛聽那又鳥的曲

三更的草雞打鳴當司晨

半扇門楣上裱真情

它紅描翅那個黑畫皮綠繡雞冠金鑲蹄

可是那從來煤蛋兒生來就黑

不管你咋樣洗呀那也是個髒東西

那馬戶不知道他是一頭驢

那又鳥不知道他是一隻雞

豈有畫堂登豬狗

哪來鞋拔作如意

它紅描翅那個黑畫皮綠繡雞冠金鑲蹄

可是那從來煤蛋兒生來就黑

不管你咋樣洗呀那也是個髒東西

愛字有心心有好歹

百樣愛也有千樣的壞

女子為好非全都好

還有黃蜂尾上針

西邊的歐鋼有老闆

生兒維特根斯坦

他言說馬戶驢又鳥雞

到底那馬戶是驢還是驢是又鳥雞

那驢是雞那個雞是驢那雞是驢那個驢是雞

那馬戶又鳥

是我們人類根本的問題

　　國內有人按圖索驥，國外也有人對號入座，其魅力可想而知。其實在我們身邊而何嘗不是如此呢？甚或我們自己，也可能就是曲中人。

　　算了，這些鬼太過複雜，太過燒腦，還是不想的好。每天溜溜娃，釣釣魚，聽聽歌，聚聚餐，看看書，日復一日，年復一年，如是而已。到了奔四的年紀，似乎什麼都看的很開，看的很淡。畢竟這個「我們人類根本的問題」，亙古以來也沒有得到根本的解決，駑鈍如我，又何必糾纏其中呢！

　　這一年了，見過太多的英年早逝。所謂的功名利祿，在生命面前都不值一提，所以還是好好的活著，健康的活著，這才是王道！

　　當然，該拼的時候也要拼，該捲的時候也要捲。畢竟有時候形勢咄咄逼人，想躺平也不是一件容易的事兒。就拿釣魚來說吧，小時候隨便折根一米長的小竹子，繫上織布的棉線，把針燒紅敲成鈎，再截取一段高粱杆兒作漂，掛上一根石塊底下翻出來的臭蚯蚓，扔下水就有魚吃。如今呢，專業的竿、鈎、線、漂、餌，再配上精確的調漂、開餌、垂釣技術，一釣一天，還經常空軍。總之，魚越釣越遠，越釣越滑，近岸是很難釣到魚了。於是五米四都成了短杆，釣個鯽魚都是七米二起步，甚至八米一、九米甩大鞭。這個時候，你想釣到魚，還用三米六、四米五，或者六米三，結果不言而喻，自然是漂不動、護不濕、長空軍。相反，要想竿常斷、不空軍，沒有別的選擇，只能迎頭趕上。正所謂「一寸長，一寸強」，別人用七米二，你就用八米一；別人用十米，你就用炮竿；別人用炮竿，你就用滑漂。總之，要麼不玩，要麼捲死。於是，你就是河冠，你就是河邊最靚的仔。網上最近有個說法，叫做「45度人生」，意為想捲捲不動，想躺躺不了。但是，颱風來了，連豬也會飛。更何況人！一句話：怕個錘子，幹就是！

2024 年 1 月 4 日，釣魚空軍，歸來草此篇
麻城陳宣輔記於翡翠國際